AF346748

J. ARDISSON

MES

MÉMOIRES

PREMIER VOLUME

PARIS

1894

MES MÉMOIRES

J. ARDISSON

MES

MÉMOIRES

PREMIER VOLUME

PARIS

1894

MES
MÉMOIRES

CHAPITRE Ier

Débuts dans la vie.

L'heure est aux mémoires : tout le monde en écrit, et pourvu qu'ils soient intéressants, on les préfère à la plupart des romans modernes.

J'écris donc les miens avec l'espoir qu'ils ne causeront pas trop de désillusion. Si je n'ai pas l'honneur du succès, j'aurai toujours l'excuse de la vérité. Je veux, en effet, conter de simples faits, et dans ce récit sans prétention des événements de ma vie, les dégager des exagérations et des inexactitudes dont l'imagination d'autrui s'est plu à les entourer.

Et pendant que se dérouleront les péripéties de mes aventures, je profiterai de l'occasion pour donner quelques avis qui serviront peut-être à mes contemporains.

On dit que l'expérience ne profite qu'à celui qui l'a acquise. C'est là un aphorisme décourageant. Je crois, au contraire, que les gens sérieux sont ceux qui jugent et qui comparent, et puisque de la plus simple des vies on peut tirer une leçon, j'ose espérer qu'une vie accidentée fournira au moins le prétexte d'une distraction.

Je laisse donc aux moralistes leur prétention d'améliorer l'espèce humaine ; moi, je la prends telle qu'elle est, je la montre débarrassée de ses fards et je ne demande au lecteur qu'un peu d'indulgence pour une plume qui, à force de sincérité, se fera pardonner son inexpérience.

Pour l'observateur, les coulisses de la comédie sont bien amusantes. Celles où je me suis glissé, plus souvent que ne l'eussent désiré les acteurs, méritent d'avoir leur Dangeau, c'est-à-dire leur historien familier. En m'y suivant, on me connaîtra tel que je suis, aussi insouciant des critiques que des applaudissements.

Si le mot de Taine est vrai, si le meilleur écrivain est un observateur, j'ai des chances de ne pas trop ennuyer. J'ai observé toujours, partout, et il ne me reste plus qu'à le prouver.

J'ai manifesté, tout enfant, une grande indépendance de caractère ; mon frère aîné et ma jeune sœur se pliaient sans réserve à tous les désirs de mes parents. Comme je n'ai jamais connu l'obéissance passive, même à l'âge où c'est une qualité, j'ai trouvé dans ma propre famille une sévérité que justifiait peut-être ma nature un peu révoltée, mais qui entretenait dans mon cœur insoumis des rêves d'émancipation. Pour les réaliser, je résolus de quitter la maison paternelle.

A l'époque assez lointaine dont je parle, la vie était facile dans mon pays.

La terre, féconde comme ces merveilleuses régions du Paradou dont Zola décrit les végétations luxuriantes, ne refusait rien aux bras vaillants qui la caressaient. Les récoltes étaient abondantes, les moissons merveilleuses et la vigne pleurait à chaque automne des larmes ardentes qui se convertissaient en beaux louis d'or. La richesse planait sur un sol dont la fécondité paraissait inépuisable. C'était, comme dit l'Évangile, la période des vaches grasses.

Tout arrive, comme l'a dit Talleyrand. La période des vaches maigres est venue. Qu'importe! Je ne puis me souvenir sans attendrissement de ces temps disparus et qui rappelaient l'antique âge d'or.

D'un bout de l'année à l'autre, la Provence était en fête, et si la Bourgogne était heureuse au temps de Buridan, de mon temps, cette chère Provence, que Paul Arène a appelée la *Gueuse parfumée*, ressemblait à une véritable terre promise. Ce n'était alors que fêtes et réunions où l'on dépensait sans compter les trésors que la nature semblait avoir mis pour toujours à la disposition de ce pays privilégié.

Dans toutes ces réunions, les jeux de hasard et d'adresse étaient particulièrement en honneur. La fresque de Puvis de Chavannes, le *LUDUS pro patria*, me semble retracer une de ces aimables scènes où je jouais mon rôle avec une juvénile ardeur.

Nous n'étions pas, là-bas, trop prétentieux dans nos jeux. Au pays de Mistral, on s'amuse comme dans les églogues de Virgile, et plus d'une de nos parties de plaisir a fait le sujet d'un chant de Mireille.

O temps innocent, la vogue était alors au jeu de boules! Je fus un de ses partisans passionnés, peut-être parce que j'y réussissais au gré de mes désirs. Certes, le jeu de boules demande de l'adresse, mais il exige aussi beaucoup de souplesse dans les jambes et j'étais agile comme un écureuil.

Je ne veux pas donner ici les règles de ce jeu, ce serait superflu : je me bornerai à expliquer les moyens que j'employais pour m'y créer un avantage appréciable.

A un moment de la partie, ce jeu consiste à tirer sur les boules de son adversaire pour les éloigner du but, et le joueur peut faire trois pas, d'un mètre chacun environ. J'avais donné à ces trois pas une élasticité imprévue : j'étais parvenu, à force d'entraînement, à franchir près de neuf mètres et, au bout de mes trois bonds, rien ne m'était plus aisé que d'atteindre la boule visée.

Avide du succès, parce qu'il n'était pas désintéressé, j'avais étudié tous les moyens de le conquérir, et, tout en ne connaissant les sciences physiques que par ouï-dire, j'avais fait quelques utiles remarques sur la résistance des corps. C'est ainsi que je m'étais rendu compte que pour jouer sur un terrain dur, tel qu'une route fraîchement réparée, il fallait employer des boules légères, et qu'avec des boules lourdes je réussissais mieux sur un terrain gras ou détrempé. J'avais donc, au gré de la situation, des boules légères en bois blanc et des boules lourdes, en bois plus dense.

Dans chaque fête locale, il y avait un concours de

boules dont le prix variait entre cent et cinq cents francs, suivant les ressources de la commune. A ce prix venaient s'ajouter les entrées perçues sur les joueurs qui y prenaient part, c'est-à-dire 5 ou 10 francs par concurrent.

Sans jamais avoir assisté aux grandes courses de chevaux, sans savoir, par conséquent, ce que l'on appelle sur le turf faire prendre à un cheval un simple galop d'exercice dans une course où il devrait déployer tous ses moyens, en un mot, sans savoir ce que c'était que d'avoir une ligne, j'adoptai cependant cette tactique pour le jeu de boules.

Plus tard, lorsque je vins à Paris et que je fréquentai les hippodromes, il me fut souvent permis de constater qu'un cheval qui paraissait n'avoir aucune chance dans une course, la gagnait cependant avec la plus grande facilité. Les gens du métier expliquent cela au gros public en lui parlant des interversions de forme. Personne ne comprend et tout est pour le mieux. Mais, en général, ce résultat inattendu provient souvent de ce que, pour me servir de l'expression consacrée, on a tiré le cheval dans deux ou trois courses précédentes. C'est le moyen d'avoir une belle cote et de gagner gros le jour où l'on doit marcher.

Je faisais à peu près de même. Dans les fêtes, je prenais toujours part au concours, mais je n'y déployais pas tous mes moyens; je me contentais d'observer et je me laissais *battre* pour pouvoir jouer ensuite d'autres parties avec les concurrents que je savais m'être bien inférieurs. Je m'entraînais ainsi aux dépens du pronostic.

Dans ces réunions, quand on était un peu échauffé par la lutte, il n'était pas rare de voir les enjeux s'élever à

500 ou 600 francs par partie. Les joueurs voyant que j'avais été un des premiers battus dans le concours ne manquaient pas, d'après mes performances volontairement malheureuses, de me proposer de prendre part à une autre épreuve, dont l'enjeu était toujours assez élevé. A leurs paris, se joignaient souvent ceux des spectateurs. J'acceptais le défi et je tenais tous les enjeux que l'on faisait contre moi. Dans cette course d'un nouveau genre, j'étais à la fois propriétaire, cheval, jockey, bookmaker, et je n'avais pas la moindre crainte de me faire rouler par mon entraîneur, ce qui prouve bien que je parle d'un temps disparu. C'est alors seulement que, pour triompher, je jouais d'une façon sérieuse. Mais, comme il fallait que l'on crût que j'avais gagné par hasard, je me livrais à une petite comédie qui produisait toujours son effet.

Au moment où je prenais mon élan pour faire mes trois enjambées, je feignais un faux pas et, faisant trois bonds énormes, j'arrivais, en simulant une chute, tout près du but que j'atteignais avec la plus grande facilité. En dissimulant ma supériorité, je semblais avoir gagné la partie par raccroc, et chacun de se récrier sur ma chance.

J'en jouais ensuite d'autres dont l'enjeu était de moindre importance et je les perdais comme celles du concours. En un mot, je me bornais à ne gagner que les parties dont les enjeux étaient réellement sérieux. Pendant quelques temps je réalisai ainsi d'assez beaux bénéfices au jeu de boules; mais toute médaille a son revers. Au bout d'un certain temps, les joueurs finirent par s'apercevoir — mes succès leur servant de *criterium* — que j'étais en somme beaucoup plus fort qu'eux; ils comprirent

que la facilité que j'avais à franchir une grande distance
en sautant me créait sur eux une supériorité incontestable.
Il se produisit des réclamations et l'on demanda la revi-
sion des règles du concours. On comprit qu'à force égale,
la victoire devait non seulement rester au joueur le plus
adroit, mais encore à celui qui, tout en observant la
règle, parvenait, par son agilité, à se rapprocher le plus
près du but au moment de tirer. Dans les nouveaux programmes, on supprima donc le saut en tirant. C'était
m'enlever mon plus sérieux avantage. A partir de ce jour,
le jeu de boules me parut bien terne.

Je songeai alors à utiliser, dans une entreprise indus-
trielle ou commerciale, le modeste capital que je possè-
dais. J'entrepris plusieurs affaires : je ne parlerai que des
deux dernières.

A cette époque, le Midi avait, pour ainsi dire, la spécialité de la fabrication des allumettes.

J'appris, par une personne bien placée pour avoir des
renseignements exacts, que l'État était sur le point de
monopoliser cette industrie. Il devint alors évident que
toutes les fabriques existantes au moment de l'obtention
du monopole recevraient de très grosses indemnités. Persuadé que j'allais de ce chef toucher une forte somme,
j'installai aussitôt une fabrique à laquelle je consacrais la
plus grande partie de mon avoir.

Pendant les premiers mois tout marcha à souhait et je
me félicitais tous les jours de m'être livré à cette entreprise dont les bénéfices, sans compter les espérances,
étaient très rémunérateurs.

Contrairement à ce qui se passe d'ordinaire pour les lois à l'étude, les choses marchèrent plus vite que je ne l'avais prévu et, lorsque fut votée la loi du 10 août 1872, j'étais encore nouvellement établi.

Les autres fabricants reçurent de grosses indemnités. Il ne me fut rien alloué, les contributions indirectes ne m'ayant pas encore délivré la patente qui ne se donne qu'après une année d'exercice. C'est la première fois peut-être que quelqu'un avait à se plaindre de n'être pas imposé. Je dus donc fermer mon usine et c'est à grand' peine, malgré mes premiers succès que je pus en retirer l'argent que son installation m'avait coûté. Je songeai alors à une autre industrie.

Le commerce des objets en ruolz était tout nouveau et le public avait fait un accueil très favorable à cette nouvelle fabrication.

Le gros écart qui existait entre le prix de revient et le prix de vente me tenta, et je me décidai à m'en faire expédier un stock assez important à Nice où mon intention était d'établir un magasin de vente. Je devais forcément réaliser de beaux bénéfices, aucune maison similaire n'y étant encore installée. Pour m'attirer dès le début une nombreuse clientèle, j'imaginai deux systèmes de publicité assez originaux. Parlons d'abord du premier.

Je me rendis auprès du maire et je l'informai que je venais d'installer un magasin d'orfèvrerie en ville. Je lui proposai de faire tirer des loteries dont tout le produit, défalcation faite de mon prix de revient, serait versé dans la caisse du bureau de bienfaisance, mon unique but étant de faire connaître mes articles.

J'offrais comme type de mes lots une boîte d'orfèvrerie en ruolz, dite ménagère, dont voici la composition : dans un très bel écrin, doublé en drap rouge, il y avait : douze couverts de table, douze couverts à entremets, douze petites cuillères à café, la louche, la cuillère à sauce, la truelle à poisson, le service à découper, la pince à sucre et une douzaine de couteaux pour chaque service. Le tout pouvait facilement être estimé à 400 francs.

Je demandai à émettre 500 billets à 1 franc, et j'offris de verser à la caisse de l'Assistance publique le surplus de mon prix de revient; soit : 100 francs. Et comme, en réalité, l'ensemble de ces objets me coûtait à peine 150 francs, je réalisais sans qu'on s'en doutât, un bénéfice net de 250 francs par chaque boîte ménagère mise en loterie. La philantropie peut quelquefois servir au philantrope.

Je n'eus pas de peine à obtenir l'autorisation que je sollicitais; ces loteries eurent même un caractère semi-officiel, puisque aux opérations du tirage assistait toujours le commissaire de police de l'arrondissement.

Dès le début, le succès fut colossal. Ce n'était pas une seule, mais bien cinq ou six séries de 500 billets que mes employés plaçaient par semaine.

Au bout de quelque temps, je mis en pratique mon second moyen de publicité.

Je m'étais entendu, au préalable, avec le négociant qui m'avait vendu au comptant mon stock d'orfèvrerie, pour faire pratiquer par lui une saisie sur tout ce qui me restait des marchandises dont je m'étais rendu acquéreur, et je

lui demandai de faire procéder à leur vente par autorité
de justice.

Depuis mon arrivée, pour ne rien diminuer de la valeur
donnée aux objets de la *ménagère* mise en loterie, je
n'avais jamais fait la moindre concession sur mes marchandises toutes marquées en chiffres connus et à des
prix assez élevés. Aussi, le jour de la vente, au son de la
trompette, lorsque le public vit qu'il pouvait se rendre
acquéreur, pour 3 francs, d'un couvert en ruolz, qui était
précédemment marqué 6 francs, ce fut un véritable engouement et tout le monde s'arracha mes marchandises.

Eh bien! même à ce prix là, défalcation faite des frais
généraux, j'avais encore 60 % de bénéfice.

Dès lors, mon but était atteint. Soit par les loteries,
soit par cette vente judiciaire, concertée d'avance, je
pouvais m'installer hardiment d'une façon définitive, sûr
de faire un gros chiffre d'affaires.

Comme je connaissais les noms de fabricants de gros
auxquels mon père se fournissait quand il était dans les
affaires, je leur écrivis la lettre suivante :

J. ARDISSON

———

ORFÉVRERIE, BIJOUTERIE

Armes

ARTICLES DE PARIS

Etc.

—o—o—o—

Avenue de la Gare

à NICE

(Alpes-Maritimes.)

Nice, le

A Monsieur

> J'ai l'honneur de vous informer que j'ai décidé de reprendre les affaires; je vous prie donc de vouloir bien m'adresser à Nice, avenue de la Gare, où je vais installer mes nouveaux magasins, les articles dont le détail suit :
>
> . . . .
> . . . .
>
> Veuillez agréer, etc.
>
> PP^{on} de J. Ardisson,
>
> X.....

J'allais donc recevoir des grands centres de production de l'Europe entière une quantité considérable de marchandises de toute sorte.

De Paris, divers articles de bijouterie, d'orfèvrerie, des bronzes, des panoplies, des pendules, etc.

De Vienne (Autriche), des pipes Kummer, divers articles de maroquinerie, etc.

De Genève, des montres à remontoir, or, argent, aluminium, etc.

De Saint-Étienne, des fusils, des revolvers, des carabines de salon, etc.

De Londres, de la coutellerie, des sacs de voyage, des carabines de chasse, etc.

De Rome, des marbres, des terres cuites, etc.

De Venise, des articles de verroterie, des mosaïques, etc.

Tout cela représentait pour plus de 200,000 francs de marchandises que les négociants avaient accepté de m'expédier, croyant avoir affaire à mon père, l'initiale de nos deux prénoms étant la même et mon secrétaire signant : P.p. de J. ARDISSON : X.....

Je faisais faire les travaux préparatoires à l'installation de mes nouveaux magasins, lorsque, je ne sais trop comment, mon père fut avisé de la chose.

Toujours est-il qu'un beau matin, je fut assez désagréablement surpris de le voir surgir dans mon bureau dont il prit aussitôt possession.

Il m'imposa d'écrire sur-le-champ à tous mes fournisseurs qu'ils eussent à considérer comme nulles et non avenues les diverses lettres de commandes que je leur avais adressées. Il fit résilier le bail de mon magasin, ce qui lui fut bien facile puisque j'étais encore mineur. Cette liquidation fut pour moi un véritable désastre. Je dus, en effet, retourner, à mes frais, aux négociants, les diverses marchandises qui étaient déjà arrivées en gare, rembourser l'emballage et le port de celles qui étaient en route, payer le montant des travaux de l'installation commencée, et, de plus, indemniser le propriétaire de mon magasin qui, je dois l'avouer, ne chercha pas à abuser des circonstances.

La situation complètement liquidée, mon père m'enjoignit enfin de réintégrer le domicile paternel. Je le lui promis, tout en ayant la ferme intention de n'en rien faire. Avec mon tempéramment indépendant, et déjà habitué à vivre à ma guise, je n'aurais pu subir le joug familial, d'ailleurs un peu trop sévère. Je profitai donc de la première occasion pour lui fausser compagnie et j'allai me réfugier à Grasse où j'avais quelques amis.

Après les dépenses que j'avais dû faire, il ne me restait plus qu'une vingtaine de mille francs que j'avais confiés à un de mes employés, afin que mon père ne fût pas tenté de disposer de mon humble capital.

Au bout de quelque temps, je me mis à jouer par désœuvrement.

Dans un des cafés que je fréquentais à Grasse, entre autres jeux, on jouait le baccara dans une salle spéciale.

Je fus assez heureux au début et je gagnai quelques milliers de francs en jouant cependant d'une façon très prudente, car je craignais toujours de dissiper la petite fortune que je possédais.

Un soir que je venais de perdre une cinquantaine de louis sur une banque rasoir, un de mes voisins, vieux joueur grincheux, s'écria à demi-voix.

« Sapristi! quelle banque, on dirait une séquence! »

Ne comprenant pas bien ce qu'il voulait dire :

« Qu'entendez-vous par le mot séquence, lui dis-je, assez intrigué?

— La séquence, me répondit-il tout bas après un mouvement d'humeur causé par la perte qu'il venait de subir, est un arrangement de cartes disposées à l'avance dans un ordre spécial que ne peuvent modifier ni la coupe ni un mélange superficiel, et qui assure au banquier qui joue avec ces jeux le gain de *presque* tous les coups de la taille.

— Mais! ce que vous me dites là est impossible, d'autant plus que le banquier vient de tailler avec des jeux neufs.....

— Justement, répliqua-t-il. C'est généralement avec des cartes neuves que l'on opère.

— Ah bah! fis-je, de plus en plus étonné. Mais de quelle façon classe-t-on les cartes pour obtenir un tel résultat?

— Ah! vous m'en demandez trop, reprit-il, on m'a dit que la chose existe et c'est tout ce que je sais. »

J'étais très perplexe en quittant la partie et, quoique ce récit me parût un peu fantaisiste, je me demandais, à part moi, si je n'avais pas trop légèrement sacrifié mes 50 louis.

Mais la confiance l'emporta. En effet, comment était-ce possible? C'était un notaire des environs, très estimé dans le pays, qui avait taillé la banque et provoqué ces imprécations. Il gagnait beaucoup, il est vrai, mais j'attribuais ces excellents résultats à la *veine* et sa situation d'honorabilité chassa définitivement de mon esprit tout soupçon.

Je fréquentai pendant quelque temps encore la partie et j'y perdis les 3,500 francs que j'avais gagnés au début, plus 10,000 francs de mon capital.

Dans la crainte de me laisser entraîner plus loin, je ne fis plus dès lors que de courtes apparitions au jeu; j'avais trop peur de perdre les 10,000 francs qui me restaient et que je conservais précieusement pour une entreprise quelconque. La passion de tout livrer au hasard que j'ai subie depuis avec une impassibilité résignée ne m'avait pas encore dominé et je croyais toujours aux efforts patients et à l'énergie individuelle.

J'atteignis ainsi le mois de juillet, époque à laquelle je reçus une lettre d'un de mes amis, propriétaire à X... (Var), m'invitant à venir passer quelques jours chez lui, à l'occasion de la fête locale.

J'acceptai son offre avec plaisir car le séjour de Grasse manquait complètement de gaieté.

J'arrivai à X... quelques jours avant le commencement des réjouissances.

Dans le Midi, les communes rivalisent entre elles pour donner le plus de splendeur à leurs fêtes.

X... étant une petite ville riche, les prix alloués pour les divers concours étaient assez importants. J'en donne ici un aperçu à mes lecteurs qui ne connaissent pas les mœurs de la Provence.

Les fêtes durèrent environ quatre jours pendant lesquels j'assistai aux divertissements suivants : courses de chevaux et d'ânes, concours de boules, d'orphéons, de musiques, de romances, de chansonnettes, de luttes, de grimaces, de mensonges et de joute, pour ce dernier le prix était de 100 francs et une médaille en vermeil S.V.P. Pour le concours de grimaces une somme de 20 francs était allouée, et une taillole, ceinture à franges d'or était accordée à celui des concurrents qui parvenait à se donner la mine la plus drôle et la plus grotesque.

On ne se douterait pas que la face humaine pût se

prêter à toutes les contorsions que j'ai vu exécuter ce jour-là; il y en avait de bien amusantes, mais il y en avait aussi d'horribles.

Le jeu de la marmite est également très typique. Voici en quoi il consiste :

A une corde tendue entre deux poteaux, on suspend une grosse marmite en terre, pleine d'eau. Pour gagner le prix, qui est de 10 francs, il faut briser la marmite d'un coup sec, et sans tâtonner.

Les aspirants, munis d'un bâton, ont les yeux bandés, et pour mieux les désorienter, on les fait pivoter deux ou trois fois sur eux-mêmes avant l'engagement.

Le coup d'œil est alors curieux. Ils marchent dans tous les sens, exécutant des moulinets à tort et à travers, et se frappent souvent les uns les autres, ce qui excite la gaieté bruyante de la foule dont l'enthousiasme va jusqu'au délire, lorsque la marmite atteinte par un vigoureux coup de bâton répand son contenu sur la tête du vainqueur.

Un autre concours assez bizarre et naturellement très goûté dans le Midi est celui du mensonge.....

On laisse toute liberté aux concurrents de débiter devant le jury les choses les plus abracadabrantes, et c'est à qui dira la plus forte.

Ce jury, dont le maire est Président, sans que, pour cela, il soit plus compétent qu'un autre, est choisi parmi les commissaires de la fête.

Les candidats montent chacun à leur tour sur une table et celui qui débite le mensonge le plus invraisemblable est proclamé vainqueur. J'en entendis de plus raffinés les uns que les autres. En voici deux que j'ai retenus :

Un naturel du pays monta très majestueusement sur la table et dit avec une gravité d'apôtre :

« MESDAMES-ZÉ-MESSIEUSS, vous me connaissez, n'est-ce pas? Mon bisaïeul était marçand de vins, mon aïeul était marçand de vins, mon père était marçand de vins, moi ze suis marçand de vins. Eh bien? ze zure que zamais aucun de nous autres i n'a mis une gouttète d'eau dedans le vin que nous avons vendu. Et d'abord ze m'en rapporte à vous autres », ajouta-t-il, en s'adressant plus particulièrement au public.

Un tonnerre d'applaudissements accueillit cette boutade et l'on criait de toute part :

Bravo! Bravo! Très fort! *A gagna! A gagna!* (Il a gagné! Il a gagné!)

Le jury allait lui décerner le prix lorsqu'un autre amateur demanda, comme il en avait le droit, à faire une nouvelle déclaration, c'est-à-dire à débiter un nouveau mensonge.

Avès la paraoulo. (Vous avez la parole), lui dit le Président du jury.

Il remplaça immédiatement le marchand de vins *sans eau* sur la tribune improvisée et dit d'un air de suprême conviction :

« *Oh! aco es ben verai vai messiess jeamai ni lou paoure Pascaoun, ni Pascalas, ni lou péro Pascalé, ni lou pichoun Pascaloun an més un brigoun d'aïguo dedin lou vin. Acò va fan pas ana!*

Mai ieou per reconoueissé uno plus grando verita

duvi diré ben fouart qué moussu lou méro es un grand corna! »

(Oh! ça est bien vrai, voyez Messieurs, jamais ni le pauvre Pascal, ni Pascalas, ni le père de Pascalé, ni le petit Pascalou n'ont mis une gouttelette d'eau dans le vin. Mais moi, pour reconnaître une plus grande vérité, je dois dire bien haut que Monsieur le Maire est un grand cornard.)

Le Maire fut le premier à rire de cette apostrophe et le jury pour mieux reconnaître l'énormité du mensonge, allait lui décerner le prix, mais les nombreux assistants, criant, piaillant, manifestèrent énergiquement contre la décision du jury.

En présence de cette protestation qui ne visait nullement la femme du Maire, on dut se résoudre à partager la prime entre ces deux farceurs.

En somme, on ne doute jamais des marchands de vins; on est certain du rôle que l'eau joue dans les tonnes. Quant à l'impeccabilité de la femme, ce sera toujours l'éternelle question.

Mais de tous les concours, ce fut la joute qui m'intéressa par-dessus tout. Elle eut lieu dans le port et clôtura la série des divertissements.

Pour se livrer à cet exercice, on improvise à l'arrière de grandes barques de pêche, montées par six rameurs, une sorte de petite plate-forme assez élevée qui fait saillie en dehors du bateau.

Après avoir tiré au sort les barques qui doivent lutter ensemble, on appareille, et les jouteurs, en costume de bain, la poitrine protégée par un plastron de liège, armés d'une longue perche mouchetée ayant la forme d'une gigantesque queue de billard, se campent majestueusement sur l'estrade où la place leur a été avarement mesurée.

Cette petite flottille, défile alors plusieurs fois devant le ponton du jury aux sons harmonieux de l'orchestre local. Les embarcations s'entrecroisent et les jouteurs, de leur poste, s'adressent avec la perche des saluts courtois.

Les deux bateaux qui doivent lutter ensemble se détachent du groupe et la *Targuo* (la joute) commence devant un public toujours très *emballé*. A force de rames, les deux embarcations se dirigent impétueusement à la rencontre l'une de l'autre. Les concurrents ont la perche en arrêt, et c'est à qui précipitera son adversaire à la mer, en lui portant un coup droit en pleine poitrine. Aussitôt la musique entonne des hymnes de triomphe pour célébrer la victoire de l'heureux vainqueur qui se raidit orgueillesement sur son estrade et salue plusieurs fois de la perche la foule éblouie.

Ces chutes donnent souvent lieu a des incidents tragi-comiques par les contorsions désespérées que font les jouteurs pour se maintenir en équilibre sur leur petite plate-forme.

Il y eut ce jour-là un fait qui dépassa de beaucoup en originalité tout ce que l'on connaissait dans les annales de ce sport nautique.

Depuis la veille, tout le monde avait remarqué un grand gaillard se pavanant dans toutes les rues de la ville avec un chapeau de cérémonie et une belle redingote noire. Dans le pays où le *gibus* n'apparaît guère que les jours de noces ou d'enterrement, on n'était pas habitué à tant de correction. Cet étranger (c'est ainsi qu'on désigne les gens qui ne sont pas de la localité) avait beau se donner l'allure d'un notaire, on reconnaissait sans peine en lui quelque compagnon charpentier dans sa plus belle tenue des dimanches. En effet, il n'était pas venu pour passer un contrat, mais pour prendre part à la joute. C'était un Marseillais aux larges épaules et d'un orgueil peu ordinaire..... même dans sa ville natale, et qui ne doutait de rien, comme ses excellents concitoyens.

Jugez de la surprise des spectateurs quand on le vit entrer en lice avec son chapeau fulgurant, sa magistrale redingote et aux lèvres un énorme cigare dont les bouffées rejetées en arrière par la brise rappelaient le panache fuyant d'un paquebot. A l'ahurissement général, il se campa sur son estrade et se mit en garde.

A la première passe, son adversaire hypnotisé sans doute par cette impayable apparition manqua son coup et culbuta sans même avoir été touché. Un second subit le même sort. Un troisième ne fut pas plus heureux. Le charpentier n'avait qu'à regarder pour vaincre.

Pendant ce temps, zim! boum! les marches triomphales saluaient ce héros en redingote qui semblait rivé à sa plate-forme par une invincible puissance. Tandis que le public commentait bruyamment les plongeons successifs que les malheureux jouteurs des environs venaient de faire, plongeons provoqués seulement par le prestige du Marseillais; celui-ci, énivré par le succès et les clameurs bruyantes de la foule, prenait des poses tragicomiques, alors que par flocons s'envolaient dans le ciel

clair les spirales de son gigantesque cigare, en s'écriant
à tue-tête, le pouce de la main droite en dehors, avec une
indéfinissable ironie :

« *Eh ? tê ! vé ! diguo li qué vengoun, moun bouan !* »

Après leurs exploits mémorables, Roland, Bayard,
Duguesclin ne parurent jamais plus fiers que ce jouteur
narquois, sacré trois fois vainqueur par la foule en délire.

Tout à coup, un grand mouvement d'attention et de
recueillement se produisit dans l'assistance. C'était un
gars taillé en hercule, fils d'un ancien pêcheur de la localité, devenu timonnier de l'escadre, qui venait de prendre
place dans une embarcation, et de là, sur la plate-forme
de combat, d'où il regardait le matamore de la perche
avec une assurance de bon augure.

La foule visiblement impressionnée prit aussitôt parti
pour ce *brave enfant du pays* qui allait courageuse-
ment lutter pour l'honneur de la cité, et que quelques
personnes timorées qui m'entouraient trouvaient bien
téméraire de braver un adversaire aussi redoutable.

Au rythme des rameurs, les deux barques s'avancèrent
à la rencontre l'une de l'autre ; les jouteurs échangèrent
les saluts d'usage et les adversaires se mirent en garde.

Un loustic du pays, quartier-maître retraité, criait d'une
voix enrouée aux musiciens à côté desquels je me trouvais :

« *Attencien ! attencien !* » (Attention ! attention !)

Au même moment, une énorme femme, au teint bronzé,
jouant violemment des coudes pour se faire une trouée
et parvenir ainsi jusqu'au quai, criait à tue-tête :

« *Leissa me passa! leissa me passa!* » (Laissez-moi passer! laissez-moi passer!)

Arrivée là, elle se plaça devant moi au premier rang pour mieux suivre le combat.

« *Qu'es béou! qu'es béou sus la tooutèno!* » (Qu'il est beau! qu'il est beau sur la plate-forme!) murmurait la grosse femme en extase, tout en dardant anxieusement sur le timonnier ses yeux enflammés.

A la première passe, les deux bateaux se croisèrent à une distance qui ne permit pas aux jouteurs de s'atteindre.

Les deux barques, après avoir rapidement viré de bord, grâce aux rameurs qui, enivrés par la lutte, nageaient maintenant avec fureur, s'élancèrent l'une contre l'autre avec un redoublement d'impétuosité et furent bientôt à portée.

La foule toujours très recueillie et de plus en plus attentive aux moindres mouvements des jouteurs, attendait haletante l'issue de la lutte. De leur côté, les musiciens beaucoup plus préoccupés du dénouement de la joute, jouaient depuis un instant sans aucune préoccupation harmonique et ne produisirent bientôt plus que des sons incohérents.

«*Qu'es béou! qu'es béou!*» répétait la grosse femme, la face livide, blême, transfigurée de terreur.

« C'est votre fils, madame, lui dis-je?.....

— *Es voustre enfant?* risquai-je encore.

— *Nàni* » (Non), me répondit-elle sèchement, continuant à me labourer la poitrine de coups de coude, en se trémoussant, pour ne rien perdre des péripéties du combat.

« *Allencien! allencien!* » répétait le retraité debout sur une chaise auprès de la musique.

Aïe!..... Pan!..... Paf!

Un hurlement de triomphe s'éleva aussitôt dans les airs; c'était le brave timonnier qui d'un vigoureux coup de perche venait d'enlever le Marseillais comme une plume.

« *Bagasse!* » s'était-il écrié en perdant pied.

Et l'on vit sur le flot endormi une perche et un chapeau qui voguaient lamentables, et les pans de la redingote, pareils à des nageoires, couvrir la honte du grotesque vaincu.

« *Es moun filloou! es moun filloou!* » (C'est mon filleul! c'est mon filleul!) clamait frénétiquement la bonne femme, en me désignant le vainqueur de la main gauche, pendant que de la droite, elle me cognait dans le dos pour mieux m'en convaincre et me faire partager son extrême satisfaction.

« *Es moun nebou! es moun nebou!* » (c'est mon neveu! c'est mon neveu!) hurlait en agitant son chapeau, un homme qui, anxieusement accroupi jusqu'alors sur un vieux canon servant de porte-amarre, s'était brusquement levé et donnait libre cours à son indescriptible enthousiasme.

« *Musico! musico!* » criait le loustic, furieux du silence des musiciens.

Mais ces braves gens se tordaient trop pour pouvoir souffler dans leurs instruments. Cependant, le chef, ancien gagiste de la flotte, conscient de son devoir, piétinait nerveusement sur place en agitant désespérément son bâton.

« Une, deux, trois! ....?

« Une, deux, trois! » criait-il inutilement.

Seul, la grosse caisse, très *emballé* tapait à tour de bras sur cette *vieille peau municipale* qu'il finit par crever en l'honneur du *brave enfant du pays*.

Dès que les musiciens eurent repris possession d'eux-mêmes, ils entonnèrent aussitôt les plus fins morceaux de leur répertoire pour célébrer *consciencieusement* le triomphe du vainqueur, qui, toujours sur sa plate-forme, attendait, impatient, l'aubade si bravement conquise.

Pendant ce temps, le Marseillais complètement oublié, et dont le noir vêtement lui donnait l'apparence d'un vieux phoque, continuait péniblement à nager vers le quai.

Lorsque, après maints quolibets, on retira de l'eau cette sombre et ruisselante loque, la foule, au paroxysme du délire, accompagna bruyamment la pêche de ce vrai fils de la Cannebière à jamais puni de son arrogance native.

On l'assit sur une planche; quatre hommes le portèrent jusqu'à son auberge, suivis d'une foule houleuse et de la musique qui, par ironie, faisait entendre des marches funèbres.

Et ce fut un beau jour de plus dans la vie du timonnier de l'escadre!

Pendant les fêtes, le soir, nous allions au café avec mon ami. Comme à Grasse, il y avait une salle où l'on jouait le baccara, la partie y était même beaucoup plus forte que dans cette dernière ville, car l'affluence des per-

sonnes, venues à X... ces jours-là, était relativement
considérable.

Après le feu d'artifice, nous nous rendîmes à ce café.
Mon ami m'ayant fait connaître plusieurs banquiers, gros
propriétaires des environs, ma curiosité fut piquée en les
voyant entrer dans la salle réservée aux joueurs. J'insistai auprès de lui pour qu'il m'y accompagnât; mais celui-ci
que les cartes laissaient indifférent, n'y consentit pas et,
pour me laisser toute ma liberté, me remit une clef de
chez lui en me disant :

« Ah! si vous entrez là, vous n'en sortirez pas de bonne
heure. Tenez, prenez cette clef, puisse-t-elle vous porter
la veine! »

Après lui avoir promis de ne pas m'attarder, je pénétrai dans le *sanctuaire*.

Avant d'entamer le chapitre suivant et de continuer
un simple récit, je dois faire au lecteur un aveu que
comprendront surtout les gens à peu près initiés aux
secrets et aux dessous de la vie des cercles et des casinos.

Je me suis attaché à peindre sur le vif le monde interlope qui exploite les joueurs. J'ai glissé sur les parasites,
sur ceux qui ne tiennent pas la carte, mais qui la forcent.
Le même coup de fouet ne peut cingler une foule et c'est
pour ne pas égarer mes coups que j'ai limité mon sujet.

L'auteur du crime d'abord, les complices ensuite.

Du reste on s'en doute bien, Ardisson n'écrit pas ses
Mémoires pour parler du jeu de boules ni pour décrire
les péripéties d'une joute quelque originale qu'elle soit.

Je dirai donc la vérité, et si, peintre trop sincère, je montre de répugnants personnages, tant pis pour ceux qui ont posé, je les ai photographiés sans retouche.

Oh! je n'ai pas la candeur de croire que je ne trouverai pas d'obstacles pour faire triompher cette vérité qu'on redoute tant, mais je ne crains pas les finesses de l'interprétation des habitués du tapis vert et des érudits de la cagnotte. Ceux-là, d'ailleurs, seront d'autant plus vite fixés qu'ils le sont déjà.

Ce que je veux qu'on sache bien, c'est qu'il s'agit d'un assainissement nécessaire, et quand bien même on viendrait me faire un reproche de ce que je ne suis pas un lauréat du Prix Monthyon, quand bien même on ne se rappelerait que des faiblesses passionnelles que je confesse et déplore dans mon livre, les faits que je signale plus loin n'en seraient pas moins avérés et indiscutables.

Le monde qui grouille autour des palettes a pris des résolutions que je n'ignore pas, bien qu'il soit convaincu, par des preuves concluantes, que je marche droit au but que je me suis donné et que les avances n'ont pas plus de prise sur moi que les menaces.

On se trompe donc si l'on croit pouvoir étouffer la vérité, même aux prix des plus coûteux sacrifices.

Je dois tout d'abord constater un fait que mes lecteurs apprécieront. Je me suis vu forcé de porter une plainte au Commissaire de Police du IX⁰ arrondissement, pour soustraction chez le copiste de six chapitres manuscrits de ce livre. Ces chapitres ont disparu, et, ce qui établit clairement qu'ils sont tombés entre des mains intéressées, c'est que je recevais quelques jours après des proposi-

tions basées sur leur contenu. On me demandait avec
corruption à la clef de renoncer à la publication de mes
Mémoires, on me faisait des offres séduisantes que j'ai
repoussées avec un dédain qui décourageait même la
surenchère.

Quand on a vu que la clairvoyance voulait enfin avoir
raison de la duplicité, on s'est fait fort de faire écraser
dans l'œuf l'implacable vérité qui dominait mon œuvre, et
on m'a cité les noms des journaux dont on lancerait contre
moi la meute stipendiée. Je n'avais pas besoin de leur
liste pour savoir à quoi m'en tenir. J'ai dit que je recon-
naîtrais bien le prix du marché à l'allure de l'article,
mais que l'heure viendrait, non pas de donner au lecteur
l'occasion de mépriser une fois de plus les feuilles vénales
qui vivent des vices humains comme une horizontale
vit de l'exploitation d'un fils de famille vicieux, mais
que si l'on m'y forçait, je trouverais plus tard l'occasion
de publier le tarif des faveurs de ces prostitués de la
plume. J'ai dans mes dossiers toute une série de budgets
qui n'ont jamais été discutés par les bénéficiaires *pour
une question de principe,* mais au seul point de vue du
chiffre. Ces exploiteurs ne recherchent qu'un marché
lucratif, une occasion suprême de se faire payer leur misérable concours ou la complicité de leur silence. J'aurais
peut-être contre moi ces Cartouches de l'information qui
ne voient qu'un clou pour y accrocher une affaire, mais
j'ai de quoi prouver à ces chiens fidèles de la croupe qu'ils
sont enragés..... de lucre, et de quoi les faire conduire à
la fourrière, où le Dr Bertillon mensure scientifiquement.

Or, que l'on ne se fie pas trop à l'indifférence que j'ai

quelquefois montrée en présence de certaines accusations fantaisistes.

Je pourrais bien un jour ne pas laisser impunément les roquets me mordre aux jambes, et je trouverai de quoi les châtier sans merci dans l'arsenal de mes documents. Je ne leur demande pas de s'abstenir, je les avertis simplement de prendre garde. Sur certains sujets, je ne crois pas aux attaques gratuites, et je connais trop celui qui paie pour ignorer le nom de celui qui reçoit.

J'ai cru devoir faire ces réflexions, mais je n'ai jamais eu la pensée d'étudier des vices qui sont en dehors du sujet malsain que je traite. Je ne suis qu'un homme écœuré par la vue de certains spectacles, et non pas un justicier qui prend, sans y être contraint, le fouet de Juvénal.

Il est bon d'ajouter que la presse que je viens de qualifier selon sa valeur n'est même pas la lisière de la vraie.

La vraie presse, en effet, comprend tout le respect qu'elle se doit à elle-même. Elle compte dans ses rangs des hommes comme ceux dont M. le comte d'Haussonville a pu dire à l'Académie française dans sa réponse à M. Brunetière, successeur de John Lemoinne : « J'en connais qui, au prix de la moindre défaillance, n'achèteraient ni une faveur, ni une grâce, ni même leur propre pain. »

Cette presse s'honore de tels collaborateurs et elle ne veut pas tirer au hasard, au risque de blesser un innocent. Elle comprend la portée de ses attaques, parce qu'elle ne veut pas qu'on en suspecte le mobile. Elle n'annonce rien sans réserves, parce qu'elle a conscience de son devoir et qu'elle n'a jamais songé à se rendre complice de ceux qui rançonnent les honnêtes gens. Elle comprend enfin que son succès consiste dans l'information précise et que rien n'est plus vil que de mettre sa publicité au service d'industries inavouables.

Cette presse honnête, je la salue en passant, et je lui souhaite de supprimer, par la bienfaisante contagion de son exemple, les séquenciers de la plume et les croupiers de lettres qui se réclament du journalisme comme un contrebandier de la douane.

Je dois reconnaître, à la honte des personnes dont je parle, qu'elles semblaient toujours confondre et juger la plupart des journaux comme ceux dont elles me menaçaient. Elles se targuaient de pouvoir acheter, sur une même facture, le canard à chantage et l'honnête publication.

J'ai cherché à les détromper; et elles n'ont pas paru convaincues. Malgré, ou plutôt à cause de leur dire, il est donc une presse inattaquable à laquelle l'estime va d'elle-même et qui ne saurait être responsable d'une nouvelle erronée, ou d'un article dans lequel un rédacteur, embarqué sur l'Océan de la Chimère, aura décrit un type, non pas tel qu'il est, mais tel qu'il l'a conçu.

Cette presse n'est pas faite pour s'entendre avec les seigneurs de haut vol, elle est de bonne foi par nature, et regrette toujours l'injustice involontaire qu'elle a pu commettre parce que l'injustice offense et dément les principes loyaux qui la dirigent.

En dehors de l'information brutale, la vraie presse, en effet, a un rôle très noble qu'elle remplit souvent avec beaucoup de courage. Or, devant tant de réalités accusa-

trices, devant la constatation d'un mal qui fait tant de
victimes, mal insoupçonné par ceux qui en souffrent le
plus, je ne crois pas, après mes révélations, à la conspiration du silence, d'abord parce qu'elle constituerait
une capitulation sans précédents, et ensuite parce que le
public impartial jugerait sévèrement un tel dédain de ses
intérêts.

CHAPITRE II

Comment je fus amené à jouer.

J'en reviens à mon sujet dont je ne me suis écarté qu'à bon escient.

La réunion était nombreuse et j'eus bien de la peine à me caser debout dans un coin de la pièce ; ce n'est même que vers une heure du matin que je pus enfin m'approcher de la table de jeu.

Je sacrifiai quelques louis tout en observant ce qui se passait dans la salle. C'est ainsi que je constatai qu'un nommé Bénuzet ne mêlait que très imparfaitement les cartes, surtout lorsqu'il taillait avec des jeux neufs. Cette façon de procéder me parut anormale et les bons résultats qu'il en obtenait me frappèrent.

Je me demandai si ce n'était pas l'effet de la fameuse séquence dont le vieux joueur de Grasse m'avait parlé.

Enervé par la perte, je finis par en faire l'observation tout haut.

Cette réclamation m'attira une violente apostrophe du gérant, du banquier et même de la majorité des personnes présentes.

Il n'y a rien de plus étrangement comique, pour l'observateur, que l'aspect d'une partie échauffée, surtout quand le banquier taille une séquence. Les pontes subissent en chœur l'entraînement de la *déveine*, et ils ne toléreraient pas un instant qu'on leur fît perdre l'occasion d'en supporter un coup. La moindre discussion leur paraît une profanation. C'est dans cet état d'âme, comme dit M. Maurice Barrès, que ceux qui m'entouraient accueillirent mes remarques. Tous, me trouvant un joueur grincheux, me firent de gros yeux, accompagnés de violents gestes d'impatience.

— « Allons, allons! dirent-ils, vous avez tort, laissez-nous jouer tranquillement, mon garçon! »

Je me tus, comprenant que toute insistance de ma part pourrait m'attirer des ennuis.

Toutefois, le gérant et le banquier, très préoccupés au fond de mes remarques, estimant probablement qu'il était plus prudent pour eux de s'abstenir, les choses se passèrent régulièrement toute la nuit. Cependant, absorbé par ce que j'avais vu, je ne jouais plus qu'à de longs intervalles et seulement pour me donner une contenance.

Vers six heures du matin, la partie se termina et chacun rentra chez soi. Comme j'étais en proie à une véritable surexcitation, je fis une longue promenade pour réfléchir plus à l'aise à tout ce qui venait de se passer. Et bientôt je n'eus plus aucun doute, puisque après mon observation, on n'avait plus procédé de la même façon : cela prouvait évidemment que j'avais touché juste.

Mais maintenant on va sans doute changer de tactique, me disais-je, et m'enlever les moyens de me convaincre sans retour.

Je m'attardai ainsi à ces réflexions jusqu'à neuf heures

et je rentrai pour donner quelques soins à ma toilette avant
le déjeuner.

Dès que le repas fut terminé, prétextant auprès de
mon ami une visite à faire; je me rendis à un café-
restaurant où j'étais sûr de rencontrer des habitués de la
partie de baccara.

On parla naturellement des événements de la nuit, de
la veine persistante de Bénuzet (le banquier heureux de
la veille), de la déveine de H., de la guigne noire de F.,
et comme je me mêlai à toutes ces réflexions, on passa à
l'incident que j'avais provoqué et presque tous me le
reprochèrent amicalement.

— « Vous êtes jeune, mon garçon, la perte vous fait
voir trouble.

— Cependant.....

— Oui, oui, quand vous aurez joué aussi longtemps
que nous et que vous aurez autant perdu, vous serez plus
cuirassé.

— Peut-être bien, » répondis-je, en feignant d'être
absolument convaincu de la correction du gérant et de
Bénuzet.

Cette conversation fut rapportée aux deux associés qui
avaient délégué un de leurs amis et complices avec mission
d'entendre l'appréciation de chacun.

Vers onze heures, je retournai au café et de là à la salle
de jeu qui était contiguë.

Le gérant, dès qu'il m'aperçut, me prit à part.

— « Vous savez, me dit-il, d'un air indigné, mais
rayonnant au fond, en pensant qu'il ne s'agissait que
d'une fausse alerte, vous m'avez presque offensé hier

soir en émettant des doutes au sujet de M. Bénuzet, un des plus gros propriétaires de la contrée, et dont tout le monde vous affirmera sans crainte d'être démenti la scrupuleuse correction au jeu. Quant à moi, vous me connaissez, n'est-ce pas?

— Certes, lui dis-je. Je vous sais trop honnête pour vous porter garant d'une personne dont vous ne seriez pas sûr.

— Oui, n'est-ce pas, » ajouta-t-il de plus en plus satisfait de mes bonnes paroles qu'il croyait sincères.

Pour mieux le convaincre qu'il n'avait plus rien à redouter de moi, je poussai l'amabilité jusqu'à lui faire des excuses de mon incartade de la veille ; la mettant sur le compte du tempérament trop impressionnable d'un joueur novice.

Bénuzet était là près de nous, suivant anxieusement les moindres détails de notre entretien.

Comprenant que tout allait pour le mieux et afin d'en acquérir la certitude, il ne tarda pas à venir se mêler à notre conversation. Il fut charmant, enchanté qu'il était de la bonne tournure que l'incident de la veille venait de prendre. De mon côté, je ne lui ménageai pas les paroles aimables afin de le rassurer tout à fait. Il prit aussitôt une banque et m'offrit un intérêt de 25 %, mais je refusai gracieusement son offre, en lui disant qu'ayant beaucoup perdu ces jours derniers, je préférais m'en tenir là.

Ce soir-là, Bénuzet tailla correctement, mais il va sans dire que je l'observai de plus en plus tout en ayant l'air d'être absorbé par mon jeu qui, par prudence, était des plus modestes. Cette séance prit fin sans incident nouveau et tous les joueurs quittèrent la salle de jeu. Ah! quelle salle, grand Dieu! Si l'un de nous avait été condamné à y séjourner quelques heures, il aurait trouvé bien sévères les juges de son pays. Une petite fenêtre laissait à peine passer quelques rayons de lumière trop timide pour s'aventurer dans cette pièce obscure. L'air y était vicié comme l'âme d'un tenancier, et il s'échappait de ce bouge où de braves gens passaient dix heures de suite à se faire laminer leur bourse, une de ces odeurs de corps de garde ou de chambrée qui vous prennent à la gorge avec une intolérable persistance. Aussi avec quel soupir de soulagement je rentrai chez moi, ayant hâte de prendre un peu de repos si nécessaire après deux nuits passées au jeu et dans un tel endroit!

Le lendemain, aussitôt après le déjeuner, je retournai au même café-restaurant, où je retrouvai les habitués de la partie, sauf trois gros propriétaires fonciers des environs qui, s'étant fait décaver, étaient allés *changer de cravate* (chercher de l'argent) pour pouvoir continuer la lutte.

En prenant le café, on parla de l'abondance de la récolte de l'année.

« Ah! si nous avions un peu de pluie, dit l'un d'eux, grand propriétaire de vignobles, j'aurais trente barriques de plus que l'année dernière.

— Oh! non, reprit-on de tous côtés, pas d'eau, pas d'eau! »

Ceux qui répondaient ainsi avaient des raisins déjà mûrs et la pluie leur paraissait inopportune.

Tous enfin discutaient avec animation, comme si la

réalisation de leurs vœux contraires dépendait de leurs gestes et de leurs cris.

Vers dix heures du soir, nous nous retrouvâmes au café, dans notre petit local, où la partie était déjà commencée. Les têtes étaient encore plus échauffées par les luttes précédentes; de plus, on savait que c'était la dernière soirée, car on ne jouait que pendant les fêtes locales qui ne duraient jamais plus de trois jours. La partie prit donc de plus grandes proportions.

N'ayant pu trouver de place à la table de jeu, je restai debout, derrière un certain nombre de joueurs.

Le gérant ne m'avait-il pas vu, ou croyait-il n'avoir plus rien à craindre de moi, toujours est-il que, Bénuzet adjudicataire d'une nouvelle banque demanda des jeux neufs. Comme vous le pensez, à ce moment intéressant, je ne perdis plus le banquier de vue. Il décacheta avec le plus grand soin les trois paquets de cartes qu'il feignit de bien mêler, mais pas assez pour déranger l'ordre dans lequel elles avaient été préalablement séquencées.

Il les passa rapidement devant les pontes des deux tableaux, fit couper un de ses voisins, et le tour était joué.

Je devins alors très perplexe; devais-je saisir immédiatement les cartes? C'était impossible, puisque trois rangs de joueurs et de curieux me séparaient de la table de jeu. Devais-je dire tout haut ce qui se passait? Mais, dans ce cas, avant que j'aie fini ma phrase, le banquier jetterait peut-être les cartes au panier pour en détruire l'ordre et empêcher ainsi la constatation du flagrant délit.

J'en étais là de mes réflexions, lorsque je m'aperçus que

le banquier avait déjà donné le premier coup de la taille
et qu'il venait de le perdre. J'avoue que cela me déconcerta beaucoup. Comment! était-ce possible?.....

Allons, attendons, me dis-je.

La suite me prouva que je ne m'étais pas trompé. En
effet, à part un autre coup de perte qui se produisit à la
fin de la séquence, le banquier gagna tous les autres.

Pendant le cours de cette taille, j'eus grand peine à me
contenir. Je résolus cependant de ne rien dire, et j'avoue
que j'éprouvais une amère joie en voyant que ceux-là
mêmes qui m'avaient traité de visionnaire se faisaient si
naïvement plumer par celui qu'ils avaient si chaudement
défendu la veille.

On remit ensuite une autre banque aux enchères. Elle
fut correcte, puisque le nouveau banquier tailla avec les
trois mêmes jeux dont l'ordre de la séquence, cela va sans
dire, était entièrement détruit. Aussi cette banque fut-elle
moins *heureuse* que la précédente.

Bénuzet, qui avait passé un certain temps à compter
son bénéfice avec le gérant, vint alors ponter sur les derniers coups de la taille et se fit adjuger une autre banque
qu'il tailla avec les mêmes cartes. Mais après deux ou
trois alternatives de perte et de gain, sur un nouveau
coup de perte, il jeta les cartes au panier.

« Ah! zut, dit-il, je ne suis pas en veine! »

Les pontes qui se disposaient à faire paroli, oubliant
un instant le respect qu'ils portaient à leur banquier
favori, poussèrent les hauts cris. Chacun protestait à sa
manière contre l'égoïste calcul de Bénuzet. Lui, impassible, se contenta de dire :

« Mais, Messieurs, je ne demande qu'à continuer. »

Et il ajouta :

« Batiston, apporte-moi des cartes neuves? »

Il donna cet ordre comme un homme qui a la certitude d'être bien *servi*.

Il procéda en tous points comme pour la première taille.

Je tirai alors furtivement un calepin de ma poche pour y noter les cartes au passage; je dus, durant trois banques, recommencer la même opération pour obtenir exactement l'ordre dans lequel les cartes se présentèrent.

Comme dans la première taille, Bénuzet, ne perdit que deux coups dans chacune de ses banques.

J'en avais assez vu, et fatigué par les trois nuits blanches que j'avais passées, je rentrai chez moi avant la fin de la partie.

Le lendemain mon premier soin fut d'aller acheter trois jeux de cartes et de classer chacun d'eux dans l'ordre que j'avais noté la veille.

Voici le résultat du classement que j'obtins :

TROIS	de trèfle.		NEUF	de cœur.
QUATRE	» carreau.		ROI	» pique.
ROI	» cœur.		HUIT	» cœur.
DIX	» trèfle.		SEPT	» carreau.
DIX	» cœur.		ROI	» trèfle.
SIX	» carreau.		NEUF	» carreau.
DAME	» trèfle.		SEPT	» trèfle.
SEPT	» pique.		VALET	» carreau.
SEPT	» cœur.		QUATRE	» pique.
DAME	» pique.		NEUF	» trèfle.
CINQ	» carreau.		VALET	» pique.
NEUF	» pique.		DEUX	» carreau.
VALET	» cœur.		CINQ	» trèfle.
DEUX	» trèfle.		DAME	» cœur.
SIX	» cœur.		QUATRE	» trèfle.
DIX	» pique.		HUIT	» carreau.
QUATRE	» cœur.		VALET	» trèfle.
AS	» cœur.		TROIS	» cœur.
TROIS	» pique.		DEUX	» pique.
SIX	» trèfle.		DIX	» carreau.
ROI	» carreau.		HUIT	» trèfle.
HUIT	» pique.		AS	» carreau.
DAME	» carreau.		AS	» trèfle.
AS	» pique.		TROIS	» carreau.
DEUX	» cœur.		CINQ	» pique.
SIX	» pique.		CINQ	» cœur.

N. B. — Il est évident que les cartes de ce classement peuvent être changées : le TROIS de trèfle, par exemple, peut être remplacé par un autre TROIS. De même que le ROI de cœur, peut-être remplacé, par un autre ROI, une DAME, un VALET ou un DIX, et vice versa, c'est-à-dire par n'importe quelle carte de même valeur.

Cette règle s'applique à toutes les autres catégories de cartes.

Je me mis ensuite à tailler tout seul, après avoir coupé quatre ou cinq fois la taille, comme je l'avais vu faire au banquier Bénuzet.

Quelles banques, Messeigneurs ! ce fut charmant : je gagnai presque tous les coups !

Encouragé par ce premier essai je passai toute la matinée à tailler avec autant d'intérêt que s'il y avait eu de l'argent sur les tableaux et même avec plus de persévérance, car je n'aurais jamais osé le faire en public.

Pendant mes expériences je constatais que la banque gagnait toujours et que les deux seuls coups qu'elle perdait se produisaient invariablement par le retour du même point composé par des cartes de même valeur. C'est-à-dire que lorsque le banquier donnait *un AS à chaque tableau et qu'il prenait le TROIS de carreau au tirage, le premier tableau abattait NEUF* le coup suivant, et que le second tableau gagnait avec *CINQ, en s'y tenant* (1).

(1) Il est évident que la meilleure mémoire et la plus claire intelligence ne pourront suivre ma démonstration sans l'aide des jeux de cartes employés dans la partie que je vais décrire. On ne me comprendra tout d'abord qu'avec preuves à l'appui, c'est-à-dire en prenant tour à tour la carte et la valeur que j'indique. Je parle ici du public en général et non pas des virtuoses du coup d'œil. Pour ceux là, je suis tranquille.

EXEMPLE

Coup préparatoire PRÉCÉDANT UN COUP GAGNANT

Figure **A**.

1ᵉʳ Tableau : **8** . . . . de *CARREAU* et **2** . . de *PIQUE*. . = 0 + **AS** de *CARREAU*, *au tirage* = **1**
2ᵉ Tableau : **VALET** de *TRÈFLE* . et **DIX** de *CARREAU* = 0 + **AS** de *TRÈFLE*. . . dᵒ . . = **1**
Banquier : **3** . . . . de *CŒUR* . . et **8** . . de *TRÈFLE*. = 1 + **3** . de *CARREAU*. . dᵒ . . = **4**

Coup gagnant POUR LES DEUX TABLEAUX

1ᵉʳ Tableau : **5** de *PIQUE* . et **4** . . de *CARREAU*. = **9** . . . . = **9**
2ᵉ Tableau : **5** de *CŒUR* . et **ROI** de *PIQUE* . . = **5** . . . . = **5**
Banquier : **3** de *TRÈFLE* et **10** . de *TRÈFLE*. . = 3 + *DIX* de *CŒUR*, *au tirage* . . . . . = **3**

Si le ponte du second tableau tirait à **cinq**, le banquier lui donnerait un *dix de cœur* et ferait *NEUF* en prenant la carte suivante qui est un **six** de carreau.

Dans une taille de trois jeux de cartes l'exemple ci-dessus se produit régulièrement *deux fois*, et si l'on est bien servi par la coupe il peut se reproduire une troisième fois.

Après cette demi-journée d'études, je retournai au café où je trouvai encore quelques joueurs ; nous prîmes rendez-vous pour la semaine suivante, dans une localité voisine où devait se célébrer la fête annuelle et où les grands propriétaires des environs jouaient encore plus gros jeu.

Entre temps, je continuai mes expériences, lesquelles me donnaient toujours les mêmes résultats.

Au moment où je fis cette découverte, j'étais comme on le sait, à la recherche d'une affaire quelconque : si mon observation était juste et suffisamment générale. j'avais mis la main sur la poule aux œufs d'or.

Je me rendis donc au P..... ville, lieu du rendez-vous. Mon premier soin après le dîner fut d'aller au café, où avait lieu la partie.

Les joueurs étaient nombreux, la lutte promettait donc d'être chaude.

Je pris place à la table de jeu. Je risquai d'abord quelques louis sur les deux premières tailles dont les cartes avaient été bien mêlées.

Quelques instants après, Bénuzet. l'inévitable Bénuzet, fit enfin son entrée accompagné de plusieurs joueurs de sa localité qui lui formaient comme un imposant cortège.

Ah ! il ne perdit pas de temps :

— « Banque ouverte, » dit-il, dès que l'on eut donné le dernier coup de la taille.

Et prenant possession de la chaise du banquier, il s'écria :

— « Allez-zou ! Marius (1) des cartes neuves!... » Il disait cela comme s'il demandait la clef de son coffre-fort.

Tout alla pour le mieux et, dès qu'on eut coupé, Bénuzet prononça les mots sacramentels :

— « Allons, Messieurs, faites vos jeux ! Tous les coups sont tenus ! »

Aussitôt, les joueurs poussèrent des exclamations joyeuses.

— « Bravo ! Bravo ! dirent-ils ; de cette façon, du moins, on peut *profiter de la passe !* »

Quelle hypothèse ! Mon Dieu ! Quelle hypothèse !

Quant à moi, de l'observatoire où je m'étais placé, j'avais l'air d'un astronome qui attend anxieux l'apparition d'une comète annoncée par d'infaillibles calculs.

En attendant le moment psychologique, je sacrifiai encore quelques louis et, à ma grande satisfaction, je vis enfin venir les *DEUX AS*, qui comme je l'ai expliqué plus haut, étaient mon point de repère. N'ayant jusque-là ponté que des coups d'un louis que j'avais naturellement

(1) Rien de Marius Sammarcelli, l'honorable directeur de la Villa des Fleurs d'Aix-les-Bains, auquel nous accordons toute la considération due à sa proverbiale *PROBITÉ*.

perdus, je n'en jouai que dix, craignant encore une erreur provenant du banquier qui m'avait paru avoir trop mêlé les cartes. Quand pour la seconde fois se présentèrent les *DEUX AS*, enhardi par mon premier succès, et désormais certain de leur rôle décisif, je fis vingt-cinq louis que je gagnai comme au premier coup. Bref, à six heures du matin, j'étais à la tête de deux mille francs, ce qui n'avait pas empêché Bénuzet d'en gagner au moins sept mille.

Le lendemain soir, les choses se passèrent comme la veille, avec cette seule différence que Fouque, (le compère que Batistou avait délégué au café pour écouter notre conversation au sujet de l'incident que j'avais provoqué dans la réunion précédente), rentra en scène, et tailla, lui aussi, des banques à la Bénuzet.

J'étais ravi, tout se passa sans encombre, et je bénissais l'État qui avait eu l'idée de monopoliser si rapidement la fabrication des allumettes car jamais, dans cette industrie, je n'aurais pu réaliser en si peu de temps les 5,470 francs que j'avais gagnés en trois jours.

Encouragé par mes premiers succès, je suivis assidûment toutes les fêtes des localités où l'on jouait le baccara. Dans plusieurs de ces réunions, les choses se passaient toujours de la même façon, avec cette seule différence que, dans certains endroits, on ne jouait le baccara qu'avec deux jeux de cartes, je ne pouvais alors bénéficier que d'un seul coup, car trois jeux sont nécessaires pour obtenir deux coups de gain.

Bénuzet et Fouque ayant de nombreux émules, je réalisai en peu de temps une cinquantaine de mille francs, ce qui me donnait l'espoir de faire bientôt une grosse fortune.

J'appris plus tard comment on s'y prend pour décacheter, puis recacheter les jeux neufs :

On expose l'une des extrémités d'un jeu de cartes à la vapeur d'une bouillotte d'eau chaude. La petite bande de papier de soie qui sert de marque et de *contrôle* à la régie se détache alors aussi facilement qu'un timbre-poste humecté, l'enveloppe s'ouvre d'elle-même à cet endroit; on en retire les cartes avec soin, puis après les avoir classées dans un ordre déterminé, on les remet dans leur enveloppe et on recolle la bande. Il est impossible alors, même aux yeux les plus exercés, de pouvoir reconnaître si un jeu a déjà été ouvert.

Quand j'avais fait sur les séquences des observations qui en neutralisaient le poison, je n'étais mû que par la soif de l'inconnu, et par le désir du chercheur qui tourmente les esprits toujours en éveil. Je compris plus tard la faiblesse que j'avais eue de ne pas persister à signaler la fraude et démasquer les coupables. Mais j'étais joueur, et cette passion cruelle domine bientôt ceux-là mêmes qui croyaient pouvoir s'affranchir de son joug.

Du reste, je me trouvais en face de gens riches et considérés qui me prenaient dédaigneusement pour une dupe et me proposaient le combat, certains qu'ils étaient de me vaincre.

Des banquiers grecs, gentilshommes plus ou moins authentiques, et il y en eut d'incontestés, ont voulu me tondre comme un serf, et il s'est rencontré qu'un serf du jeu, c'est-à-dire un ponte, s'est insurgé et, à force d'ingéniosité, a trouvé le défaut de la cuirasse.

La lutte était inégale. Pour la rendre possible, j'ai eu recours aux simples mathématiques : je n'ai vu que les *DEUX AS* trouvant qu'ils m'étaient providentiellement envoyés pour châtier la séquence.

J'ai été d'abord intimidé, puis battu sur toute la ligne, et enfin, à force d'avoir reçu des coups, j'ai essayé d'en rendre.

> Cet animal est bien méchant ;
> Quand on l'attaque, il se défend.

CHAPITRE III

Les manœuvres des Directeurs du Casino
d'Aix-les-Bains
et l'embarras d'un commissaire.

Un de mes amis, M. P..., qui avait l'habitude d'aller passer la saison d'été à Aix-les-Bains, me décida à m'y rendre avec lui, par le récit des plus alléchants qu'il m'avait fait de cette charmante station.

Par lui, je fus mis en relations avec le comte de la T..... qui, à son tour, me présenta dans plusieurs familles. En compagnie de ces deux gentlemens et de leurs amis, tous joyeux viveurs, nous fimes de nombreuses excursions au lac du Bourget et dans les environs.

Comme l'auteur du *Dernier amour*, le poétique romancier André Theuriet, nous avons admiré les merveilleux sites de ce pays charmant auquel la nature a prodigué ses dons.

Partout la montagne et l'eau, la montagne avec ses forêts toujours vertes, et le torrent, avec ses immenses miroirs où se reflète l'étoile d'or. Et quand cette eau se sent fatiguée de cascader, elle prend sa retraite dans ce lac limpide dont la contemplation semble communiquer aux âmes agitées la paix fortifiante de ses ondes.

Un soir, en revenant d'une de ces inoubliables excursions, M. de la T..... nous dit :

« Eh bien ! mes amis, si nous allions tailler un petit bac ? Qu'en dites-vous ? »

La proposition fut acceptée et nous nous rendîmes tous trois au Casino.

La partie était, ma foi, très belle ; il y avait foule dans les salons de jeu, où les dames se trouvaient également très nombreuses.

Pendant la première semaine, je n'y fis que de très courtes apparitions, pris par le tourbillon des plaisirs que je n'avais pas encore goûtés.

La trêve des sens passée, si je puis m'exprimer ainsi, l'idée dominante qui me possédait déjà reprit bientôt le dessus. Gœthe demandait de la lumière, Danton de l'audace et moi des cartes. Perdre, c'était un sacrifice prévu avec l'insouciance du Bohème de la vie qui sera toujours aux crochets du destin. Gagner, c'est la porte ouverte sur le paradis. Qu'importait le lendemain de la défaite, il ne faisait que ressembler à la veille. Tandis qu'avec un peu de chance, avec un baiser furtif de la fortune, les horizons s'ouvraient immensément souriants.

Tantôt, nous allions au bal, tantôt au théâtre et ce n'était que pendant les entr'actes, lorsque j'accompagnais ces dames à la salle de jeu, que je risquais quelques louis au baccara.

Mais cette première ardeur passée, je devins bientôt l'assidu du Cercle, car le jeu m'avait pris tout entier.

Suivant mon habitude, je me mis à observer les banquiers.

A ma grande surprise, je constatai bientôt que les choses se passaient comme dans quelques-uns de nos petits cercles de province, avec cette différence que la partie était beaucoup plus forte.

Ponte très ordinaire, je passai inaperçu pendant quelques jours, les tables étant assiégées de gros joueurs, mais le succès m'ayant donné de l'audace, je me mis à ponter cher. Mal m'en prit, car j'attirai ainsi l'attention du tailleur de séquences de la maison. Ce fin limier remarqua vite que si, durant le reste de la taille, je ne pontais que quelques louis, je ne manquais jamais l'occasion de jouer deux ou trois mille francs sur les deux coups perdants de la séquence.

Il me signala sans doute à la *sollicitude* de ses complices, qui avisèrent aussitôt au moyen de se débarrasser de moi. Ils crurent avoir trouvé une solution en me dépêchant le commissaire de police qui, après mille circonlocutions, me dit que je ferais mieux de ne pas revenir au Cercle.

Ne pas revenir au Cercle? Elle était bien bonne, comme disait M. de Villemessant. Et recevoir cette injonction d'un commissaire, elle était encore meilleure. Je me demandai tout d'abord si j'avais affaire à un tuteur. Mais avec un peu de réflexion, je repris bientôt le sentiment de la situation. Je faisais la fête avec de gais compagnons, je gagnais de l'argent, il y avait là des femmes charmantes; je trouvais décidément que les villes d'eau, à en juger par la première que je fréquentais, étaient un séjour très agréable? Pourquoi voulait-on me forcer à renoncer à tout cela? Quelle en était la raison?

4

« Monsieur, dis-je au Commissaire de police, je n'ai que faire de vos conseils, je me trouve très bien au Cercle et mon intention bien arrêtée est de le fréquenter pendant toute la saison. »

Voyant qu'il n'arriverait à rien par la persuasion, il voulut alors se fâcher; mais je criai plus fort que lui et il s'ensuivit une sérieuse bousculade. Les valets de pied accoururent bien vite au secours du représentant de l'autorité et l'on me porta hors du Cercle. Le commissaire, furieux de ma résistance, me dit alors qu'il me mettait en état d'arrestation, et me fit conduire dans une pièce voisine de son bureau où l'on m'enferma. En guise de calmant, me dit un inspecteur de police, vous serez détenu là jusqu'à demain matin, et vous serez ensuite conduit à Chambéry où vous aurez à vous expliquer avec le Procureur de la République.

J'étais là depuis une heure environ à réfléchir à tout ce qui venait de se passer, lorsqu'on ouvrit la porte de la pièce dans laquelle je me trouvais.

A mon grand étonnement, je vis paraître l'inspecteur de police, qui s'était montré très violent lors de mon arrestation. D'un ton quasi paternel, il me dit :

« Ah ! mon ami, vous vous êtes mis dans un très mauvais cas. En ma qualité de père de famille, je vois avec peine un jeune homme, presqu'un enfant, sous le coup d'une condamnation inévitable pour injures et coups envers un représentant de la force publique. Article 228 du Code pénal. Total : de deux à cinq ans de prison. Vous voyez cette porte, continua-t-il en me montrant une seconde entrée, eh bien ! elle n'est fermée que par une targette, de là on peut gagner la cour de l'immeuble dont la porte n'est jamais fermée.

Rien n'est donc plus facile que de sortir d'ici.

Lorsque nous constaterons votre disparition, je dirai à monsieur le commissaire qu'il avait oublié de fermer cette porte et que c'est certainement par là que vous avez dû vous évader. Comme, au fond, c'est un brave homme, ne vous ayant plus sous la main, il ne poussera pas l'affaire plus loin, surtout s'il se rend compte *que vous avez quitté Aix* par le train de deux heures du matin, que vous avez parfaitement le temps de prendre encore ? »

La pitié de l'inspecteur de police me parut suspecte et, à son grand ébahissement, je lui répondis :

« Oh ! Monsieur, il m'est bien indifférent que cette porte soit ouverte ou fermée, je me garderai bien de sortir d'ici ; je serais vraiment trop désolé de priver le commissaire de police du plaisir de me faire comparaître devant le Procureur de la République.

— Tant pis pour vous, » me dit l'inspecteur, en se retirant.

Quelques instants après, j'entendis une conversation assez vive, et, presque aussitôt, la porte s'ouvrit à nouveau. Cette fois, c'était le commissaire qui avait fait une fausse sortie pour laisser à son subalterne le temps de me faire ses propositions de fuite.

Voyant que sa petite comédie n'avait pas réussi, il venait, inspiré sans doute par la direction du Casino, faire en personne une dernière tentative. Je le vois encore ce petit commissaire : il était d'une taille très exiguë, très brun, presque noir, portant des lunettes bleues, sur un nez énorme et rouge comme une tomate. Mais à part ses imperfections physiques, c'était un rude fonctionnaire, qui a dû faire son chemin par la suite, si toutefois il n'a pas préféré rester à Aix.....

J'ai toujours pensé, à tort évidemment, que la cagnotte étant moins avare que le budget, pour certains, il vaut mieux une simple commune avec un casino qu'un canton et même une sous-préfecture qui n'en ont pas.

Mais revenons à la scène de ma nuit de détention, véritablement intéressante, car l'on ne voit pas souvent deux geôliers chercher à se débarrasser avec autant d'insistance de leur prisonnier.

« Eh bien! Monsieur, me dit en rentrant le commissaire, êtes-vous maintenant plus calme? J'espère que nous allons pouvoir causer? »

Comme je ne répondais que par un dédaigneux haussement d'épaules, il m'invita à me rendre dans son bureau où il m'interrogea sur le motif de mon voyage à Aix, et s'enquit des personnes que j'y connaissais.

Je suis l'ami de MM. P..... et du comte de la T.... lui dis-je, et c'est par un véritable hasard que ces messieurs ne se sont pas trouvés au Cercle ce soir.

Dès que j'eus prononcé le nom de mes amis, la physionomie du commissaire changea, et son attitude fut immédiatement tout autre à mon égard. Il s'informa si je n'avais besoin de rien, car il était alors une heure avancée de la nuit. Malgré mon refus d'accepter quoi que ce soit, il fit cependant apporter une bouteille de Saint-Perret.

La conversation reprit sur un ton bienveillant de sa

part ; il essaya encore, par la persuasion de me faire promettre de renoncer à fréquenter les salons du Cercle.

Cependant, malgré son insistance, je ne pris aucun engagement et ne lui fis qu'une concession : celle de ne plus exiger qu'il me conduisit auprès du Procureur de la République.

Je savais bien qu'en renonçant à cela, je faisais grand plaisir au commissaire qui aurait été assez embarrassé pour expliquer au magistrat pourquoi il me faisait comparaître devant lui. Mais si j'avais renoncé au voyage de Chambéry, où j'aurais pu expliquer très nettement au Procureur tout ce qui se passait au Casino, et le rôle apparent du commissaire dans mon affaire, c'est que je tenais à être à Aix le lendemain matin et que je voulais être le premier à raconter à mes amis les incidents de la soirée.

Le commissaire m'ayant dit que je pouvais me retirer, je rentrai chez moi, trop énervé, comme on le pense, pour pouvoir dormir. J'étais outré de voir avec quelle impudence toute cette bande du Casino volait les joueurs et faisait tourner quand même le bon droit de son côté.

Quand la police semble épouser les querelles des Bénuzets, on devient malgré soi, injuste pour son rôle social.

Or, dès que l'heure me permit de me présenter chez mes amis, j'allai leur conter mon odyssée.

Leur premier conseil, après ce récit, fut de m'offrir d'aller voir le commissaire, puis le préfet à Chambéry.

Après les avoir remerciés de leurs bonnes intentions et

de l'intérêt qu'ils me portaient, je leur déclarai que j'avais un autre projet.

Ils se disposaient à écouter la suite de mon récit, mais je les avertis que je ne pouvais leur en dire davantage pour le moment, désirant leur laisser toute la surprise d'un petit coup de théâtre que je préparais pour le soir.

Nous passâmes la journée ensemble, et, chaque fois que l'un d'eux, poussé par la curiosité, cherchait à m'interroger sur mon projet, je détournais la conversation.

Enfin, après le dîner, le moment vint de se rendre au Casino. Je dis alors à mes amis que je devais me séparer d'eux pour quelques instants, mais que je les retrouverais au Cercle dans un quart d'heure.

Je me dirigeai donc seul vers le Casino en ayant soin de m'arrêter à une certaine distance pour observer autant que possible ce qui pouvait se passer à l'intérieur.

Mes pressentiments ne m'avaient pas trompé. Je remarquai, en effet, sur le perron, deux valets de pied, choisis parmi les plus robustes, qui me parurent monter la garde. Quelques secondes plus tard, ils étaient rejoints par le commissaire qui se mit à causer avec eux et paraissait guetter l'arrivée de quelqu'un. J'étais fixé.

C'est bien moi qu'on attendait et les valets de pied n'avaient été postés là que pour m'interdire l'entrée, sous prétexte que la veille j'avais causé du scandale dans le Cercle.

Je quittai aussitôt mon poste d'observation et, tout en ayant soin de ne pas être aperçu de ces sentinelles avancées, je me mis à contourner les jardins du Casino, me

dirigeant vers une porte de service par laquelle j'étais
déjà passé quelquefois. Le hasard alla au devant de mes
désirs; elle s'ouvrit au moment où j'y arrivai pour donner
passage à un aide jardinier, se retirant sa journée finie.
En lui montrant ma carte d'abonné, je lui demandai à
passer par le jardin pour m'éviter un long détour, et j'ap-
puyai ma requête d'une pièce de 2 francs que je lui
glissai dans la main. Devant ce double argument, le jardinier s'effaça respectueusement pour me laisser entrer,
et referma aussitôt la porte derrière lui.

Quand j'arrivai dans la salle de jeu la partie battait
son plein; j'y trouvai mes amis, et nous allâmes nous
placer à côté du banquier qui, la veille, m'avait signalé
au directeur. Je fis aussitôt appeler le commissaire de
police et je lui dis :

« Eh bien! Monsieur, après vos beaux discours d'hier
soir sur la proscription des grecs, je suis venu pour me
convaincre que vous leur faites toujours une guerre à
mort, et que pas un d'entre eux ne parvient à entrer
dans les salons de jeu. »

A mon interpellation, le commissaire visiblement ahuri
de me voir là, voulut prendre un air aimable, mais
comme on dit vulgairement, il riait jaune.

« Certainement, me répondit-il, vous devez voir avec
quel soin je parcours les salons, toujours à la recherche
de ce qui pourrait s'y passer d'incorrect, et prêt à sévir.
Aussi, soyez bien certain que, depuis que je suis à Aix,
aucun joueur suspect n'a réussi à s'asseoir à la table de
jeu. »

Il allait continuer à se tresser des couronnes lorsque je

l'interrompis brusquement et, lui désignant le banquier
Busey, j'ajoutai tout haut :

« Mais pardon, monsieur le commissaire, vous avez sans
doute oublié celui-ci ! »

A cette apostrophe, je renonce à dépeindre la tête du
banquier et du commissaire : tous les deux restèrent un
instant la bouche ouverte dans l'impossibilité d'articuler
un son. Quant à la galerie, visiblement stupéfaite, elle
m'enveloppait d'un regard circulaire d'interrogation.

Aussitôt les pontes se levèrent comme éclairés par l'esprit d'en haut.

Certains joueurs grincheux assiégeant la caisse exi-
gèrent qu'on leur rendît des sommes plus ou moins fortes
qu'ils déclaraient avoir perdues contre le banquier
démasqué.

Quand, au bout de quelques instants on voulut interroger le commissaire et le grec, on ne put que constater
leur absence.....

Le lendemain matin, Busey quittait furtivement la ville
par le premier train, laissant à sa femme le soin de faire
les malles et de le rejoindre en Italie.

Ce personnage qui, grâce à ses breloques, ses bagues,
ses énormes boutons en diamants et ses épingles de cra-
vates, pouvait passer pour un rastaquouère inoffensif,
n'était autre qu'un prestidigitateur de profession, italien
de nationalité, comme la plupart des grecs ses collègues.
Après avoir longtemps parcouru avec une roulotte toutes
les foires du Piémont et de la Lombardie, Busey était
venu faire un voyage à Paris, où il se fit présenter au
Betting-club.

L'administration de ce cercle monta avec lui une combinaison *séquencière* dans laquelle Buscy toucha 500,000 francs environ.

Il va s'en dire que le directeur du Betting-club, le caissier et les croupiers qui passaient les séquences eurent dans cette affaire la part du lion *comme le veut l'usage*.

Grâce à l'habileté du prestidigitateur et à l'appui que lui prêta l'Administration, Buscy put tranquillement regagner ses pénates avec la forte somme qu'il avait prise à ces bons gogos de Parisiens.

La saison fut perdue pour les directeurs du Casino d'Aix-les-Bains. Par contre, les baigneurs y furent moins volés.

Nous étions, en effet, au début de l'été lorsque ces événements se passèrent et, jusqu'à la fin de la saison, je ne quittai pas la ville.

J'allais régulièrement tous les jours au Cercle pour y exercer ma petite surveillance.

Quant au commissaire de police, il s'y montrait de moins en moins, estimant probablement que ma présence rendait la sienne tout à fait inutile.

De temps en temps, quand je le rencontrais dans la ville, il ne manquait pas de me demander si je me plaisais toujours à Aix et si mon intention était d'y rester encore longtemps. Je lui répondais invariablement que j'appréciais de plus en plus cette station et que je n'en partirais qu'à la fin de la saison.

Ces réponses n'avaient pas l'air de le satisfaire, surtout à cause de son ami le directeur. Ce dernier, toutefois, faisait contre mauvaise fortune bon cœur, bien certain de pouvoir mettre les bouchées doubles l'année suivante.

En effet, j'appris plus tard qu'on avait remplacé le grec Buscy, par le non moins grec Nicoupeau.

Les pauvres pontes avaient encore perdu au change.

Pendant la fin de mon séjour à Aix, j'avoue que je ne m'expliquai guère la sorte d'indifférence dont le commissaire et l'administration du Cercle usaient à mon égard.

Ignorant alors les procédés des directeurs de casinos, j'attribuais cette indifférence à ce que la direction, me considérant comme un adversaire redoutable, avait capitulé devant moi et me rendait les armes.

Mais mon erreur ne fut pas de longue durée car, l'été suivant, je me rendis compte que tous ces larrons avaient parfaitement joué leur rôle.

Ils avaient, en effet, choisi un autre plan de campagne qui consistait à me fermer à jamais et du même coup les portes de tous les cercles et casinos de France.

Conclusion : à l'instigation du directeur du Casino d'Aix-les-Bains, le commissaire de police adressa à la Sûreté générale une note qui peut se résumer ainsi :

« Le nommé Andisson, grec dangereux, est venu à Aix cet été. Il a été exclu du Cercle. »

Suivant la coutume administrative, cette note transformée de la façon suivante, fut adressée à tous les commissaires de France :

« Prévenez les directeurs de cercles et de casinos qu'ils ne doivent pas laisser pénétrer dans leurs établissements le nommé Andisson, grec dangereux. »

Le tour était joué, et je me trouvais, d'un trait de plume supprimé du monde des cercles, et cela sans appel.

En terminant ces quelques notes caractéristiques, je ne puis me défendre de songer au bon bourgeois de France qui, après avoir fait fortune dans le commerce des langoustes ou dans celui des bicyclettes, va passer la saison à Aix-les-Bains ou dans un Luchon quelconque. Il y arrive avec la candeur naïve de Mignon, et reçoit, comme un hommage rendu à sa notoriété, une invitation pour aller ponter sur les Buscy ou les Nicoupeau.

Ceux qui se ruinent à la suite de faillites imprévues ou de revers de fortune, ont travaillé pour le roi de Prusse ; ceux qui n'ont pas connu la défaillance des débiteurs et à qui tout a souri vont se faire dévaliser par les Bénuzet des villes d'eaux (1).

Et tout cela arrive dans un pays enchanté, où le ciel se mire dans les lacs bleus.

Dieu est grand : il a créé les montagnes. L'homme est petit ; il a créé..... les casinos.

(1) Les choses se passent-elles aujourd'hui plus correctement au Casino, et à la Villa des Fleurs ? Hum !... Hum !...

CHAPITRE IV

Comment on établit un dossier.
Recherches mathématiques sur les probabilités
au jeu.

N'en déplaise à mes lecteurs, tout le monde a sa fiche ou son petit dossier à la Sûreté Générale.

D'abord, les hommes politiques, quels que soient leur rang et leurs opinions; puis les gens de Bourse et enfin, tous les joueurs.

Je ne reviendrai pas ici sur un sujet souvent traité par les reporters et sur lequel Albert Wolf, le maître écrivain du *Figaro*, dont l'esprit était doublé d'un impeccable bon sens, a jeté toute la lumière possible. Nos gouvernants se préoccupent de leurs intérêts et il faut le croire, de l'intérêt public. Au premier point de vue, c'est un délit de n'être pas de leur avis, et l'on a sa fiche parce qu'on a émis une opinion qui ne leur paraît pas orthodoxe ou parce qu'on a fait une visite à un ennemi déclaré; et pendant que les agents vont à la découverte de ces crimes, les Caserio Santo opèrent tranquillement sous l'œil discret de la Sûreté générale. Quant au jeu, tous les joueurs, pontes et banquiers, ont leur dossier à la Préfecture de police. Dans ces archives dont la constitution est livrée à des hommes d'une impartialité quelquefois contestée, le moindre potin prend les proportions d'un cadavre.

Ce qu'il y a de plus amusant, c'est que les potins vivent toujours, et que les cadavres sont le plus souvent ensevelis par ordre et exhumés à temps.....

Nous n'avons pas à nous occuper ici des gens de Bourse : le procès du Panama nous a fixés.

Pour les joueurs, la singulière espèce qui nous occupe, on accueille en haut lieu, *et sans le moindre contrôle*, les renseignements défavorables que tout gérant de cercle ou du plus infime casino de ville d'eaux adresse ou fait adresser par le commissaire de police sur les joueurs trop clairvoyants.

Une fois votre nom inscrit sur cette liste, il y demeure pendant toute votre vie et même au delà. En effet, il m'a été permis d'en consulter et j'y vis figurer à côté de grecs avérés les noms de trois ou quatre joueurs inoffensifs, morts depuis plusieurs années, et qui, de leur vivant, n'avaient eu que le tort d'entraver les manœuvres éhontées des directeurs de ces établissements.

Toute personne qui pénètre dans un cercle ouvert c'est-à-dire dans un établissement assimilé par la police à un garni suspect, est naturellement inscrite sur la liste des membres et journellement un agent de la brigade des jeux vient relever son nom. Aussitôt une fiche lui est ouverte à la Préfecture de police comme un compte dans la maison de banque où l'on dépose de l'argent.

Cette fiche contient noms, prénoms, qualités ou emploi de la personne, son domicile, le chiffre de son loyer, sa manière habituelle de vivre, ses ressources pécuniaires et leur origine probable. Voilà la genèse d'un dossier. Mais sous ce titre ; *renseignements confidentiels* une enquête commence et s'augmente de tous les cancans dont vous pouvez être l'objet, de la liste des gens que vous fréquentez, de vos gains, de vos pertes, que sais-je encore?...

Je ne crois pas qu'on puisse agir avec plus de rigueur envers un malfaiteur en surveillance.

Le notaire qui a la confiance de tant de braves gens, l'industriel ou le commerçant qui est obligé de soigner son crédit avec tant de sollicitude, l'officier lui-même n'est pas à l'abri de cette inévitable fiche née de la suspicion, alimentée par le mensonge et établie par la calomnie. Ces notes louches créent à tous une situation suspecte qui ébranle la confiance, atteint toujours le crédit et ébrèche quelquefois l'honneur.

L'œuvre de cette fiche implacable n'atteint pas seulement les membres reçus; il suffit d'être candidat et d'avoir franchi le seuil fatal de l'antre pour être considéré comme un homme à surveiller. Et personne ne saurait se soustraire à cette avilissante et perfide enquête. Les membres des grands clubs que la passion du jeu fait quelquefois descendre jusque dans ces *cercles dits fermés* (1) n'échappent pas à ces ténébreuses investigations. Il n'y a sur la fiche qu'un blason de plus.

Je pourrais citer mille exemples des conséquences terribles résultant de la fiche funeste dont toute personne qui fréquente ces maisons de jeu est pourvue.

Tout Paris a connu le brave commandant P..... qui

(1) Ainsi nommés pour se conformer aux dernières prescriptions de la Préfecture de police : Aujourd'hui pour qu'un Cercle soit *OUVERT !* il faut qu'il soit *FERMÉ !...*

avec d'humbles économies, parvint à gagner une assez
forte somme dans les tripots du boulevard. Quelle veine
ne lui avait-il pas fallu pour survivre à l'étouffage continuel des croupiers?

Les soupçons des pourvoyeurs de la fiche s'aiguisèrent
et bientôt l'honorable commandant fut désigné comme un
joueur à surveiller. Cependant la chance tourna, et le brave
officier, esclave de sa passion, joua jusqu'au décavage
final, et pendant que *les croupiers et les séquenciers*
le dépouillaient, on le gratifiait de fiches multiples qui
augmentaient au fur et à mesure qu'il passait d'un cercle
dans un autre. Il fut inscrit comme grec et toute sa vie,
le commandant jouit de cette inique flétrissure.

Comme on l'a vu dans le chapitre précédent, la note
envoyée sur moi par le commissaire de police d'Aix à la
Sûreté générale fut transmise par elle à tous les commissaires de police des villes d'eaux. C'est donc par cette
fiche de commande que fut établie la première pièce de
mon dossier.

Je n'appris la chose en détail qu'à la fin de l'été suivant,
et voici dans quelles circonstances.

Lorsque la saison d'Aix fut à peu près terminée, je
rentrai chez moi.

L'été suivant, je voulus connaître les plages de l'Océan.
On m'avait beaucoup parlé de Royan; je m'y rendis.

Mais quand je demandais à entrer dans les salons de
jeu du Casino, on prétexta avoir reçu des instructions très
précises pour n'admettre au cercle que les personnes pré-
sentées par deux parrains, etc., etc.

Comme à Royan je n'avais pas d'amis à qui demander

ce service, et décidé à ne pas passer l'été chez moi, je partis pour Luchon, où je ne reçus pas un meilleur accueil. Mais, ayant rencontré des joueurs que j'avais connus l'été précédent à Aix-les-Bains, je priai deux d'entre eux de m'inscrire au Cercle, ce qu'ils firent de très bonne grâce.

Le secrétaire leur répondit que ma carte me serait délivrée le soir même.

J'étais donc virtuellement admis. Quelle ne fut pas ma surprise le lendemain, lorsqu'un de mes parrains vint m'apprendre d'un ton navré qu'on lui avait contesté son droit de patronage, parce qu'il n'était pas membre permanent du Cercle! Le secrétaire avait expliqué cette étrange volte-face par l'oubli de cette formalité.

Quoique très intrigué de tous ces blackboulages, je n'insistai pas, ne connaissant (et pour cause) aucun membre permanent du cercle du Casino.

Cauterets n'était pas loin; je m'y rendis. Là encore, même fin de non-recevoir.

Pensant que cette façon d'agir était peut-être commune aux villes d'eaux du sud-ouest, j'abandonnai la région.

Je partis pour Dieppe pour changer tout à fait de pays, et comme je l'espérais aussi, de coutumes.

Hélas! vain espoir, c'était toujours la même chose.

Peut-être dans le centre, me dis-je, en sera-t-il autrement. Et me voilà en route pour Vichy.

Là encore, même déception.

Cependant, Vichy étant une ville très agréable, je décidai néanmoins d'y finir la saison.

J'y étais depuis une quinzaine de jours lorsque j'y fis la rencontre d'un Conseiller Général de mon département qui me manifesta son étonnement de ne pas m'avoir déjà vu au Cercle.

N'ayant pas à me gêner avec lui, je n'hésitai pas à lui faire part du mauvais accueil qui m'avait été fait dans tous les Casinos où je m'étais présenté.

Frappé de mon aveu, il m'offrit aussitôt de s'employer pour découvrir ce qu'il y avait au fond de tout cela; et le lendemain, après le déjeuner, il me donna la clef de l'énigme.

Après avoir conféré avec le gérant du cercle, il s'était rendu auprès du commissaire de police pour le prier de lui dire ce qu'il y avait contre moi.

Après force hésitations, ce magistrat finit par déclarer à mon ami que, eu égard à sa qualité de Conseiller général et, bien que la chose fut des plus confidentielles, il voulait bien lui donner satisfaction.

Il lui montra alors une longue liste de la Sûreté générale sur laquelle mon nom se trouvait porté avec cette mention en marge : « *grec dangereux* ». De plus, il y était dit que j'avais été expulsé d'Aix, de Royan, de Luchon, de Cauterets, de Dieppe et de Vichy.

La raison de cela était bien simple, dans chacune des stations où j'avais seulement demandé à me faire admettre au Cercle, les directeurs de ces établissements avaient fait écrire à la Sûreté générale qu'ils m'avaient expulsé de leurs Salons de jeu.

Ils faisaient ainsi preuve de zèle envers l'administration et se débarrassaient *d'un gêneur* qu'ils présentaient comme ayant exercé des ravages dans leurs casinos.

Par leurs rapports erronés, ils faisaient augmenter mon

dossier de fiches multiples, ce qui était une aggravation pour moi, et, pour les directeurs de casinos, une garantie de sécurité pour l'avenir.

J'avoue que lorsque mon ami me fit part de sa démarche, je ne pus contenir mon indignation; lui-même était outré de tels procédés qu'il considérait à juste titre comme une incroyable iniquité.

Le conseil qu'il me donna répondait parfaitement à ma première pensée, il fallait partir pour Paris afin d'exposer les faits à qui de droit.

Je partis donc le soir même, car j'avais hâte de me faire rendre justice.

Mon ami m'avait donné une lettre d'introduction pour un sous-chef de bureau qu'il connaissait au Ministère de l'Intérieur.

Dès que l'heure me permit de me présenter, je me rendis chez ce fonctionnaire, qui voulut bien se mettre à ma disposition pour faire, à ma place, les recherches nécessaires et présenter les observations que je lui communiquai pour la Sûreté générale.

Malheureusement, il ne faisait pas partie de ce service-là; il était attaché à la Direction départementale et communale. Aussi, je suis persuadé que la réponse qu'il m'apporta au bout de deux jours lui avait été faite par des collègues que ses questions embarrassaient.

Il me raconta, en effet, qu'il avait dû s'adresser à plusieurs employés du service de la Sûreté générale, et que ceux-ci lui avaient répondu n'avoir pas trouvé la moindre trace de rapports faits contre Ardisson, mais que ces rapports avaient peut-être été envoyés au Ministère avec la mention « *Confidentiel* » et qu'enfin dans ce cas, suivant l'usage, les divisions n'en avaient pas connaissance.

Les affaires dites « *Confidentielles* » ajouta mon ami sont exclusivement traitées dans le cabinet du Ministre de l'Intérieur.

Je me rendis alors à ce Ministère pour avoir une explication quelconque mais il me fut encore répondu par une fin de non-recevoir.

J'étais donc condamné sans appel.

Malgré que ce fût mon premier voyage dans la capitale, je n'eus pourtant pas envie d'y rester pour la visiter et je revins chez moi, outré de toutes les manœuvres ourdies contre ma personne.

Vainement je cherchai à m'expliquer comment cette qualification de grec m'avait été attribuée.

Dans mon inexpérience, je pensai qu'elle était peut-être naturellement infligée à toutes les personnes qui, comme moi, faisaient du jeu leur unique occupation.

En rentrant chez moi, je consacrai tout mon temps à l'étude plus approfondie des deux inévitables coups de gain qui se reproduisent dans les séquences et de ceux que l'on peut provoquer par des tirages *opportuns*.

Après plus de six mois d'études, j'arrivai enfin à obtenir, dans une taille, deux et même trois coups de gain de plus, sans préjudice des précédents.

Ayant remarqué que les fabricants livrent au commerce des jeux où les cartes de même valeur sont toujours

classées deux par deux, et toujours dans le même ordre,
j'abordai alors l'étude non moins compliquée de tous ces
classements naturels pour découvrir les avantages qu'il
me serait possible d'en tirer.

Je n'abuserai pas de la patience de mes lecteurs en
énumérant ici tous les classements des diverses fabriques
de cartes. J'en cite un au hasard, parmi ceux de la
maison Grimaud qui fournit la plupart des cercles.

Ordre adopté dans le cas cité :

As de trèfle, as de carreau, valet de trèfle, valet de
carreau, deux de pique, deux de cœur, valet de pique,
valet de cœur, six de pique, six de cœur, quatre de pique,
quatre de cœur, cinq de trèfle, cinq de carreau, quatre
de trèfle, **quatre de carreau, dame de trèfle,** dame
de carreau, cinq de pique, cinq de cœur, dix de pique,
dix de cœur, sept de trèfle, sept de carreau, neuf de pique,
neuf de cœur, dame de pique, dame de cœur, trois de
trèfle, trois de carreau, huit de pique, huit de cœur, trois
de pique, trois de cœur, dix de trèfle, dix de carreau,
roi de trèfle, roi de carreau, huit de trèfle, huit de carreau, neuf de trèfle, neuf de carreau, roi de pique, roi de
cœur, six de trèfle, six de carreau, sept de pique, sept
de cœur, deux de trèfle, deux de carreau, as de pique,
as de cœur (1).

Pour certains coups, la chose est assez simple et à la

(1) D'après la nouvelle loi du 12 avril 1890, les classements de cartes
ont été légèrement modifiés : entre autres l'as de trèfle se trouve maintenant le premier, la face en l'air, au lieu du valet de trèfle, les autres
cartes suivent dans l'ordre ci-dessus, mais quand on s'en sert, elles se
trouvent naturellement dans l'ordre inverse de l'exemple cité.

portée d'une intelligence même médiocre ; ainsi, par exemple :

Vous êtes au second tableau et le hasard vous a donné *cinq* ; vous voyez que le banquier donne à droite une **dame de trèfle**, vous devez tirer puisque **le quatre de carreau** suit toujours **la dame de trèfle**.

Dans d'autres coups similaires la chose n'est pas plus difficile, mais, par contre, dans d'autres cas (et ce sont les plus nombreux), elle n'est pas alors à la portée de tout le monde. En effet, il faut non seulement que votre mémoire vous serve bien pour savoir très exactement, à n'importe quel moment de la taille, l'ordre de classement de toutes les cartes, mais encore il faut une attention très soutenue pour connaître préalablement le point des deux tableaux et celui du banquier. C'est alors seulement que la chose devient pratique, soit comme ponte, soit comme banquier, surtout par les tirages *opportuns* auxquels on a quelquefois recours.

Je ne suis arrivé à ce résultat qu'à la suite de très longues et très laborieuses études pratiques et encore parce que j'étais servi par une excellence mémoire longtemps exercée à ce travail spécial.

Bien que ces résultats fussent déjà très beaux pour moi, j'avais encore une lacune à combler, car je ne pouvais utiliser mes découvertes que sur les séquences ou sur les banques taillées avec des jeux neufs. Mais, dans les

N. B. — Quand on a préalablement assez étudié le sujet, c'est-à-dire les divers classements des principales fabriques de cartes, on parvient bien facilement à reconnaître, après la distribution de quelques cartes, à quel type appartient son ordre de classement.

petits cercles que je fréquentais, on ne renouvelait pas assez souvent les cartes au cours de la partie. Je n'avais donc que de trop rares occasions de profiter de mes observations sur le classement des cartes neuves.

Je recherchai alors le moyen de me créer un avantage permanent pour les autres banques en retenant au passage quelques coups de gain pour les tableaux, au moment même où pontes et banquiers jettent au panier les cartes d'un coup consommé.

Le germe de cette idée me vint au cercle en regardant les cartes dans le panier. Mais pour passer de la théorie à la pratique, je fis de laborieuses expériences.

J'installai, chez moi, une table analogue à celle du cercle, ayant au centre une cavité dont la forme en cuvette fait se classer naturellement les cartes les unes sur les autres. Et je me mis à tailler toute la journée, en poussant simultanément, des deux mains, les cartes au panier pour simuler l'action des pontes et du banquier, lentement d'abord, puis plus vite par la suite.

Je m'appliquai en commençant à me souvenir de certains coups simples, dont l'ensemble des cartes formait un abatage pour le premier ou le second tableau.

Quatre cartes seulement sont nécessaires pour le premier tableau et cinq pour le second, car dans ce cas, il importe peu de connaitre le point qu'aura le banquier avec la sixième carte, puisque, au pis aller, il ne peut faire qu'égalité avec la ponte.

Ainsi dans une taille en cours, je voyais que la dernière carte lancée au panier était, par exemple, *la dame de pique*. Je la prenais comme *point de repère*. Si je remarquais ensuite que, le banquier ou les pontes jetaient *successivement sur cette dame de pique* une carte quelconque, un **9**, deux autres cartes quelconques et une **buche**, je savais que, dans la taille suivante, *le second tableau abattrait neuf* par **9** et **buche**, dès que *le point de repère*, c'est-à-dire *la dame de pique* aurait fait son apparition sur le tapis; et que si le banquier distribuait une autre carte après le dit *point de repère*, c'était alors le premier tableau qui abattait *neuf* par les mêmes cartes (1).

Comme on le voit dans ce premier exemple, il n'y a que *le point de repère et le classement de deux autres cartes* dont il faille se souvenir pour bénéficier d'un abatage soit pour le second ou le premier tableau, selon que le point de repère se présente exactement ou qu'il a été distribué une carte après lui.

Il va sans dire que j'ai cité cette combinaison de cartes pour simplifier mon exemple. Mais il est évident que toutes autres cartes formant le point de *neuf* peuvent être indifféremment utilisées pour un abatage.

Au bout de quelques mois j'arrivai à me familiariser assez bien avec ces premiers coups simples et, dès que je possédai suffisamment mon sujet, j'allai de temps en temps l'expérimenter au cercle. Cela me donna d'assez bons résultats, car je m'y reconnaissais d'autant mieux que

----

(1) Une fois que l'on a successivement retenu le nombre de cartes utiles à la composition d'un coup de gain, sur l'un ou sur les deux tableaux, celles qu'on pourrait y jeter dessus, par la suite, ne peuvent rien changer au résultat du coup puisque on a prévu le nombre de cartes nécessaires à cette composition.

généralement les joueurs ne lancent jamais ensemble au panier toutes les cartes du coup consommé, il s'écoule toujours un certain temps entre l'action du banquier et celle des pontes, ce qui facilitait mon opération. Par la suite je parvins ainsi, à retenir deux et même trois coups d'abatage par taille, en prenant, bien entendu, pour chacun d'eux, un nouveau point de repère. Sur ces trois coups, il m'en restait presque toujours un ou deux dont je pouvais bénéficier, car la plupart du temps, même quand on mêle les cartes, on ne les salade pas assez pour ne pas en laisser subsister une fraction de quatre ou cinq ensemble, ce qui, comme on le sait, est suffisant pour un abatage.

Mais comme ces coups sont plus remarqués, je m'appliquai à en retenir d'autres par tirage. La base est toujours la même, mais la chose est bien plus difficile car, au lieu de cinq cartes, il faut, selon le cas, en retenir un groupe de six, sept, huit, neuf, dix et même onze, y compris le point de repère, et le postillon dont je parlerai plus loin.

PREMIER EXEMPLE

Coup simple, sans abatage : *l'AS DE TRÈFLE a été pris comme point de repère* ;

On a successivement jeté sur lui, au panier :

NEUF — DIX — ROI — HUIT — SEPT — SIX.

Dans la taille suivante, si le point de repère se présente exactement, on aura :

1er Tableau : 9 et 8 = 7. . . . . = **7**.
2e —   : 10 et 7 = 7. . . . . = **7**.
Banquier   : roi et 6 = 6. . . . . = **6**.

Le banquier ne devant pas tirer perd les deux tableaux.

DEUXIÈME EXEMPLE

Coup compliqué par tirage : *le VALET DE TRÈFLE a été pris comme point de repère*, puis on a successivement lancé, au panier, sur ledit *point de repère* :

AS — SEPT — NEUF — SIX — QUATRE — SEPT — TROIS.

Dans la taille suivante, dès que le *point de repère* aura fait son apparition, on aura :

1er Tableau : 1 et 6 = 7. . . . . = **7**.
2e —   : 7 et 4 = 1 + 3 au tirage . . . . . . = **4**.
Banquier   : 9 et 7 = 6. . . . . = **6**.

Le banquier ne devant pas tirer, perd le premier tableau et gagne le second.

TROISIÈME EXEMPLE

Coup compliqué par tirage : *le point de repère est LE DIX DE TRÈFLE*, puis se succèdent sur lui :

CINQ — NEUF — HUIT — CINQ — QUATRE — SEPT — SEPT — SIX — UN.

On aura :

1er Tableau : deux 5 = Baccara + 7 au tirage . . = **7**.
2e —   : 9 et 4 = . . 3   + 6 au tirage . . = **9**.
Banquier   : 8 et 7 = . . 5   + 1 au tirage . . = **6**.

Le banquier perd donc les deux tableaux.

Les exemples ci-dessus sont pris dans le cas où l'on jette au panier les cartes la face en l'air. Si, au contraire, l'habitude est de les y lancer la face en bas, il est beaucoup plus difficile alors de retenir les combinaisons de cartes nécessaires à la composition d'un coup de gain.

Naturellement, dans cette dernière hypothèse, le point de repère est la dernière carte au lieu de la première, et toutes les autres doivent être classées en sens inverse.

C'est pour me familiariser avec cette dernière façon de procéder que j'ai éprouvé les plus grandes difficultés.

En effet, comme bien on pense, il est plus aisé de graver les cartes dans sa mémoire quand on peut les voir jeter successivement la face en l'air dans le panier. Car on a la facilité d'en contrôler l'ordre, pendant que le banquier donne un coup, ce qui devient de toute impossibilité, lorsque les cartes sont jetées au panier la face en bas. Il faut donc une très longue pratique pour arriver à saisir et à retenir très exactement au passage la valeur de chacune des cartes nécessaires à la composition d'un coup de gain (1).

Grâce à un œil de lynx, et à une mémoire aussi exercée dans ce genre que celle d'Inaudi l'est pour le calcul, il ne m'en a pas moins fallu plus de deux années pour arriver à retenir couramment ces coups à la table de jeu.

---

(1) Quand les jeux de cartes sont de couleurs différentes, un point de repère suffit en observant seulement la couleur de la carte, prise comme point de repère, mais si l'usage veut, comme dans les grands cercles fermés, qu'on se serve de jeux de couleurs unies blanches, le point de repère devra alors toujours être précédé d'un postillon, qui sert à reconnaître quelle est exactement la carte prise comme point de repère. C'est un second point de repère qui sert à reconnaître le premier.

Dès lors, comme dans beaucoup d'autres cas analogues que j'expliquerai plus loin à mes lecteurs, le hasard cesse d'exister pour faire place à une véritable science exacte. Mais que de veilles ne m'a-t-il pas fallu pour établir ces problèmes si ardus du jeu! Ce travail m'a permis de réaliser de bien beaux bénéfices, mais, par contre, que de déboires n'ai-je pas éprouvés plus tard à cause de la fausse interprétation que des *gens intéressés à me nuire* ou simplement circonvenus, ont donné à la mise en pratique de mes théories. C'est bien le cas de dire : Il n'est pas de roses sans épines.

Lorsque je fus arrivé à la perfection de la pratique de ces diverses combinaisons, je gagnai naturellement beaucoup plus d'argent dans les cercles que je fréquentai, en profitant de mes observations :

1° Des coups inévitables de gain de la séquence et de ceux que je provoquais par des tirages opportuns;

2° Du classement des cartes neuves;

3° De plusieurs coups de gains retenus pour la ponte au moment même où on jette au panier les cartes d'un coup consommé.

Je jouais alors d'une façon moins problématique, excepté pourtant lorsqu'on mêlait par trop les cartes : j'en étais alors réduit à jouer au hasard, car la passion du jeu m'avait pris tout entier, et je lui dois de grands déboires.

Mais, en somme, on ne perd pas toujours, surtout quand on est assez clairvoyant pour ne pas se laisser voler par des grecs ou par l'étouffage des croupiers, et que, de plus, on ne joue pas trop imprudemment son argent.

Le Phylloxera fit malheureusement son apparition en Provence.

Le terrible fléau dévasta progressivement la contrée, l'argent devint de plus en plus rare. On joua de moins en moins et on finit par ne plus jouer que dans les grandes occasions et seulement dans certains cercles.

Il me fut facile de me faire recevoir dans plusieurs d'entre eux et j'y réalisai encore d'assez beaux bénéfices, en châtiant la tribu de Bénuzet, connue dans tous les traités d'histoire naturelle sous le nom typique de *Phylloxera Sequentior*.

Depuis deux ans j'étais souvent hanté par le désir d'aller dans les casinos car j'avais toujours, devant les yeux le spectacle des colossales parties d'Aix.

Oui! mais comment y retourner avec cette qualification de grec qui m'avait été octroyée à l'instigation des directeurs de ces établissements que ma clairvoyance gênait, supposition qui n'était pas gratuite, puisque jamais dans les cercles que j'avais fréquentés on ne m'avait fait la moindre observation.

Cependant je ne pouvais me défendre de songer à la fiche fatale, à la fiche originelle conçue de toutes pièces par un grec que gênait ma clairvoyance, et qui me regardait toujours comme l'œil de Caïn, dans la *Légende des Siècles*. J'étais coupable à Luchon parce qu'à Vichy on avait reçu de Dieppe la nouvelle que j'arrivais d'Aix.

Edouard Drumont en veut aux Sémites d'arriver de la Judée, et moi j'étais en butte à l'hostilité administrative parce que j'avais reconnu le regard de Bénuzet dans les yeux de Busey. Il y avait là une tare que les directeurs de casinos ne m'ont jamais pardonnée.

Un docteur de mes amis m'ayant conseillé d'aller soigner dans les Pyrénées une petite laryngite dont j'étais atteint, je décidai, pour me soustraire aux manœuvres des directeurs de casinos, de m'y rendre sous un pseudonyme.

Je jetai mon dévolu sur Bagnères-de-Bigorre où la saison commençait le 15 mai, et où je savais que l'on jouait gros jeu.

Me souvenant que le commissaire de police d'Aix avait trouvé bizarre que je ne suivisse aucun traitement, je me proposai de me faire plus malade que je ne l'étais afin de mieux justifier mon séjour à Bagnère-de-Bigorre.

CHAPITRE V

Un malade imaginaire déjouant les plans
de trois directeurs de casinos.

Je descendis au Grand-Hôtel des Bains et je me fis inscrire sous le nom de Baron de la V... Le lendemain de mon arrivée, je fis demander le médecin inspecteur des eaux.

Je ne pouvais, en effet, me servir de mes relations, puisque je voyageais sous un pseudonyme; c'était sur le médecin que je comptais pour me présenter au cercle. J'avais la naïveté de croire que, pour cela, une présentation était nécessaire.

Pour atteindre plus facilement ce but, je me donnai à lui comme plus malade que je n'étais en réalité. Il prit tellement à la lettre ce que je lui disais sur mon état de santé qu'il voulut m'ausculter séance tenante et, sans prendre les précautions d'usage, il me déclara sans détour que j'étais véritablement très malade. J'avais, paraît-il, d'abord des râles dans le poumon droit, un léger engorgement de l'aorte, etc. etc., quant à la laryngite, ce n'était qu'un accessoire. En présence d'un tel diagnostic, le docteur trouva tout naturel, que les eaux de Bigorre m'eussent été recommandées, aussi me fit-il une longue ordonnance.

Après le départ du médecin, je me demandais *in petto*, si je n'étais réellement pas atteint de toutes les infirmités dont il avait bien voulu me gratifier. Était-ce un effet de la suggestion ou bien la conséquence de la fatigue du voyage jointe à deux verres d'eau que j'avais bus depuis mon arrivée? Toujours est-il que je ne me sentais pas à mon aise.

Mais le lendemain, après une bonne nuit de repos, je constatais avec satisfaction qu'à part ma petite laryngite, je ne ressentais heureusement aucun des symptômes de toutes les maladies que le docteur m'avait octroyées.

Toutefois, je résolus d'abonder dans son sens pour flatter sa manie, puisque cela servait mes projets. Que voulez-vous! il y a des moments où la raison l'emporte sur la Faculté.

Comme à l'hôtel où j'étais descendu j'occupais un très bel appartement au premier étage, ce brave docteur avait sans doute pensé que ma fortune me permettait de suivre un traitement aussi cher que compliqué. Il y a des malades qui valent une ferme en Normandie.

Ah! il ne m'avait pas laissé le temps de m'ennuyer dans la journée! Bains, douches, pulvérisations, inhalations, tout y était!

Au bout de la première semaine, espérant qu'il suspendrait pendant quelques jours ce traitement qui m'énervait et eût fini par m'infliger les maux qu'il était destiné à guérir, je déclarai au médecin que je n'avais plus la force de marcher, et qu'il serait peut-être bon d'user des eaux avec plus de modération.

D'un ton de suprême conviction, le docteur insinua

alors que l'ennui était peut-être pour beaucoup dans les mauvais résultats de ma cure. En effet, j'étais tout seul à l'hôtel, ne sortant de chez moi que pour me rendre aux thermes.

« Vous ne devriez pas toujours rester chez vous, Monsieur le Baron, il faut sortir le plus souvent possible, vous avez certainement besoin de distractions, et il faut en prendre.

— Mais je ne demande qu'à vous obéir, docteur ; quels sont les plaisirs que je puis prendre ici sans danger? Y a-t-il un théâtre? »

Je me gardai bien de prononcer le mot de cercle.

« Mais oui, me dit-il, il y a même une très bonne troupe d'opéra-comique au Casino, vous devriez y aller, Monsieur le Baron.

— Eh bien! c'est entendu, docteur, quoique très fatigué, je m'y rendrai ce soir même. » Et c'est ce que je fis.

Quelle ne fut pas ma surprise, après le dîner, de trouver devant la porte de mon appartement une chaise à porteurs et deux gars aux larges épaules, attachés à l'établissement thermal, envoyés par cet excellent docteur pour m'éviter de faire à pied le trajet de l'hôtel au Casino !

Comment me soustraire à une aussi délicate attention? Je pris donc place dans cette sorte de civière, et me voilà en route pour le Casino.

J'avoue que mon entrée dans la salle de spectacle fit quelque sensation.

Comme je ne descendais pas à la table d'hôte, personne ne me connaissait. Malgré cela, j'étais le baigneur de marque, le « monsieur du premier. »

Les directeurs du Cercle (ils étaient trois à Bagnères-de-Bigorre : Drouh… Lagrif… et Vigau se trouvaient dans la salle. Ils ne manquèrent pas de s'informer qui j'étais auprès de mes porteurs et, concluant sans doute que mon portefeuille était bien garni, ils semblaient faire des vœux pour que je vinsse au Cercle ; mais j'avais l'air d'être dans un si piteux état de santé qu'ils ne semblaient pas croire à la réalisation de leurs désirs. J'étais comme Sixte-Quint, avant l'élection pontificale.

Le lendemain, à la première heure, le docteur vint s'informer si j'avais passé une bonne soirée et si je m'étais bien amusé.

Je lui avouais que je m'étais mortellement ennuyé.

On avait joué les *Noces de Jeannette*, que je savais par cœur ; les artistes étaient plus que médiocres : il y avait en plus des courants d'air dans la salle, qui ne paraissait pas avoir été construite pour un théâtre. Je déclarai donc au médecin que je n'y remettrais plus les pieds, même en chaise à porteurs.

Ce bon docteur était navré et je mis le comble à son inquiétude en lui disant :

« Est-ce que le séjour de Luchon ne me serait pas préférable ? »

Atterré, il resta un instant sans répondre. Mais l'homme de l'art reprenant bientôt le dessus, me fit une longue digression médico-thermale.

Son cours de science terminé, il me déclara avec bien des périphrases qu'il y avait beaucoup de baigneurs qui, tous les jours, avant de dîner, et même le soir, se réunissaient dans un salon très confortable, situé à côté de la salle de théâtre, et que cette pièce ne présentait pas les mêmes inconvénients que sa voisine. Elle était bien close, garnie de tapis et de tentures. En somme, il n'y avait pas le moindre courant d'air.

« Là, me dit-il, on joue un jeu que je ne connais que d'une façon tout à fait approximative, mais, par ce que j'ai pu en juger, les personnes qui s'y livrent semblent y prendre le plus grand intérêt.

Qu'est-ce que vous risquez d'essayer? »

Après quelques hésitations, je me laissai convaincre et il fut convenu qu'il viendrait me prendre à quatre heures de l'après-midi avec la chaise à porteurs pour m'accompagner au Cercle.

Probablement que ce bon docteur avait prévenu les directeurs du Casino de notre visite, car nous les trouvâmes tous trois avec deux domestiques faisant les cent pas devant la porte, tout en feignant de regarder passer le public qui se rendait dans les jardins de l'établissement pour y entendre la musique.

En nous apercevant, les trois directeurs se portèrent aussitôt à notre rencontre :

« Nous sommes heureux, Monsieur le Baron, dirent-ils, que vous veuilliez bien honorer de votre présence les salons du Cercle. »

Les salons! L'expression était un peu ambitieuse, puisque ledit Cercle ne se composait que d'une seule pièce.

Ils m'offrirent gracieusement l'aide de deux valets de pied pour me porter jusque dans le *sanctuaire*.

J'avoue qu'en écrivant ces lignes, je ne peux m'empêcher

de sourire en songeant à notre entrée dans la salle de jeu.
En effet, on peut dire que ce fut un véritable cortège :
deux gars attachés à l'établissement thermal me portaient
avec force précaution, les deux valets de pied que les
directeurs avaient mis à ma disposition tenaient l'un à
droite, l'autre à gauche les poignées de la chaise à porteur,
deux des directeurs marchaient en tête, je les suivais, ou
plus tôt on me portait à leur suite et le brave docteur
fermait la marche avec le troisième directeur.

Les quelques personnes qui se trouvaient dans la salle
du Cercle furent complètement ébahies en voyant cette
procession.

J'avais vraiment l'air d'un saint qu'on porte dans une
châsse.

Après m'avoir confortablement installé, le bon docteur
me demanda la permission de me quitter pour aller voir
ses malades. En prenant congé de moi, il me présenta à
un de ses amis, et le pria de m'expliquer la marche du
baccara.

Les personnes présentes prirent immédiatement place
à la table de jeu et la partie commença aussitôt.

Après avoir perdu 25 louis d'or que j'avais dans ma
bourse, je tirai de ma poche un portefeuille dont les flancs
arrondis firent loucher les trois directeurs. A ce moment,
ils échangèrent entre eux des signes assez significatifs
pour me faire supposer qu'il allait se passer quelque
chose d'anormal.

Je demandai négligemment la monnaie de mille francs.
Lagrif...., un des directeurs qui était à la caisse, se précipita si violemment pour saisir mon billet qu'il glissa sur

le parquet ciré et, perdant l'équilibre, faillit renverser avec lui deux curieux qui se trouvaient sur son passage.

Pendant le cours de cette taille, mon professeur improvisé s'évertuait à m'expliquer les mystères et les subtilités du tirage à cinq.

Ai-je besoin de dire que je fus un élève docile, et, qu'en moins de temps qu'il n'en faut pour l'écrire, j'avais admirablement saisi toutes les finesses du baccara? Pendant que ce brave monsieur continuait sa démonstration à laquelle, au fond, je ne m'intéressais guère, je suivais très attentivement un petit manège qui se passait à la caisse. Drouh... le directeur en nom, et Lagrif... y étaient en grande conférence et semblaient interroger du regard leur troisième associé Vigau... qui croupait. Sur un mouvement de tête approbatif de ce dernier, le directeur fit signe à un joueur assis à la table. Celui-ci se leva aussitôt et, comme par hasard, passa auprès d'eux sans leur parler. Lagrif... les dents serrées comme les acteurs, lorsqu'ils se parlent sur la scène, lui glissa deux mots et retira aussitôt trois paquets de cartes du fond d'un des tiroirs de sa caisse.

J'étais fixé: le petit travail de ces messieurs allait commencer.

Bien qu'il me restât une trentaine de louis de jetons sur les cinquante que je venais de changer, je demandai d'une voix qui avait l'air de sortir du fond d'une cave, que l'on m'apportât encore trois mille francs de monnaie.

La banque finie, un sieur Durand, celui avec lequel Lagrif... avait échangé le mot d'ordre, annonça qu'il y avait 250 louis en banque,

« Bigre, me dit tout bas mon professeur toujours assis

à mon côté, d'ordinaire, on ne taille pas aussi cher : c'est certainement en votre honneur qu'on se met en frais. »

Je n'eus garde de le contredire; j'étais, à ce sujet, mieux fixé que lui.

Je savais bien que l'on ne taillait cette grosse banque que pour mieux m'amorcer et me prendre une plus forte somme.

Durand s'installa au fauteuil du banquier. Lagrif..... jeta négligemment sur la table, à côté de Vigau... les trois précieux paquets de cartes qu'il tenait depuis un instant. Le croupier les prit vivement, les décacheta, fit une habile fausse-mêle et les passa rapidement à Durand qui fit aussitôt couper un de ses voisins.

Pendant cette opération, Lagrif... apporta 250 louis de jetons au banquier. Sur cette taille je pontai des coups espacés de 15 à 20 louis, comme un joueur capricieux. J'avais sciemment perdu 75 louis au moment où *LES DEUX AS* fatidiques firent leur apparition sur le tapis. Je tirai alors de ma poche une liasse de dix billets de 1,000 francs que je jetai négligemment sur le *premier tableau*. Un vieux notaire qui avait la main, abattit naturellement *NEUF par cinq et quatre*.

La banque qui n'était montée qu'à 9,000 francs sauta, moins les 20 louis perdus par le second tableau qui avait eu le tort de tirer à *cinq*. Car ainsi que je l'ai expliqué dans le chapitre II, figure A, ce tableau aurait également gagné le coup en ne tirant pas.

Il me serait difficile de dépeindre l'ébahissement des trois directeurs qui suivaient attentivement mon jeu. La perte de ce solde de banque leur fit échanger entre eux des regards aussi surpris que navrés. Quant au banquier, il demeurait là, inerte, contemplant la place vide où un instant auparavant s'entassaient tant de plaques.

Rapidement Lagrif... compta cinq mille francs de jetons, les tendit à Durand et lui dit :

« La banque est remise, n'est-ce pas, monsieur le banquier? »

Celui-ci, stupéfait du premier mensonge de sa séquence, et comme s'il sortait d'un mauvais rêve :

« Oui! oui! balbutia-t-il, la banque est reconstituée. »

Mon savant professeur ne manqua pas de m'adresser toutes ses félicitations, et il ajouta :

« Ah! mais vous allez bien pour un débutant!

— En effet, lui dis-je, j'ai eu là une bien bonne inspiration... »

Je reperdis une cinquantaine de louis de mon bénéfice sur la fin de la taille; et feignant une forte quinte de toux, je fis aussitôt demander mes porteurs, auxquels le docteur avait donné l'ordre de m'attendre, et je rentrai à l'hôtel, ne voulant pas continuer à jouer, ni trop prolonger ma première sortie.

Les directeurs désolés me virent partir avec des regrets mal déguisés; ils firent cependant contre mauvaise fortune bon cœur, et c'est avec mille salamalecs qu'ils m'aidèrent à prendre place dans ma chaise à porteurs. N'avaient-ils pas, en effet, la conviction que, devant revenir le lendemain, ils me reprendraient avec usure les quelques mille francs que je venais de leur gagner? Ils connaissaient l'axiome : un joueur qui revient est un joueur vaincu.

Le soir, après le dîner, je ne revins pourtant pas au Cercle : je ne voulais pas montrer trop d'empressement à fréquenter la partie, je préférais me faire désirer.

Le lendemain matin, mon vieux docteur vint me voir de bonne heure ; il avait hâte de connaître mes nouvelles impressions. A ma mine réjouie il vit de suite que j'avais passé une bonne soirée. Avec une certaine complaisance je lui déclarai que son idée avait été excellente, que je m'étais fort amusé et que déjà je me sentais mieux. Après quelques instants d'entretien, il partit, sûr maintenant de pouvoir conserver son malade.

Avant d'aller plus loin dans le récit de mon séjour à Bagnères-de-Bigorre, je dois donner certains détails nécessaires à l'intelligence de ce qui va suivre.

D'abord, comme je l'ai dit au début, le docteur m'avait trouvé très malade : pour tout le monde, je pouvais à peine parler, je toussais à rendre l'âme et je ne pouvais qu'à grand'peine faire usage de mes jambes. De mon côté, pour ne pas trop gêner mes adversaires et leur laisser en apparence toute liberté de mouvements, je feignis d'être atteint d'une myopie excessive m'obligeant à porter un lorgnon avec lequel je ne parvenais pas encore à voir bien loin, à ce que je prétendais. Les verres de ce pince-nez étaient tout simplement des verres de vitre qui me permettaient d'y voir parfaitement. Quand je le quittais, tout le monde était persuadé que je n'y voyais pas.

Dès le début de ma fréquentation au Cercle, il m'arriva, à propos de ce lorgnon, un petit contre-temps.

Dans mon appartement, je ne prenais pas grand soin de mon pince-nez puisqu'il ne m'était d'aucune utilité. Or, il advint qu'un soir, au moment où je voulais le déposer sur ma cheminée, il me glissa des doigts et se réduisit en miettes à mes pieds.

Comment faire pour remplacer ce précieux auxiliaire?

Je ne pouvais aller chez un opticien de la ville et lui demander des verres neutres; la chose aurait pu se savoir et donner l'éveil sur mon véritable état de myopie. Je ne pouvais pas non plus charger le garçon de cette commission car, tout le premier, il aurait fait des réflexions à ce sujet. Je dus pourtant me résoudre à l'envoyer chez l'opticien afin qu'il y posât des verres les plus puissants.

Le numéro suivant était pour les aveugles.

Oh! alors, quand je mettais ce fameux pince-nez, je n'y voyais plus du tout. Mais loin d'être un inconvénient pour moi, cela me servait au contraire dans ma petite comédie. En effet, comme ce lorgnon me fatiguait beaucoup la vue, j'avais pris l'habitude de le mettre et de le retirer fréquemment. A l'œil nu, je regardais d'abord ce qui pouvait m'intéresser; je ne m'en affublais ensuite que pour donner le change et faire croire que son concours m'était indispensable. Au fait, et contre l'opinion générale, je n'y voyais qu'après l'avoir quitté.

Reprenons maintenant la suite de notre récit.

Le lendemain de cette première journée, je revins au Cercle dans l'après-midi, les choses se passèrent à peu près comme la veille. Je gagnai un peu plus parce que voyant que l'on allait passer une séquence et qu'on annonçait 250 louis en banque, j'en mis 300 ; je fis ainsi monter l'enchère jusqu'à 350 louis. Mon but était tout simplement d'avoir plus d'argent à gagner au moment où je ferais sauter la banque.

Durand, qui se souvenait du gros coup que je lui avais gagné la veille, m'adressa son plus gracieux sourire lorsque j'annonçai que je faisais le solde de la banque sur le premier tableau. Cette fois, il se croyait bien sûr de me tenir et de rentrer avec bénéfice dans sa perte précédente. Vain espoir! la banque sauta encore! Absolument désappointé, il se demandait s'il n'était pas le jouet d'une hallucination.

Le visage des directeurs était comique.

Leurs séquences les trompaient, comme une maîtresse infidèle.

Par suite de la disposition d'une glace placée en face de moi, je pouvais suivre leurs mouvements tout en leur tournant le dos. Pendant que je comptais mes jetons, comme la veille, pour n'avoir plus à ponter qu'à rares intervalles sur la fin de la taille, sans même me préoccuper d'un autre coup gagnant, qui devait cependant se présenter dans la même séquence, je ne les perdais pas de vue.

Après le coup de perte, Vigau..... se leva précipitamment de la table de jeu, et, se faisant remplacer à la croupe par un domestique (croupier stagiaire), se rendit auprès du caissier, avec lequel il vociféra longuement. Par leur mimique, je me rendis à peu près compte de ce qu'ils pouvaient bien se dire.

Lagrif... assis à la caisse ayant Drouh... à son côté, paraissait reprocher à Vigau... d'avoir mêlé la séquence en la donnant au banquier. Vigau... fort de sa *conscience*, protestait énergiquement, invoquant sa grande habitude professionnelle, et renvoyant le blâme à son associé, cherchait à lui démontrer que c'était plutôt lui qui avait dû se tromper, comme la veille, en préparant les séquences.

Mais non, semblait répondre Lagrif... puisque le banquier n'a perdu qu'un seul coup dans toute la taille, il ne peut y avoir là qu'un simple effet du hasard, résultant de la façon dont la banque a été coupée.

Ils cherchaient évidemment, sans la trouver, l'explication d'un fait qui leur paraissait anormal.

En effet, les croupiers et les caissiers emploient les séquences sans se douter du défaut de leur cuirasse. Elles leur ont été procurées par des tierces personnes, et jamais il ne leur est venu l'idée de se demander quel était le principe qui avait présidé à leur composition. Du reste, il leur eût été bien difficile de le comprendre. Ils savent qu'avec la séquence on gagne presque tous les coups, et cela leur suffit.

C'est ainsi qu'ils ignorent que, dans toutes ces combinaisons de classement, il est possible à un observateur de reconnaître les deux ou trois coups perdants pour le banquier; ils ne se doutent pas non plus que l'on peut en faire naître d'autres pour la ponte en tirant ou en ne tirant pas au moment opportun.

L'arrivée de mes porteurs interrompit brusquement les directeurs dans leurs réflexions. En rentrant à l'hôtel il me sembla que la chaise avait des ailes et qu'elle était poussée par le vent des malédictions directoriales.

Le soir, après mon dîner, je réfléchis longuement à ce que j'avais cru deviner de l'entretien des trois anabaptistes.

Je compris que ces soldes de banque que je gagnais ainsi à point nommé finiraient peut-être par éveiller leurs soupçons. Je décidai donc de modifier ma façon de jouer.

Dès le lendemain, sous prétexte de ne plus vouloir *m'emballer* comme les jours précédents, je ne pontais que des sommes relativement insignifiantes. Pendant une huitaine de jours, je me fis donner du papier et un crayon pour pointer la taille, en ayant l'air de jouer un système. Cela me permettait de ne ponter que des coups de 5 louis à de longs intervalles, et quoique je connusse les coups gagnants, je ne jouais sur eux que des coups de 1,000 à 1,500 francs. De cette façon, j'attirai moins l'attention des directeurs que je dus ménager, afin de les laisser en bénéfice sur les autres pontes. Ils me considéraient tout simplement comme un joueur très bien inspiré et veinard.

Cependant, comme ils avaient toujours sur le cœur l'argent que je leur avais gagné et qu'ils voulaient à tout prix me prendre une grosse somme, ils changèrent de système, trouvant probablement que les séquences ne leur rapportaient plus assez; les autres joueurs, leurs victimes, étant déjà fortement décavés. Or une après-midi, ils proposèrent une partie de baccara chemin de fer, donnant pour raison que nous n'étions pas assez nombreux pour faire la banque.

Toutes les personnes présentes prirent place à la table

de jeu. Pour la première fois je vis Drouh... le directeur en nom, qu'une cravate blanche désignait au respect public, prendre part à la partie. Il se plaça, certainement à dessein, à la droite de Vigau... qui croupait, et à gauche de Durand, le tailleur de séquences de la maison. Le rapprochement des trois larrons me donna l'éveil et je me tins aussitôt sur mes gardes.

Je ne demandai que 25 louis de jetons au caissier, lui déclarant que le baccara tournant ne m'amusait pas beaucoup. C'était, du reste, la vérité.

Mes prévisions ne m'avaient pas trompé. En effet, après que plusieurs personnes eurent successivement pris la main à leur tour et que le joueur qui était à gauche du croupier eut perdu le coup, ce dernier lui prit brusquement les cartes de la main gauche et, en les passant à son voisin de droite (le directeur), y apposa à la *volée* (1) une portée de cinq coups qu'il tenait dissimulée dans le creux de la main droite.

Drouh... partit de 100 francs et abattit neuf, cinq fois de suite. Cette série ne lui rapporta que 3,000 francs environ, les joueurs ne lui ayant pas fait tous les bancos. La main fut alors à Durand, le tailleur de séquences de la maison, qui partit de 20 francs seulement, son rôle dans cette opération n'étant que de masquer l'action du croupier.

Quant à moi, quoique aucun détail de leurs procédés ne m'eût échappé, je fis, quand même, le sacrifice de mes 500 francs sur cette passe administrative afin que la

(1) Ce mot technique est bien de circonstance.

combinaison directoriale ne se doutât pas que je m'étais aperçu de ses manœuvres.

J'ignore s'ils continuèrent à opérer ainsi après mon départ, car feignant une violente névralgie, je demandais mes porteurs pour rentrer à l'hôtel.

Cette nouvelle tactique de l'administration à laquelle je réfléchis toute la soirée ne laissa pas que de me rendre rêveur; en effet, je me demandais en vain ce qu'il me serait possible de faire pour parer les coups de la portée.

En présence de cette situation, je résolus de ne plus fréquenter aussi assidûment le Cercle; je prétextai la nécessité du grand air, et je louai sans retard une petite voiture, genre panier, que j'avais déjà plusieurs fois vu passer sous mes fenêtres, conduite par deux charmantes jeunes filles parties de Bigorre depuis deux ou trois jours seulement.

Dès le lendemain matin, mon petit équipage était devant ma porte, et, refusant l'aide du groom que le loueur m'avait envoyé pour me servir de guide, je partis seul pour faire une longue course dans les environs.

Avisant une ferme sur la route, je fis halte pour prendre une tasse de lait et faire donner en même temps une ration d'avoine à mon petit cheval tarbe.

Je m'engageais dans un sentier tortueux qui conduisait à une forêt voisine, tout heureux de pouvoir enfin me dégourdir les jambes. En effet, faute d'exercice depuis mon arrivée à Bigorre, elles étaient tellement ankylosées que j'en étais à me demander si je pourrais désormais m'en servir comme par le passé. Le fait est qu'à ce moment-là, il m'eut été bien difficile de franchir neuf mètres

en trois enjambées comme aux temps envolés du jeu de
boules.

Enchanté de ma promenade, je la recommençai les
jours suivants en changeant chaque fois d'itinéraire. Je
visitai ainsi tous les sites des environs, si pittoresques
dans cette partie des Pyrénées.

Malgré l'insistance des directeurs, je n'allais plus au
Cercle qu'à de longs intervalles, et le soir seulement. Souvent ils m'avaient fait prévenir que de nouveaux artistes
étaient arrivés, et que je prendrais certainement beaucoup
de plaisir à les entendre.

Ils espéraient ainsi m'avoir plus souvent à la partie,
et triompher enfin de mon incroyable *veine*.

Par surcroît de prévenances, pour me mettre à l'abri
de l'air dont je m'étais plaint au début, ils avaient fouillé
tous les environs pour me trouver deux sièges confortables. Ayant découvert dans un vieux château deux immenses fauteuils genre Voltaire où je serais, disaient-ils,
à l'abri « comme dans une petite guérite », ils en avaient
placé un dans la salle de spectacle et un autre au Cercle.
Celui du théâtre avait été mis au milieu du premier rang
des fauteuils et j'avais tout l'air de présider à la représentation.

Ces bons directeurs s'étaient donné tellement de mal
pour moi que j'aurais eu vraiment mauvaise grâce à ne
pas me laisser fléchir. A cette occasion, il se passa, un
soir, un fait assez curieux.

Le prince de X... de passage à Bigorre se rendit au
théâtre et crut, en apercevant ce beau fauteuil qu'on

l'avait placé là en son honneur. Il se disposait donc à en prendre possession, mais un des directeurs, qui guettait mon arrivée, se précipita pour expliquer au prince que ce siège était la propriété d'un malade de marque. Le prince, en vrai grand seigneur, fut le premier à sourire de sa méprise et prit place un peu plus loin.

En effet les directeurs surveillaient toujours mon arrivée, craignant une négligence de la part de leur personnel ce qui aurait pu être pour moi un motif de ne plus fréquenter du tout leur établissement.

Aussi venaient-ils tous les soirs, après le spectacle, m'offrir l'appui de leurs bras pour passer dans la salle de jeu. En y arrivant, on m'avançait mon second fauteuil et l'un des directeurs me roulait, — l'habitude ! — jusqu'à ma place ordinaire, au *premier tableau* qui m'était toujours réservée malgré mes absences.

Un soir, le croupier Vigau... proposa encore un baccara tournant, mais comme j'objectais de nouveau que ce jeu ne m'amusait pas du tout, le directeur en nom me dit de la façon obséquieuse qui lui était habituelle :

« Si Monsieur le Baron et ces messieurs le permettent, je mettrai 250 louis en banque? »

Cette proposition fut acceptée et Lagrif..., le préposé aux séquences, apporta naturellement ses trois précieux paquets de cartes.

Le croupier les prit religieusement, comme s'il avait peur de faire évaporer le philtre qui allait asservir les joueurs à leur fatale destinée. Il les décacheta avec mille précautions, comme s'il tenait dans ses mains une bombe

à renversement chargée d'exterminer les pontes et qui
maladroitement manipulée aurait pu éclater sur le banquier. Il les passa enfin au directeur qui n'y toucha qu'avec
un respect comique et me pria de les couper, peut-être
pour mieux capter ma confiance, peut-être par un raffine-
ment vengeur, pour me faire l'instrument de ma propre
défaite.

Ce soir-là, il n'y avait que très peu de monde au Cercle.
Par coups de 5 et 10 louis, je perdis au début 1,500 francs
et la banque ne gagnait que 3,000 francs environ,
lorsqu'apparurent les *DEUX AS* impatiemment attendus.

Afin de varier ma façon de jouer, au lieu de ne ponter
que sur le premier tableau, je fis presque le solde de la
banque *à cheval*, à la grande satisfaction du banquier
qui donna les cartes avec la plus scrupuleuse attention,
de peur de se tromper. Malheureusement pour lui, le
premier tableau abattit *NEUF et le second gagna avec
CINQ*, comme je l'avais prévu.

Découragé par ce gros coup de perte, le banquier
allait jeter les cartes au panier, lorsque je lui fis remarquer que si le premier tableau avait abattu neuf, le second
n'avait gagné qu'avec cinq et qu'il en aurait peut-être été
autrement si le ponte du second tableau avait tiré. Je
demandai donc à voir quelle carte lui serait revenue si
le second tableau avait pris la figure qu'il avait tirée.

Je fis cette remarque parce que j'avais la certitude que
la banque aurait gagné le coup sur le second tableau si
l'on avait tiré à cinq.

En effet, puisque le banquier avait *TROIS en allant aux
cartes*, au lieu de la bûche, il eût pris un **6** qui lui aurait

fait Neuf, cela fut constaté lorsque le banquier, cédant à ma prière, montra cette carte et regarda la fin de la taille dont il aurait naturellement gagné tous les coups ; aussi était-il désespéré de l'avoir brûlée. Je dois dire que j'avais joué ce coup *à cheval* avec intention, sachant que le ponte qui avait la main et à côté duquel je m'étais précédemment trouvé ne tirait jamais à cinq.

Cette fois encore, quoique navrés de cette nouvelle perte et maugréant contre le joueur du second tableau qui n'avait pas tiré, les directeurs, dans leur inexpérience de la marche de la séquence, crurent naïvement — où la naïveté va-t-elle se nicher ? — que le hasard seul avait présidé à mon nouveau succès.

En un mot, ils cherchaient encore un palliatif à leur nouvelle défaite. En étant arrivés à douter de l'efficacité de la séquence, ils proposèrent un *chemin de fer* pour pouvoir reprendre leur truc des *portées*, ce moyen leur paraissant plus sûr.

Connaissant déjà leur manœuvre, je ne sacrifiai que quelques centaines de francs sur mon bénéfice et je quittai bientôt la salle de jeu.

Les choses se passèrent du reste de la même façon que j'ai raconté plus haut au sujet de la première taille de chemin de fer, avec cette différence que le croupier, au lieu de passer alternativement à Durand et au directeur des *portées* préparées par *abatages*, leur en donna qui étaient montées par *tirages*, probablement pour moins décourager les pontes. C'était la courtoisie dans l'assassinat.

Rentré chez moi, je me demandai si je ne pourrais pas,

là aussi, les battre avec leurs propres armes. Mes réflexions me firent découvrir que puisque les portées n'étaient plus préparées par abatages, je n'avais, pour en détourner l'effet, qu'à faire un faux tirage qui, le coup suivant, donnerait forcément à la ponte le point du banquier et me ferait sûrement gagner mon second banco.

Bien que cette nouvelle découverte ne me laissât aucun doute, je continuai la série de mes excursions en voiture, et ce ne fut que trois jours après que je revins au Cercle pour appliquer ma théorie. J'obtins le succès attendu, mais cela donna lieu à une scène du plus haut comique. Je vais la décrire :

Ce soir là, le directeur du Casino et Durand, le tailleur de séquences, occupaient à côté de Vigau.... leurs places habituelles.

Quand j'arrivai, on m'installa comme de coutume dans mon fauteuil, qui leur faisait face. Pour ne pas être forcé de jouer de suite, je me fis servir un lait de poule que le maître d'hôtel plaça à côté de moi, sur une petite table.

Comprenant que le désir d'une combinaison brûlait les trois compères et que mon lorgnon paraissait les gêner, je le quittai négligemment. L'occasion fut saisie au vol.

La main étant arrivée à Drouh...., Vigau.... en lui passant les cartes apposa sur celles-ci une portée que j'estimai devoir être d'au moins six coups, vu la différence du paquet ainsi augmenté. Drouh... partit de 10 louis, deux joueurs lui firent personnellement les deux premiers bancos, puis tous se réunirent pour faire les deux suivants. Je fis alors le banco plein du cinquième coup, il était de 1,600 francs. Le banquier me donna **7** et **9** = Six, malgré cela, je demandai une carte pour faire mon faux tirage et je reçus une bûche : Drouh... qui avait Sept, gagna naturellement ce coup-là.

Je lançai aussitôt mes cartes au panier *sans les montrer*, et suivant mon argent et mon idée, je fis le sixième banco de 3,200 francs que je savais devoir gagner, puisque j'allais avoir maintenant le point qui, *sans mon faux tirage, aurait été celui du banquier.*

Pour paraître indifférent, je mis une lenteur calculée à regarder mon point, et me prélassant dans mon fauteuil je feignis de boire mon lait de poule.

Drouh... impatient, abattit ses cartes en s'écriant : « J'ai huit ! »

Vigau.... satisfait, s'empressa de ramasser sur sa palette, pour les passer au banquier, les 3,200 francs du banco. Lagrif.... qui était venu se placer auprès de moi afin d'être aux premières loges pour assister au triomphe de son associé, crût devoir m'adresser quelques paroles de condoléances, comme si j'avais irrémédiablement perdu le coup.

« Mais pardon, lui dis-je, je n'ai pas encore vu mes cartes. »

Et voulant me payer sa tête, toujours ma tasse à la main, je repris de ma voix de poitrinaire, presque aphone :

« Relevez-les pour moi, je vous prie. »

Il avança la main, prit les cartes et en les tournant vers moi, regarda mon point à la dérobée, mais il ne put achever son mouvement, tant il fut saisi en constatant que j'avais *NEUF*. Il ouvrit la bouche pour parler et ne put articuler un son.

Au mouvement fébrile de sa main, je pressentis qu'il allait jeter mes cartes au panier en annonçant baccara, croyant qu'à l'œil nu je n'avais pu lire mon point.

Plus rapide que la pensée, j'ajustai pour la forme mon lorgnon de la main gauche et, de la droite j'enlevai les cartes de la main de Lagrif..... médusé. Puis lentement j'abattis en disant :

« Tiens..... Tiens..... j'ai *NEUF, c'est heureux!* »

J'achevais à peine que toute la table, excepté Vigau..... Drouh... et Lagrif....., partait d'un immense éclat de rire. Cet accès de gaieté était causé par ce fait que le joueur qui se trouvait à ma droite venait d'être aspergé des pieds à la tête par le contenu de la tasse de lait de poule que j'avais lâchée, pour saisir plus vivement les cartes des mains de Lagrif.....

Je profitai de la circonstance pour rire avec tout le monde. Je ne sais, en effet, comment j'aurais pu conserver mon sérieux, en contemplant la tête que faisaient alors les trois associés. Lagrif... roulait des yeux furibonds en regardant Drouh..... qui, d'un air ahuri, le fixait bêtement sans comprendre, en tenant toujours son huit dans la main. Quant à Vigau....., c'était le plus curieux des trois : comme pétrifié, il maintenait toujours sur sa palette les jetons du banco, ne pouvant se décider à les rendre. Même au bord de la rivière, les croupiers ne sont jamais au coin du quai.

Lagrif... recouvrant le premier l'usage de la parole en tournant les talons pour regagner sa caisse, lança d'une voix enrouée à l'adresse de Drouh... son associé, cette apostrophe révélatrice :

« Ah! mais aussi, vous êtes trop *gourmand!* vous avez donné un coup de trop!..... »

Il cherchait probablement à dégager sa responsabilité envers ses associés, comme si, lorsqu'il avait passé les cartes au croupier..... il l'avait prévenu que la portée n'était que de cinq coups au lieu de six.

Ces quelques mots ne furent pas entendus, ou plutôt pas compris des autres joueurs qui ne s'occupaient que du malheureux que je venais d'inonder et de brûler avec ma boisson chaude. Je m'excusai de mon mieux auprès de mon voisin, mettant l'accident sur le compte de ma mauvaise vue.....

Aujourd'hui encore, je ne puis m'empêcher de sourire en pensant à la déconvenue et à la mine piteuse des trois larrons, lorsqu'ils constatèrent leur nouvelle défaite. Sur ce coup de théâtre, je changeai mes jetons et regagnai aussitôt mon hôtel, enchanté que j'étais de cette nouvelle victoire.

J'appris plus tard que ce soir-là, les trois associés eurent une violente discussion qui dégénéra en bagarre. Énervés par leurs échecs successifs, ils s'en rejetaient mutuellement les responsabilités et, à bout d'arguments, ils en vinrent aux mains. Ce pugilat ne fut sans doute pas sérieux, car je n'en constatai le lendemain aucune trace sur leur visage.

Deux ou trois jours après, en traversant le théâtre, il me sembla qu'un des directeurs me désignait par gestes à une personne placée sur les gradins circulaires de la salle. Pour m'en rendre un compte plus exact, j'enlevai mon lorgnon. Le directeur, croyant que je n'y voyais

plus du tout, accentua encore sa pantomime. Je vis alors
qu'elle s'adressait à un personnage que je reconnus de
suite pour être un croupier belge, nommé Léon (1),
qui avait été employé deux ans auparavant au Casino
d'Aix-les-Bains; de son côté, il m'observait beaucoup.
Je remarquai même par la suite qu'à plusieurs reprises
il haussait les épaules pour répondre à la mimique de
Droub..... A l'entr'acte, Léon sortit en faisant signe au
directeur de le suivre. Ce dernier échangea quelques
mots avec Vigau... et Lagrif..... qui se trouvaient à l'entrée de la salle et tous trois partirent ensemble.

Très intrigué par ce manège, je quittai le théâtre, et
je vis les quatre acolytes se diriger vers une charmille
située au fond du jardin du Casino.

Profitant de l'obscurité, je me glissai à pas de loup à
leur suite; en me dissimulant derrière des bouquets d'arbustes, je pus arriver assez près d'eux pour entendre toute
leur conversation. A ce moment-là, Léon disait :

« Mais voyons, Godferdom, quelle singulière comédie

(1) Ne pas confondre le Léon dont il est ici question
avec celui qui a dirigé tant de casinos, depuis Vic-de-
Bigorre, où on le déshabilla *à son avantage,* jusqu'à
celui de Boulogne-sur-Mer où il honore toujours la profession. Il a passé par Paris, Ostende, Évian, Trouville,
et partout il a *travaillé* avec une rigoureuse perfection.
Nous ne voudrions pas qu'on assimilât un des comparses
de notre histoire avec un chevronné sans peur et sans
reproche.

Pour une fois qu'on rencontre sur son chemin un Bayard
de la palette, il faut le saluer bien bas, bien bas.

jouez-vous ici? Je ne suis plus surpris maintenant de tous les mécomptes qui vous sont arrivés avec la séquence!

Comment, vous n'êtes pas surpris et pourquoi donc?

— Oh? certes, non? Et si votre Baron est si veinard!...

— Pourquoi! Pourquoi! interrompit Vigau..... impatient.

— Pourquoi?...., Et d'abord est-il naturel qu'un ponte gagne contre une séquence? Non. De plus, la personne que Drouh... m'a montrée au théâtre n'est pas plus Baron que vous et moi.

— Ah! par exemple, répliqua Vigau... tu deviens fou, je crois. C'est un vrai Baron, et colossalement riche, j'en suis tout ce qu'il y a de plus certain. N'est-ce pas, vous autres?

— Mais oui! Mais oui! répondirent les compères et, même que, sans son lorgnon il ne voit pas le bout de son nez.

— Comment, vous aussi, poursuivit Léon. Décidément, je vous croyais tous plus intelligents.

— Mais enfin!.....

— Vous n'êtes que des imbéciles.....

— Merci.....

— Oui. Et que ne m'avez-vous fait venir plus tôt, je vous aurais évité ce désastre! Sachez donc que votre fameux Baron n'est autre qu'un nommé Ardisson, qui, à Aix, il y a deux ans, nous enlevait le plus clair de nos bénéfices, en pontant sur nos séquences.

— Serait-ce possible, fit Vigau..... stupéfait, ce serait trop fort!...

— Évidemment! mais par contre, vous êtes trop

faibles! Je suis certain de ce que j'avance, et j'ai très bien reconnu mon homme, malgré le lorgnon de myope qu'il ne porte sans doute que pour la frime, car il y voit plus clair que nous tous.

— Chut! dit Vigan..... à Léon, ne parle pas si fort, j'entends un bruit de pas..... on vient par ici.

— Ce doit être Durand qui nous cherche, fit remarquer Lagrif...... »

On écarta les feuilles de la charmille et apercevant ce dernier :

« Pst! Pst! » fit-on.....

Durand ayant compris que cet appel s'adressait à lui, se dirigea vers la charmille.

« Enfin, je vous trouve, dit-il, je vous avais vu partir ensemble du théâtre et je me demandais ce que vous étiez devenus. Qu'y a-t-il?.....

— Ce qu'il y a? Vous arrivez à propos pour l'apprendre, dit Vigan..... Figurez-vous que, d'après Léon, nous aurions tous été roulés par le Baron.....

— Comment! Comment! Je ne m'explique pas.....

— Attendez un peu, vous allez comprendre. Continue, Léon.

— Parfaitement. Je disais que votre Baron était venu à Aix il y a deux ans et qu'il nous gagnait tous les gros coups qu'il pontait sur nos séquences, à tel point qu'il nous enlevait plus de la moitié de l'argent que nous prenions aux autres joueurs.

— Oh! Mais comment.....

— En pontant, debout, certains coups de *pistolet* qu'il gagnait toujours.

— Mais de quelle façon pouvait-il s'y prendre?

— Ah! ça, je n'en sais rien. Toujours est-il que Buscy qui n'est pas un *conscrit*, finit par s'en apercevoir, et nous signala le fait. Aussitôt le caissier manœuvra en conséquence pour nous en débarrasser, même que.....

— Mais j'y suis, interrompit Vigan..... C'est l'affaire qui vous coûtât la saison et dont tu m'as conté tous les détails? Ne vous souvenez-vous pas, Durand, que je vous en ai parlé aussi?

— Ah! oui, je me souviens et c'est ce même Ardisson qui aujourd'hui a l'audace de s'affubler du titre de Baron?

— Certainement, dit Léon, probablement pour se soustraire aux conséquences de la fiche que nous avons fait adresser sur son compte à la Sûreté générale, en le désignant comme grec dangereux. Aussi, n'avez-vous maintenant qu'à lui envoyer le commissaire de police et.....

— Il nous fera rendre notre argent, interrompit vivement Vigan?

— Il nous fera rendre notre argent, répétèrent les associés, avec une lueur d'espoir dans l'interrogation?

— Ah! quant à ça, reprit Léon, vous pouvez en faire votre deuil, n'y comptez pas. D'après ce que j'ai vu à Aix, cet Ardisson est un gaillard qui ne se laisse pas facilement intimider.

— Mais pourtant.....

— Ah! dit Drouh... voilà qu'on sonne la fin de l'entr'acte, je ne peux pas rester plus longtemps ici.

— Mais attendez donc, dit Léon.....

— Non, Drouh... a raison, reprit Lagrif..., sa présence est indispensable au théâtre. Va et dépêche-toi, nous te

communiquerons la fin de notre entretien..... Eh! Eh!
n'oublie pas de faire éclairer le Cercle.

— Ah! mais, nous verrons bien comment cela va se
passer, reprit Durand, poursuivant son idée, et puisqu'il
est signalé comme grec, nous n'avons qu'à dire qu'il nous
a tous volés!

— Parfaitement, dit Vigau.....

— C'est pour le coup que vous n'en auriez pas fini
avec lui, répliqua Léon. D'abord, il ne vous rendra rien,
et ensuite il serait bien capable de dévoiler toute votre
combinaison, comme il l'a fait à Aix. Croyez-moi, gardez-
vous bien de faire du scandale; contentez-vous seulement
de prévenir votre ami le commissaire de police qu'Ardisson, qui est inscrit sur la liste de proscription des
cercles, s'est introduit chez vous sous un faux nom,
et il vous en débarrassera aussitôt sans bruit. La saison
est à peine à son début, vous avez encore le temps
de vous rattraper. Oh! je ne suis pas inquiet sur l'argent que je vous ai prêté et je repartirai demain pour
Luchon où ma présence est nécessaire puisqu'on y *travaille sans méthode*. Je regrette seulement.....

— Chut! fit Vigau... en entendant marcher, on vient
par ici. »

Puis après avoir regardé :

« Ah! c'est la femme de cet imbécile de chef d'orchestre, qui roucoule avec le musicien renvoyé. Ils
cherchent la solitude et viennent se becqueter sous la
charmille. Allons-nous-en, nous causerons plus à l'aise
dans le cabinet de Drouh..... »

Ils s'éparpillèrent silencieusement dans l'ombre et prirent en tirailleurs la direction du Casino.

Pour moi, j'en avais assez entendu, et, jugeant inutile de revenir au théâtre ou d'aller au Cercle, je rentrai à mon hôtel.

Le lendemain matin, profitant de la réception d'un télégramme tout à fait insignifiant, je dis au docteur, lorsqu'il vint me faire sa visite quotidienne, que des affaires urgentes me rappelaient dans ma famille.

Du reste, comme il me trouvait maintenant tout à fait guéri, ce départ ne sembla pas l'étonner.

J'employai ma matinée à porter des cartes P. P. C. chez les différentes personnes que je connaissais à Bagnères-de-Bigorre et, à une heure de l'après-midi, je prenais le train pour Bordeaux.

En m'en allant un regret amer me poursuivait. Certes à force d'ingéniosité et de calcul, j'avais échappé au danger qui me menaçait, en conjurant la séquence.

Mais la bande malfaisante dont j'avais désorganisé le plan allait continuer son œuvre implacable de dépradations.

Comme des goujons que l'épervier capture et que la poêle attend, les touristes et les baigneurs allaient peupler ses filets. Il n'y avait plus moyen d'échapper à la razzia.

Depuis le caissier qui guigne une station, en séduit le maire et corrompt le conseil municipal, depuis le directeur Tartempion qui vit de l'étouffage comme un cambrioleur d'un rossignol, jusqu'au croupier qui a fait ses classes pour voler sans être vu et faire mentir le système métrique en engouffrant un décalitre de jetons dans une

poche de soixante-quinze centilitres, toute la bande est
armée jusqu'aux dents contre les voyageurs qui passent;
et, quand l'indignation se permet un entr'acte, cette
bande se berce encore de l'espoir de trouver un violon
dans les bureaux du commissaire pour *étouffer* les
plaintes des *canailles* qui protestent.

CHAPITRE VI

Où se place une idylle.

J'étais à peine arrivé à Bordeaux que toutes les maladies dont j'étais atteint et qui naguère motivaient de longues ordonnances s'évanouirent comme par enchantement. J'avais si bien joué mon rôle de malade imaginaire que je m'étais presque trompé moi-même. Il fallait donc réagir et me persuader du contraire. Au premier examen que je fis de mon état, loin des regards attendris d'un médecin qui ne trouvait pas naturel qu'on fût bien portant, je sentis que la force n'avait pas trompé ma jeunesse, et comme le vieux Faust débarrassé par la toute-puissance de Méphistophélès du poids chaque jour plus écrasant de ses infirmités, je m'écriai sur un air connu :

> A moi les plaisirs, à moi les ivresses,
> Des sens et du cœur...

J'étais descendu à l'hôtel de France, bien décidé à séjourner à Bordeaux qui n'est pas précisément la ville du monde où l'on s'ennuie.

Parmi les voyageurs descendus au même hôtel, il y avait un ancien consul de Hollande à New-York, diplomate en vacances ou en congé qui avait, si on le jugeait sur les apparences, beaucoup plus travaillé la question des tulipes que celle de l'équilibre européen. Il était petit et très gros, avec une figure placide sur laquelle les orages de la vie paraissaient n'avoir jamais fondu. Mais les physionomies sont trompeuses, et le brave diplomate néerlandais avait eu sa part de douleurs : il avait perdu sa femme et il s'en était moins consolé qu'on eût pu le croire en examinant sa bonne face réjouie.

Le ciel lui avait laissé, du reste, un doux gage de son union trop tôt brisée, une délicieuse enfant de dix-sept ans, blonde comme les blés et avec des yeux bleus et profonds comme ceux de Marguerite ou d'Ophélie.

Le consul n'avait pas perdu la tradition des affaires toujours bien enracinée au cœur de ces Hollandais qui ont rassemblé dans leur petit pays de si grandes richesses : il entretenait donc de précieuses relations avec les négociants bordelais, et ces relations, où il trouvait certainement son compte, le retenaient souvent loin de l'hôtel.

Nos deux appartements étant voisins, je m'étais souvent aperçu que la jeune fille, abandonnée à ses rêves, passait la plus grande partie de son temps au balcon de l'hôtel d'où l'œil embrassait les quais toujours pleins d'animation et capables de distraire le plus indifférent par la variété du spectacle.

Et pourtant, les passants ne semblaient pas fixer l'attention de la belle inconnue. Son regard les suivait à peine et il se détachait difficilement de ces quelques beaux rêves qui planent sur l'âme des jeunes filles. Songeait-elle à quelque beau jeune homme d'Amsterdam ou de la Haye, remarqué dans les enivrements du premier bal ou suivait-elle l'image encore indécise, mais déjà troublante, de l'adolescent enfanté par un caprice de son imagination? Je n'en savais rien. Toujours est-il qu'elle rêvait.

J'étais assez jeune et partant assez audacieux pour désirer et vouloir que ce fût de moi. Qui n'a pas, à l'âge où l'on ne doute de rien, entrevu la possibilité d'être un héros de roman? Pourquoi ne serais-je pas Roméo, puisqu'il y avait déjà une Juliette et un balcon mitoyen pour l'y admirer dans son incomparable fraîcheur et dans sa beauté déjà si radieuse.

J'eus d'abord l'occasion, la promiscuité fatale des hôtels s'y prête, de lui adresser quelques mots furtifs. Elle dut les entendre assez pour me permettre de supposer qu'elle ne s'offensait pas trop de ma hardiesse. On ne pouvait douter qu'elle avait été élevée à l'américaine : elle avait une certaine liberté d'allures qui indignerait presque chez nos jeunes Françaises. Son regard ne s'abaissait pas à tout propos vers la terre, comme celui d'une novice dont on va couper la chevelure sur les froides dalles d'un cloître. Il était franc et droit, avec quelque chose de hardi qui n'était pas fait pour me décourager. Tant pis si mon ambition devait être désabusée et si ma première parole d'amour devait perdre son assurance devant un éclat de rire. J'étais amoureux, et si l'amour donne de l'esprit aux jeunes filles, je ne sache pas qu'il rende les garçons plus bêtes.

Et dire que, quelques jours auparavant, celle que je voulais conquérir aurait pu me voir dans l'état lamentable où je m'étais mis volontairement, avec des airs de poitrinaire qui appellent sur une tête penchée vers la tombe les consolations suprêmes du *De profondis*!

Il fallait d'abord faire le siège du consul hollandais, lui inspirer une confiance presque aveugle et, pour ainsi dire, pénétrer dans son intimité. Un garçon d'hôtel fut chargé de me ménager toujours, à côté de lui, une place à la table d'hôte. Cette place, je venais l'occuper comme par hasard, et, après un salut aussi cérémonieux que possible, la conversation en arrivait toujours à une certaine familiarité.

Le bon consul avait la manie de vouloir connaître l'histoire de France mieux que Michelet. Il affectionnait surtout le siècle de Louis XIV, qu'il appelait inévitablement « le grand siècle », comme un professeur de rhétorique de Charlemagne ou de Condorcet.

Malgré la présence de sa fille, il parlait tout haut de l'exquise galanterie de ces temps disparus et les noms de Montespan et de la Vallière venaient aussi souvent sur ses lèvres que ceux de Colbert ou de Louvois. Je dus, pour ne pas être collé par un étranger, relire le livre de Voltaire et les Mémoires de Saint-Simon, et quand un personnage, homme ou femme, intervenait dans la conversation de l'enthousiaste Néerlandais, j'avais toujours une anecdote qui venait à son heure et que je racontais avec d'autant plus de fidélité que je l'avais apprise la veille. Mon interlocuteur ne revenait pas de mon érudition. Un jour, en sortant de table, il se tourna vers sa fille qui jouait avec une rose à demi fanée et lui dit orgueilleusement :

— « Véra, je te présente un Monsieur qui connaît Madame de Maintenon mieux que moi ».

Véra! elle s'appelait Véra! Quel joli nom, gracieux et

court, un nom qu'on pouvait presque répéter deux fois en donnant un seul baiser.

En somme, Véra ne parut pas trop s'émerveiller de l'admiration que j'inspirais à son père. Il est probable qu'on l'avait instruite à grand renfort de manuels et de maîtres et qu'elle n'était pas trop enchantée de retrouver un professeur d'histoire sur son chemin.

Je savais maintenant quel était le moyen de n'être pas importun auprès du consul hollandais et je fis à la bibliothèque de Bordeaux de fréquentes visites, lisant avidement tous les mémoires où je pouvais rencontrer quelque historiette inconnue du savant consul.

Je lui en avais assez conté déjà pour oser lui proposer des excursions dans les environs. Un soir qu'il hésitait à me répondre affirmativement, je risquai l'argument décisif :

« Comme il ferait bon, lui dis-je, parler de Madame de Sévigné, sur ces belles routes pittoresques où le calme de la nature se prête si bien à l'évocation des souvenirs ! »

La physionomie du brave homme s'épanouit comme une tulipe de Harlem. Encore une fois, je l'avais pris par son faible : par le grand siècle.

Nous commençâmes, dès le lendemain, une série d'excursions magnifiques. Quant à moi, j'avais deux raisons pour les trouver superbes. La première venait de la longue inactivité qui m'avait ankylosé les membres ; j'éprouvais une joie infinie à ces charmantes promenades que je regrettais même de ne pas faire à pied. La seconde, c'est que le dieu d'amour serait véritablement implacable s'il ne me fournissait l'occasion de quelque tendre aveu.

Un de nos plaisirs favoris était de nous rendre à Arcachon en voiture. Nous nous mettions en route vers le soir, et nous nous arrêtions à la moitié du trajet pour souper joyeusement pendant que nos chevaux se reposaient. Nous repartions après cette halte nécessaire, et j'avoue que cette course rapide au milieu des grands bois de sapins et parmi les landes fleuries avait, par les nuits étoilées, un charme sans pareil. Toutes les splendeurs de la nature défilaient devant mes yeux éblouis, et mon cœur s'enivrait de la plus douce espérance, celle de croire qu'un autre cœur battait près de lui.

Certes, ils étaient nombreux devant nous ces spectacles qui, d'après l'expression d'un poète, ravissent la pensée; mais l'amour est l'éternel mirage qui semble décupler le prestige des choses et les profondes admirations qu'éprouvent ceux qu'il subjugue paraissent comme la reconnaissance des sublimes émotions qu'il inspire.

Un soir, comme nous gravissions une petite côte, Véra voulut descendre. Le vieux consul, sur le point de mettre pied à terre, s'était ravisé, mais comme j'étais déjà sur la route, heureux de prendre un peu d'exercice, il nous dit en souriant :

« Suivez-moi, mes enfants; je n'aime pas la marche. »

Véra gravissait le rude chemin avec des jarrets d'alpiniste. Je pressai le pas, à côté d'elle, et nous eûmes bientôt dépassé la voiture qui avançait si lentement que le cocher semblait être dans la combinaison.

« Enfin » dis-je le premier..... sans oser risquer une parole de plus.

Véra resta impassible.

« C'est la première fois, continuais-je, en faisant un véritable effort, c'est la première fois que je puis vous parler... depuis bien longtemps. »

Je sais bien que ce n'était pas fort comme trouvaille, d'autant plus que je lui avais tout récemment offert une rose en la priant de la garder en souvenir de moi. C'est même cette rose fanée qu'elle tenait à la main le jour de la présentation paternelle.

« Véra, repris-je avec une émotion mal contenue, voulez-vous que je vous parle.....

— Oui, répondit-elle en souriant, mais pas de Madame de Maintenon.

— Je vous parlerai de Véra, de Véra que j'aime à la folie. »

La jeune fille eut un véritable tressaillement. Après un moment d'hésitation elle me répondit tout bas :

« Ces choses-là ne se disent pas, elles s'écrivent. »

Je n'éprouvai plus, à ces mots, le besoin de roucouler mes aveux devant les grands arbres frissonnant sous le baiser caressant des brises ; par un instinct qui ne trompe pas, je sentais déjà que mes espérances allaient être bientôt réalisées, car celle que j'aimais tant mettait entre mes mains l'arme victorieuse, la clef triomphante, le billet doux. Pendant les nuits, un secret projet occupait toutes mes pensées, et ce projet, on me donnait tous les moyens de le faire réussir.

Et pendant que Véra continuait sa course, j'attendis son père, voulant lui offrir par la promptitude de mon retour, une preuve de discrétion.

Nous ne rentrions jamais à Bordeaux par la même route. Un riche armateur de la ville, ami du consul, possédait une superbe goélette ; souvent il nous prenait à son bord ; et nous remontions ensemble la Gironde, après avoir fait escale à Royan. Ce second voyage était aussi charmant que nos autres promenades. Nous allions, en remontant la rivière, voir les châteaux des environs : grands crûs du Médoc universellement renommés, le clos d'Estournel, dont l'architecture originale fait songer à quelque palais chinois, le château Margaux et, enfin, les constructions imposantes du Château-Laffite.

En suivant le fleuve, après avoir quitté Pauillac, en se dirigeant vers le bec d'Ambez, le paysage change, la rivière s'encaisse et l'on voit, de chaque côté, de pittoresques demeures taillées dans le roc : on dirait des ruches accrochées à ses flancs. Un peu plus loin, les pentes s'abaissent et l'on arrive bientôt en face de Bordeaux, où tous les navires mouillés près des docks ou contre les quais font l'effet d'une immense forêt de peupliers privés de leurs feuilles.

Du reste, pendant les commencements de l'idylle que j'allais vivre, je n'avais pas de peine à m'extasier devant tous les spectacles, curieux ou sublimes, qui s'offraient à mon regard. Quand on aime, et qu'on se sent aimé, il n'en faut pas tant pour être heureux !

Le consul hollandais, qui se piquait de connaître la littérature française aussi bien que l'histoire du grand siècle, me demanda un jour, tandis que nous voguions sur la Gironde, si je connaissais le plus joli quatrain qui ait été fait sur Bordeaux.

Je dus avouer mon ignorance. Alors, d'un accent de triomphe il me récita ces vers :

> La ville de Bordeaux
> Avec tous ses vaisseaux
> A l'air d'une forêt
> Qu'a pas de feuilles après.

Pour masquer mon humiliation et pour flatter mon colleur je répondis par ces mots dignes de M. Brunetière :
« Pour moi la littérature s'arrête à Bossuet. »
Attrape, Gustave Nadaud !

« Ces choses-là s'écrivent, elles ne se disent pas » m'avait dit Véra sur la route parfumée par les pénétrantes senteurs des sapins.

J'abusai du conseil. Dans sa première réponse, je vis bien qu'elle ne doutait pas un instant du bon motif qui m'animait, mais elle me déclara, avec une éloquente tristesse qu'elle était, depuis la mort de sa mère, promise à un sien cousin, lieutenant à l'armée des Indes, que son père avait fait ce choix, bien malgré elle, mais que sous sa douceur apparente, il avait une inflexible volonté sur laquelle il ne fallait pas songer à le faire revenir.

Bientôt après cette confidence, il me sembla que Véra n'était pas un exemple à citer d'obéissance filiale, que la volonté paternelle lui semblait moins respectable que la volonté de Dieu, et que, pour ne pas résister à cette dernière, elle était prête à tout.

Je ne parlerai pas ici des arguments que j'invoquai pour fortifier cette thèse favorite des amoureux, mais quand je sentis que le moment psychologique était venu, ayant renoncé au mariage parce que je ne pouvais soutenir jusqu'au bout mon rôle de baron, je proposai d'aller cacher notre bonheur dans une autre patrie.

J'ai remarqué qu'il y a un air d'opéra pour toutes les occasions de la vie.

Cette fois, Véra me fit attendre la réponse. Elle voulait me la donner de vive voix. Un soir, elle s'approcha de moi et me dit en détournant les yeux :

« Ce que vous ferez, sera bien fait ! »

Persuadée que le monde entier n'existait plus en dehors de nous deux et que, dans de telles conditions, rien n'était plus naturel que de vivre uniquement l'un pour l'autre, sûre enfin qu'un jour elle serait jetée dans les bras d'un banal officier de la garnison de Java, elle se fiait à mon amour, comme un cœur maître de lui-même, sans éprouver le besoin de formuler l'hypocrite réserve d'un remords.

Comme toutes les résolutions extrêmes ont besoin d'être exécutées sans retard, nous décidâmes de partir pour Paris dès le lendemain soir à cinq heures.

Cette nuit d'attente me parut un siècle ; je n'ai pas besoin de dire, que je ne pus fermer l'œil un instant : il me semblait que le jour n'arriverait jamais.

Enfin, vers neuf heures, je commençai à faire quelques apparitions sur le balcon, espérant voir ma future compagne. Ce ne fut que vers dix heures qu'elle parut !

Elle me dit en hâte que son père venait de se rendre à la poste et qu'il l'avait avertie de se tenir prête pour déjeuner tout de suite, car, il avait à sortir de très bonne heure et ne rentrerait que fort tard.

Pour cacher son trouble, elle n'avait pas manqué de lui dire qu'éprouvant une violente migraine elle reviendrait se reposer tout de suite après le déjeuner. Les jeunes filles savent être à la fois Juliette et Rosine.

Cette heureuse circonstance servait à merveille nos projets. Pour détourner les soupçons, je dis à Véra que j'allais l'attendre à la gare où elle ne viendrait me rejoindre que vers cinq heures du soir, notre train ne devant partir qu'à cinq heures quarante. Il était en effet, préférable, qu'elle ne quittât l'hôtel qu'au dernier moment.

Dès la veille au soir j'avais préparé mes malles et demandé ma note. En quittant l'hôtel, je dis très haut au cocher d'aller à la gare Saint-Jean.

Arrivé là, je fis déposer mes bagages, et, sans les faire passer par la consigne, je vins les reprendre dix minutes après, et me fis conduire par un autre cocher à la gare de la Bastide. De cette façon, je dépistai les recherches qui pourraient être faites par la suite.

Je passe sous silence mon anxiété jusqu'à cinq heures de l'après-midi.

Véra pourrait-elle venir? Au dernier moment, ne surgirait-il pas quelque empêchement qui ne lui permettrait pas de sortir? Enfin, ne réfléchirait-elle pas à la gravité de l'acte qu'elle allait accomplir?

J'étais très inquiet au sujet de toutes ces questions, lorsque je la vis apparaître, bien pâle et bien tremblante, mais cependant résolue.

J'avais eu soin de prendre d'avance nos billets, et malgré mon inexpérience de la vie, je m'étais bien gardé de retenir un coupé dans le train, pour ne pas attirer l'attention. J'aurais évidemment préféré que nous passions ces premiers instants en tête-à-tête, mais j'avais pensé que ce serait peut-être une grande imprudence.

J'entraînai donc vivement Véra dans l'intérieur de la gare et nous ne montâmes dans le train, que quelques secondes avant le départ.

Je n'ai pas besoin de dire que le trajet ne nous parut pas long.

Heureusement, les trois voyageurs qui se trouvaient dans notre compartiment descendirent aux deux premières stations et j'eus la bonne fortune de faire sans gêneurs le reste du voyage.

Malgré tout le charme de l'idylle, une préoccupation me poursuivait : les propos que j'avais entendus la veille de mon départ des Pyrénées ne me laissaient aucun doute sur l'origine de la qualification de grec qui m'avait été octroyée. Le croupier belge m'ayant reconnu et signalé aux directeurs du Casino de Bagnères-de-Bigorre, je pouvais craindre qu'à l'instar de leur confrère d'Aix, on signalât, à la Sûreté générale, le baron de la V..... comme grec dangereux.

Dès que nous fûmes seuls, je fis remarquer à ma compagne que, pour nous soustraire aux recherches que pourraient faire son père, il serait peut-être préférable de modifier l'orthographe de mon nom.

Elle comprit qu'il était, en effet plus prudent d'agir ainsi.

En arrivant à Paris, nous descendîmes au Splendide-Hôtel; je choisis un appartement au premier étage

donnant sur la place de l'Opéra, au coin de l'avenue et de
la rue de la Paix.

On inscrivit le baron et la baronne Van de S... de Bata-
via (Colonies hollandaises) dès lors, on ne pensa plus qu'à
grossir la note.

Le lendemain de notre arrivée, un interprète de l'hôtel
vint se mettre à notre disposition.

En ma qualité de provincial, j'étais curieux, et, comme
il se présenta au moment où, du balcon, j'admirais le
superbe coup d'œil s'offrant à mes regards, je lui dis que
le français m'étant familier, je n'avais pas besoin de ses
services, mais que je l'utiliserais pour nous conduire dans
les endroits qui méritaient d'être visités.

Je lui demandai même sur-le-champ de m'expliquer
quels étaient tous ces beaux immeubles qui entouraient
la place de l'Opéra et qui bordaient la rue de la Paix.

Après qu'il m'eût fait une description assez détaillée
de l'Opéra, du Grand-Hôtel et de la Société des Dépôts et
Comptes courants, au coin de la rue du Quatre-Sep-
tembre, il me nomma les grands tailleurs et couturiers
se trouvant dans les autres immeubles et, dans presque
tous, il ajoutait le nom d'un cercle. C'est ainsi que, sur
la place, il me désignait au coin du boulevard, le Sporting-
Club dans la même maison, à l'étage supérieur, le Cercle
des Tailleurs. Un peu plus loin, le Cercle de la rue Halévy
et, au coin de la rue Meyerbeer, le Cercle Grammont-
Saint-Hubert. En revenant sur la place, au-dessus de la
Société Générale, le Cercle Washington, et encore, dans
la même maison, le Cercle des Beaux-Arts. En face, le
Cercle des Éclaireurs et le Cercle de l'Opéra, situés

dans la maison du Bazar du Voyage. Puis, dans l'avenue, le Cercle Oriental, le Paris-Club et le Cercle Français.

Comme je m'étonnais qu'il y eût un si grand nombre de cercles, dans un rayon aussi peu étendu, l'interprète ajouta qu'il y en avait beaucoup d'autres encore que je ne pouvais voir de là et qui cependant n'étaient qu'à deux pas : tels que le Jockey-Club, le Cercle de l'Union, le Cercle Volnay, le Cercle de la rue Royale, le Cercle Impérial, le Cercle Malesherbes, le Cercle agricole, le Cercle International à côté du Sporting-Club, en face, le Cercle du Yatch-Club, à côté, le Cercle du Pavillon de Hanovre et le Cercle des Chemins de fer, en face le Cercle Franc-Comtois, le Cercle de l'Exposition, enfin, un peu plus loin, le Betting-Club.

Du reste, l'interprète ajoutat qu'en suivant la ligne des boulevards, on en rencontrait une grande quantité et qu'il y en avait encore dans d'autres quartiers.

Je lui demandai naturellement quelques détails sur tous ces cercles, la question étant, en effet, pleine d'intérêt pour moi. Il me répondit que dans certains d'entre eux, comme le Jockey-Club, l'Union, le Cercle de la rue Royale, l'Agricole, etc., cercles qu'il indiquait sous la qualification de grands cercles fermés, il était assez difficile de se faire recevoir membre, qu'il fallait pour cela deux parrains, un stage qu'il nommait affichage, et que l'on faisait une enquête très minutieuse sur les candidats.

« Quant aux autres, ajoutait-il, l'entrée en est des plus faciles, et quoique Monsieur le Baron ait l'air nouvellement marié, s'il lui plaît d'aller passer ses soirées au Washington, au Cercle de la Presse, au Cercle de la rue Halévy, au Paris-Club, à l'Oriental, au Betting-Club ou à un autre analogue, je me ferai un plaisir de lui faire adresser une carte, d'autant plus que cela constitue une partie de mes petits bénéfices.

En effet, poursuivit-il, pour achever de me mettre au courant, tous ces cercles ont des employés qui passent dans les grands hôtels pour relever les noms des voyageurs de marque et ils nous chargent de leur demander s'ils ne veulent pas fréquenter le cercle qu'ils représentent ; ils nous donnent 5 francs par chaque personne pour laquelle nous leur demandons une carte d'admission. Il paraît que ces cercles n'y perdent pas, car on a augmenté la prime. »

Ne devant séjourner que peu de temps à Paris, je dis à l'interprète que je n'aurais guère le loisir de fréquenter ces Clubs! ou il ne pouvait y avoir grand monde, puisque nous étions en plein été, c'est-à-dire en plein exode du public mondain.

Nonobstant le lendemain en venant prendre des ordres pour les courses de la journée, l'interprète me remit une enveloppe contenant une douzaine de cartes de membre temporaire des divers cercles dont il m'avait parlé.

Je les acceptai, ne sachant pas si j'en ferais usage.

Du reste nous passions tout notre temps chez divers fournisseurs afin de combler au plus tôt les vides de la garde-robe de ma petite amie ; la précipitation et les causes de notre départ de Bordeaux ne lui ayant pas permis d'emporter le plus sommaire bagage.

Elle commanda chez Worth une dizaine de toilettes.

Elle alla ensuite chez Mélanie Reboux, pour les chapeaux, chez Mellerio et Sampère, pour les bijoux, partout enfin où l'on est servi dans les grands prix.

Très commode, du reste, cette rue de la Paix : on y trouve de tout.

Entre temps, nous passions nos soirées à courir les rares théâtres encore ouverts ou à fréquenter les concerts des Champs-Elysées.

Après avoir visité les magasins en vogue et fini nos achats, toujours sous la conduite de notre interprète, nous passâmes en revue les curiosités de la capitale.

Cela fait, on m'exprima timidement le désir d'aller finir la saison d'été aux bains de mer.

Comme, dans notre situation, il ne nous était pas possible d'aller dans une station balnéaire trop en vogue, je choisis la belle plage des Sables d'Olonne.

Pensant que cette localité n'offrait pas de grandes distractions, et que Véra aimait beaucoup les chevaux, j'achetai pour vingt mille francs une paire de Cobs irlandais et un duc que je fis aussitôt expédier aux Sables, sous la conduite d'un cocher et d'un valet de pied que je venais d'arrêter.

Quarante-huit heures après, nous nous mettions en route, avec une accorte femme de chambre.

La veille de notre départ, comme Véra, un peu fatiguée par nos courses dans Paris, s'était retirée dans son appartement, aussitôt après le dîner, je sortis pour fumer un cigare sur le boulevard.

Je remarquai que les fenêtres du Pavillon de Hanovre étaient brillamment illuminées; cela me donna l'envie d'y monter, ne fût-ce qu'un instant, pour avoir une idée des cercles de Paris.

Je ne m'étais pas trompé en pensant qu'il devait être à peu près vide à cette époque de l'année ; en effet, je n'y trouvais que trois ou quatre habitués. La lumière à profusion répandue dans les salons n'était qu'une amorce de plus pour les pontes en détresse sur l'asphalte du boulevard.

Dès mon entrée, un monsieur à superbes moustaches blanches s'avança vers moi et m'offrit très gracieusement de me faire les honneurs du Cercle. Je sus plus tard que c'était un des racoleurs de l'établissement, celui-là même qui avait donné ma carte d'invitation à l'interprète.

Comme il connaissait tous les membres du Cercle, il se rendit vite compte de l'origine de ma carte ; j'étais évidemment le Baron du Splendide-Hôtel et l'empressement qu'il montrait auprès de moi prouvait qu'il supposait sans nul doute mon portefeuille bien garni.

A la démarche et à la coupe des vêtements de mon nouveau cicerone, je l'avais pris pour un ancien militaire.

C'était, en effet, un ancien officier, grec de nationalité, probablement aussi de profession, sorte de condottière que toutes les aventures devaient laisser indifférent. Il avait fait la guerre de Crimée dans l'armée turque, puis était passé en Italie, où il avait servi sous les ordres de Garibaldi. Pendant la guerre de 1870, il était venu mettre son épée au service de la France et on lui avait confié le commandement d'un corps de francs-tireurs. Aussi, maintenant tout le monde l'appelait Monsieur le major !

Le major Razzis avait bien au fond quelques points de ressemblance avec le major de la « Vie parisienne. »

En somme, pour satisfaire ma curiosité, je n'étais pas fâché de passer quelques instants avec cette vieille lame qui portait si crânement ses soixante ans, qu'on lui en eût à peine donné quarante.

On ne les lui aurait pas prêtés : il ne les aurait pas rendus.

Après que le major m'eût fait faire le tour des salons, je l'invitai à prendre un rafraîchissement sur le balcon; la chaleur étant étouffante, ce soir-là.

Le major me raconta naturellement ses campagnes et ses voyages autour du monde, car dans sa longue existence, il avait parcouru les deux hémisphères.

J'ai su plus tard qu'en dehors de sa carrière militaire, il avait fait un peu tous les métiers. Entre deux campagnes, il avait été successivement directeur d'un café-chantant au Japon, tenancier d'une roulette à Ismaïla, pendant les travaux du canal de Suez, et peut-être bien aussi chef de bande en Macédoine.

C'était, en somme, le vrai type de ces aventuriers cosmopolites comme on en rencontre tant sur le pavé parisien. Après bien des alternatives de fortune et de revers, il était descendu au rôle de racoleur au Cercle du Pavillon de Hanovre.

Le major, qui avait bravé tant de dangers pendant sa longue existence, mourut bien obscurément dans l'accident de chemin de fer de Saint-Mandé au moment où il allait faire fortune sur ses vieux jours. Ce fut le Dumont d'Urville de la cagnotte.

Après être resté assez tard au Pavillon de Hanovre, je rentrai à l'hôtel.

Le lendemain matin, nous partions pour les bains de mer.

———

CHAPITRE VII

Mon séjour aux Sables d'Olonne.

En arrivant aux Sables, nous descendîmes à l'hôtel de la Plage, en attendant d'avoir trouvé une villa à notre convenance. Nos recherches ne furent pas longues. En effet, le surlendemain, nous prenions possession d'un charmant petit nid, à proximité de la mer.

Notre temps s'écoulait d'une façon très agréable, bien que notre existence n'eût rien de bien original ; nous prenions nos deux bains de mer par jour, nous visitions les environs, et le soir, nous allions au théâtre du Casino. Nous poussâmes deux pointes en voiture dans la région ; nous nous rendîmes un jour à la Roche-sur-Yon et une autre fois à la Rochelle, en suivant le bord de la mer.

Au bout d'un certain temps, j'appris qu'il y avait aux Sables un cercle où l'on jouait assez gros jeu.

Malgré les douces servitudes de ma lune de miel, l'obsession du tapis vert me poursuivant partout, je fus pris du désir d'en faire partie.

On ne se refait pas.

J'adressai donc une demande au secrétaire du club, en le priant de vouloir bien me faire tenir pour la saison une

carte de membre temporaire. Par une lettre très aimable,
on m'apprit que le Cercle était exclusivement réservé à
la noblesse Vendéenne et qu'il était de règle absolue
de n'y recevoir aucune personne étrangère à la région.
Je n'insistai donc pas.

A part la plage, qui, certainement, est une des plus
belles du littoral, la ville n'avait aucun charme en elle-
même. Elle était petite, du moins à cette époque, et
sillonnée de rues fort étroites et tellement tortueuses
qu'il était presque impossible d'y circuler en voiture.

En me rendant du côté de la mer, j'avais remarqué
une superbe route, une route nationale S. V. P., qui
séparait la plage des maisons qui la bordaient du côté
opposé à la mer.

Quel plus beau champ pouvais-je souhaiter pour mes
promenades en voiture !

Je ne fis que passer et un étrange effet fut produit,
comme si l'on venait d'assister à un événement extraordinaire. Cela parce que peu de personnes ont leurs équipages aux Sables d'Olonne ; la station ne se prêtant pas
au déploiement de luxe ; les aristocratiques habitués y
viennent presque en bourgeois.

J'attribuai la marque d'attention dont j'étais l'objet à la
superbe allure de mes chevaux très beaux et très frin-
gants. Mais le lendemain, je fus bien désabusé.

Comme je venais de donner l'ordre d'atteler, mon valet
de chambre vint me prévenir que le propriétaire de la
villa désirait me parler.

Après s'être excusé de venir me déranger, le propriétaire m'apprit qu'il avait reçu la visite du commis-

saire de police qui l'avait chargé de me faire une communication.

Il s'agissait de ma promenade de la veille.

Par un arrêté du Maire, me dit-il, le passage sur la
route de la plage n'est permis aux voitures que deux
fois par jour; au moment de l'arrivée et du départ du
train de la Roche-sur-Yon. En dehors de ces deux cas,
l'usage en est exclusivement réservé aux piétons, toujours très nombreux sur le bord de la plage.

En ma qualité d'étranger, le commissaire avait pensé
que je ne connaissais pas cette interdiction : c'est pour
cela qu'il faisait faire auprès de moi cette démarche cour-
toise, afin de me prier de vouloir bien m'abstenir désormais de faire des promenades en voiture à cet endroit.

Je remerciai le propriétaire de la peine qu'il avait prise,
et il se retira.

Bien que vivement contrarié de ce contre-temps, qui
me privait de mon plaisir favori, je résolus néanmoins de
braver cette défense; supputant d'avance qu'avec quelques
centaines de francs j'aurais raison de toutes les contraventions qu'on pourrait me dresser.

Véra aimait la route défendue : le prix du péage m'importait peu.

Aussi dès ma première sortie, je me dirigeais avec ma
voiture vers la plage. Ma présence produisit le même
effet que la première fois; mais, à peine avais-je parcouru
la moitié du chemin, qu'un agent vint assez poliment
m'avertir que l'accès de cette route était interdit aux
voitures. Je continuai néanmoins ma promenade sans
tenir compte de cette observation.

Le lendemain, le même agent, qui semblait cette fois attendre mon passage, me barra la route pour me prévenir une seconde fois que, si je persistais à me promener à cet endroit, je le mettrais dans l'obligation de me dresser procès-verbal.

« Agissez selon les instructions que vous avez reçues, lui dis-je, voici ma carte et mon adresse, verbalisez toutes les fois que vous me verrez passer, si on vous en a donné l'ordre : mais, à l'avenir ne vous postez plus au milieu de la route afin d'éviter un accident. »

Les jours suivants, chaque fois que je parcourais le chemin de la plage, je rencontrais l'agent qui, fidèle à son poste, ne manquait pas de m'esquisser un gracieux sourire, en me faisant un signe qui voulait dire : « Une contravention de plus, n'est-ce pas, Monsieur ? »

Je riais, moi aussi, de cette petite comédie et m'arrêtant quelquefois devant ce bon agent, je lui disais :

« Eh bien ! à quel chiffre de contraventions en sommes-nous ? Quand vous serez à cent, nous ferons une croix. »

Ce petit manège dura pendant quelques jours. Les habitués de la plage eux-mêmes, tout en prêtant une certaine attention à mes promenades au bord de la mer, paraissaient moins surpris et me considéraient comme jouissant d'un véritable privilège.

Que se passa-t-il, entre temps ? Un baigneur grincheux avait-il demandé aux autorités pourquoi je profitais seul de cette quasi-tolérance ? Je ne le sus jamais. Toujours est-il qu'un beau matin, au moment où j'allais le plus naturellement du monde prendre possession de la fameuse route, je me trouvai non plus en face du bon agent qui enregistrait placidement mes contraventions, mais en présence du commissaire de police lui-même, ceint de son écharpe, pour bien me montrer qu'il était dans l'exercice de ses fonctions. Il s'était placé juste au milieu de la route pour mieux en défendre l'accès et son zèle faillit causer un grave accident.

Il n'y a pas d'animal, en effet, si ce n'est l'homme, qui prenne plus facilement une habitude que le cheval. C'était toujours à grande allure que je faisais cette promenade, la seule où l'action puissante de mes chevaux trouvait à se développer dans toute son ampleur.

Ce jour-là donc, mon attelage s'enlevant comme de coutume, faillit me gagner la main, et j'eus toutes les peines du monde à m'en rendre maître et à ne pas écraser le représentant de l'autorité qui était obstinément resté à sa place, se contentant de lever les bras au ciel pour me prévenir d'avoir à m'arrêter.

Visiblement embarrassé, le commissaire me dit que je ne semblais pas prendre au sérieux les arrêtés de l'administration ni les nombreux procès-verbaux déjà dressés contre moi et qu'il était fatigué de transcrire.

Il ajouta qu'il était de son devoir de faire respecter l'arrêté municipal et qu'au besoin on prendrait avec regret des mesures plus rigoureuses pour m'empêcher désormais de passer avec ma voiture le long de la plage. Je lui déclarai que mon intention n'était pas de me mettre en lutte ouverte avec l'autorité et, tournant bride, je pris une autre direction.

En rentrant chez moi, je me décidai à envoyer un don au Maire des Sables d'Olonne, en le priant de le verser en mon nom au bureau de bienfaisance. J'ajoutais, dans ma lettre, que je me tenais entièrement à la disposition de qui de droit pour solder les frais de tous les procès-verbaux que l'on m'avait dressés. Au nom de ses administrés le Maire vint me remercier de mon offrande et me dit que désormais je pourrais circuler librement sur la route de la plage.

En outre, je reçus, quelques jours après, une invitation pour un punch que l'on donnait au Cercle. A cette soirée, le président me remit une carte de membre temporaire valable pour un mois.

La partie était correcte et colossale : je n'en avais jamais vu ni même rêvé de pareille. Les plus modestes banquiers mettaient de 40 à 50,000 francs en banque : tous les autres taillaient à banque ouverte, et moi, qui pontais pourtant 2 ou 3,000 francs par coup, j'étais parmi les petits joueurs.

Dans cette première séance, je perdis 30,000 francs.

Après le dîner nous allions, Véra et moi, passer une heure au théâtre du Casino, où on jouait une partie insignifiante. Et cependant, si je n'avais eu le choix, je m'y serais rendu, hanté que j'étais par l'irrésistible besoin de jouer.

Pendant quelques jours, je ne fis pas de différence sensible, en dehors de ma première perte.

Je passais toutes mes fins de soirées au Cercle et bien qu'on taillât toute la nuit avec les mêmes cartes, je ne parvenais pourtant pas à saisir un coup certain pour la ponte, au moment où on jetait au panier les cartes du coup consommé.

Il y avait à cela la raison suivante, c'est que le marquis de C..... qui banquait le plus souvent, lançait les cartes avec une telle rapidité au panier les unes la face en l'air, les autres la face en bas, que, malgré ma mémoire, je faisais des erreurs constantes. Et puis, faut-il le dire? c'était la première grosse partie à laquelle j'assistais. Tous ces messieurs étaient déjà d'un certain âge : à côté d'eux j'étais presque un enfant. En un mot, je n'avais pas mes coudées franches; c'est surtout ce qui nuisit à mon jeu. Mes calculs furent déjoués et la malechance aidant, j'obtenais toujours des résultats désastreux. Aussi, malgré toute ma circonspection, mon séjour au Cercle me coûta : *160,000 francs.*

Cent soixante mille francs! Voilà une somme qui fera loucher les caissiers-croupiers. Il faut donc expliquer aux profanes qui ne l'ont jamais appris, ce que Lucrèce appelait *natura rerum*, la science des choses.

Quand vous arrivez autour d'un tapis vert, avec une invitation de celui qui a des raisons pour le considérer comme un champ de bataille où il est vainqueur d'avance, ou simplement en suivant vos amis pour arracher au sort un peu plus de bien-être, vous jouez avec la confiance d'un homme qui s'engage dans une affaire loyale. Le hasard seul vous paraît dominer la partie, et c'est de lui que vous attendez la provende. Alors, la valeur de l'argent disparaît comme par enchantement, le sentiment de la réalité s'évanouit et vous ne voyez plus que la fatale réponse des cartes. Vous finissez, vous, ponte à cent sous, par jouer, le jour où vous êtes en fonds, le billet de mille

francs parce qu'avec le lorgnon de l'espérance, c'est-
à-dire, avec le neuf vainqueur, il en représente deux mille.
Supprimez ce miracle possible de la veine, et vous supprimez le joueur.

Or, plus les réponses du sort, c'est-à-dire, plus les
abatages de l'adversaire sont constants, plus la rage de
défier la destinée augmente. Vous en arrivez même à ne
plus vous préoccuper de la mise, quelque considérable
qu'elle soit pour vos moyens ; vous ne la voyez que dou-
blée dans l'éternel mensonge de votre rêve.

Voilà ce que la passion du jeu fait de ses néophites qui
deviennent en si peu de temps des sectaires, c'est-à-dire
des gens à système qui jouent la tête de celui qui a la main
ou la passe d'un ponte qui fut heureux la veille. Ici, point
de calcul, pas un liard de logique, des nerfs, et des nerfs
fouettés par la force naturelle des choses. Mais, moi, je
n'étais pas seulement poussé par cette passion qui dédore
les louis et ne donne aux billets de banque qu'une valeur
passagère : je n'attendais rien que d'un coup de cartes ;
mais je devais en jouer d'autres alors même que je
savais devoir m'être contraires ; considérant ces sacrifices
de billets de banque comme autant de bûches nécessaires
pour alimenter le feu sacré, c'est-à-dire pour fléchir
le dieu de mes espérances : le DOUBLE AS. Si je n'avais
ponté que sur son autel, j'étais démasqué comme un
ponte sacrilège qui ne veut seulement pas payer les frais
du culte. C'est ainsi que j'en étais arrivé à jeter des cinquante louis dans le brasier avec la certitude qu'ils
seraient consumés, mais qu'ils ne seraient pas perdus. Du
billet de mille je passai à la liasse, et on me vit souvent

ponter des fortunes avec indifférence parce que c'était quelquefois la préface utile d'un livre intéressant. J'ai joué de gros coups au hasard, parce que tout est relatif comme on dit dans les tripots, et parce que ce dieu qui méprise tout le monde pouvait m'épargner involontairement; mais ce que, dans certains cas, on a pris pour de l'insouciance n'était que de la méthode : je jouais pour ainsi dire le paroli des audacieux avec la masse en avant de l'homme convaincu. Et c'est ainsi que mes coups de 50 à 200,000 francs ne m'émotionnaient pas parce qu'ils appelaient parfois le coup gagnant définitif, celui qui m'était acquis par l'analyse triomphante de la séquence et le résultat de mes supputations.

M. Gustave Larroumet écrivait dernièrement en parlant de Prévost Paradol :

« Il n'avait pas les deux qualités indispensables au joueur, la patience et le flair. »

La patience, je l'ai eue, malgré les frissons de l'entraînement. Quant au flair, ce n'était chez moi qu'une résultante et pas un instinct. Je prévoyais plutôt que je ne sentais et c'est de cette infaillible certitude que venait mon calme. Quant aux coups extraordinaires qui furent les fils de ma passion, ils relèvent du seul joueur. Je ne les renie pas, mais je constate le fait comme une faiblesse insurmontable.

Le dernier soir, que je jouais aux Sables-d'Olonne, je pris une banque, grâce à l'amabilité de ces Messieurs qui, me voyant toujours perdre, n'avaient pas voulu la surenchérir, lorsque j'avais timidement annoncé 500 louis.

Après quelques coups de gain et d'intermittence, le

marquis de C...., dont j'ai déjà parlé, me fit le solde de la banque sur le premier tableau. Le coup était de 22,000 francs : je le gagnai.

Très satisfait, je me disposais à laisser une suite, lorsque le Marquis, se penchant vers moi, me dit tout bas qu'il ne me réglait pas le coup afin de pouvoir continuer la partie. Sans me laisser le temps de répondre, le Marquis signa, sur sa carte, un bon de 22,000 francs, qu'il joignit sans sourciller à l'argent de ma banque. Je n'osai pas protester et, tout désorienté, j'eus la mauvaise inspiration de continuer la taille. Mal m'en prit, car la banque sauta par suite d'une vigoureuse attaque du Marquis qui, en quatre coups, se refit de la perte de son solde de banque et me gagna une dizaine de mille francs environ.

Au préalable j'avais dû représenter la créance du Marquis, soit 22,000 francs.

Le comte du G......, avec lequel je m'étais lié aux Sables, possédait un très beau yacht à bord duquel nous allions souvent faire des petites excursions.

Un jour que nous y lunchions, dans le port, je fus témoin d'un fait assez piquant.

Le Sous-Préfet des Sables-d'Olonne, ancien fruit sec d'un journal républicain, avait déjà plusieurs fois vainement sollicité l'autorisation de visiter le navire. Il revint ce jour-là et dit à l'homme de quart :

« Le Comte est-il là?

— Oui, Monsieur, répondit le marin.

— Eh bien? dites-lui que Monsieur le Sous-Préfet et son secrétaire désire visiter le bateau. »

En bon légitimiste, le Comte qui avait entendu la question, agacé du ton impertinent du Sous-Préfet dit assez haut pour être entendu du dehors.

« Dis à Monsieur le Sous-Préfet d'aller visiter sa Sous-préfecture ! »

Le Sous-Préfet, qui avait parfaitement entendu la réponse du Comte, tourna aussitôt les talons sans même attendre le retour du marin.

Nous rimes longuement de la mésaventure de ce pauvre fonctionnaire, commentant l'à propos de la dure leçon qu'il venait de recevoir du Comte. Content de lui, il ne cessait de répéter :

« Avez-vous entendu de quel ton ce paltoquet a fait sa demande ? Réellement ces gens-là ne doutent de rien ! »

Le soir, quand nous fûmes seuls, le Comte me prit à part et me dit avec bienveillance : « Vous êtes en pleine guigne, mon cher, vous devriez vous abstenir de jouer. Acceptez donc l'invitation souvent renouvelée, de faire, avec la Baronne, un petit voyage sur mon yacht; vous savez combien elle se plaît en mer. Du reste je dois vous avouer qu'elle m'a plusieurs fois interrogée au sujet du Cercle; les domestiques ont parlé et elle n'ignore pas que vous perdez beaucoup. Réfléchissez, mon cher, la nuit, dit-on, porte conseil. En tous cas, prévenez la Baronne que demain je m'invite sans façon à déjeuner chez vous, nous recauserons de tout cela au dessert.

— C'est entendu, lui dis-je, mais pas un mot du Cercle.

— Ah! non certes, ce ne serait pas à faire! Vous pouvez compter sur ma discrétion. »

Au déjeuner, le Comte n'eut pas grand' peine à décider la

Baronne à ce voyage ; et elle me pria de ne pas la priver de ce plaisir.

« Eh bien ? c'est convenu, lui dis-je. A quand le départ ?

— Après-demain matin à onze heures, dit le Comte si ce n'est pas trop tôt pour Madame ?

— Non, non, reprit la Baronne enchantée de faire ce petit voyage, à dix heures nous serons à bord et je me charge de tous les préparatifs du départ.

Malgré un vent qui soufflait en tempête du Sud-Ouest, nous fûmes exacts au rendez-vous.

J'avoue qu'à ce moment-là, je regrettais amèrement d'avoir pris la nationalité hollandaise qui m'obligeait d'affronter la mer sans sourciller, moi qui, au fond, n'ai aucune des qualités du loup de mer qu'on me prêtait si volontiers.

Cependant je quittai les Sables, peu soucieux de la culotte que j'y avais prise, car, je m'y étais fait des relations qu'on ne saurait trop apprécier : je l'établirai sans peine quand il s'agira des références et de ce que l'on appelle en philosophie l'influence des milieux. J'avais perdu, c'est vrai, mais j'emportais avec moi le souvenir des plus charmantes fréquentations. J'avais en outre l'espoir de me refaire à Biarritz où j'avais envoyé mon personnel et mes chevaux.

Le temps s'étant remis au beau, notre voyage commencé sous d'aussi fâcheux auspices devint bientôt charmant et nous en conservâmes le meilleur souvenir.

Nous visitâmes les îles de la Manche, plusieurs ports de la Côte, puis, cette croisière terminée, le Comte nous décida de nous rendre avec lui en ses terres de Bretagne.

pour y faire l'ouverture de la chasse. J'étais ravi car il ne m'avait pas encore été permis d'assister à ces réunions cynégétiques, où les grands seigneurs de province déploient tout le faste de leur maison.

Après avoir fait une magnifique ouverture qui dura cinq jours, pendant lesquels il y eut une véritable hécatombe de gibier, je pris congé de mon hôte. Nous étions alors dans les premiers jours de septembre et je me rendis à Biarritz où la saison battait son plein.

Véra m'exprima le désir de s'arrêter en route, le temps de visiter Nantes et Saint-Nazaire. C'est là que nous fîmes l'acquisition d'un singe que nous baptisâmes du nom de Simon et qui, par la suite, il faut bien lui rendre cette justice, nous causa les plus grands ennuis.

CHAPITRE VIII

Au Casino de Biarritz : une orgie de séquences.

En quittant les Sables d'Olonne, le comte du G... qui savait que j'irais finir la saison à Biarritz, m'avait conseillé de descendre à l'hôtel Gardère ; c'est là que j'avais envoyé mon personnel pour m'y attendre.

Lorsque j'arrivai, le gérant m'annonça obséquieusement qu'il m'avait réservé l'appartement que le Grand-duc Alexis venait de quitter depuis peu. Je ne pouvais rêver mieux. Les pièces étaient assez luxueusement meublées, c'est-à-dire avec la banalité prétentieuse d'un luxe d'hôtel. Aussi, quelles indemnités de dégradation n'eus-je pas à payer pour le nommé Simon qui avait la passion d'éventrer les fauteuils et de faire de la charpie avec les tentures des fenêtres ; dans le détail journalier de ma note de semaine, Simon tenait toujours la plus large place.

Non content de mettre tout au pillage chez moi, il me créait mille embarras. Un jour, en rentrant d'une promenade, je vis un grand rassemblement devant mes fenêtres.

En m'apercevant, le gérant de l'hôtel vint à ma rencontre et me dit :

« Que Monsieur le Baron ait la bonté de me donner la

clef de l'appartement pour que je monte au plus tôt mettre un terme aux ravages de Simon ! »

Profitant de l'absence de la femme de chambre, Simon s'était introduit dans l'appartement voisin occupé par un propriétaire des environs. Il s'était approvisionné de tout le contenu d'un panier de raisins que le fermier venait d'apporter à son maître, puis il avait lancé, par la fenêtre sur le sol, où ils venaient se briser, tous les objets de toilettes et autres dont il avait pu s'emparer.

Oh ! la vilaine bête !

Elle en était à vider les armoires au moment où l'on parvint à l'arrêter dans ce nouveau genre de déménagement « *du tout par la fenêtre* » !

Ses dégâts s'élevèrent à une somme telle que la Baronne décida cette fois de s'en débarrasser à jamais. Simon fut expédié au jardin d'acclimatation de Bordeaux où il sert désormais de sujet, de mauvais sujet évidemment, à des études d'histoire naturelle.

Dès mon arrivée à Biarritz, je fus invité par le directeur du Casino à fréquenter les salons du Cercle. Il y avait une très grosse partie ; jour et nuit on jouait le baccara à trois grandes tables.

Si au Cercle des Sables d'Olonne la partie était absolument correcte, à Biarritz, au contraire, c'était une véritable *orgie de séquences* ; on en taillait à toutes les tables, aussi je n'avais que l'embarras du choix pour ponter.

Comprenant l'influence des titres de noblesse sur notre société démocratique, le directeur peu ordinaire, avait choisi ses tailleurs de séquences avec un soin tout particulier ; parmi ses nobles collaborateurs il y avait un Prince et un Duc italiens, un Baron belge, le comte de R... appartenant à une très ancienne famille du Lot-et-Garonne, et quelques roturiers dont j'ai oublié les noms. Toute la lyre enfin, depuis les Croisades jusqu'à M. Prud'homme.

Ah ! je ne mis pas longtemps à faire rentrer les 160,000 francs perdus aux Sables d'Olonne.

Rien qu'en fumant ma cigarette dans la salle de jeu, et en allant d'une table de baccara à l'autre, je gagnais tous les soirs de 20 à 25,000 francs, et cependant je ne pontais jamais plus de 50 louis sur les deux coups perdants de chaque séquence.

C'est dire quelle consommation on en faisait dans la maison. J'appris plus tard que les deux frères du caissier du Cercle travaillaient toute la journée pour préparer lesdites séquences.

Comme je ne jouais qu'à de longs intervalles, j'observais très attentivement les croupiers, derrière lesquels je me trouvais quelquefois, c'est ainsi que je m'aperçus de l'énorme quantité de jetons qu'ils étouffaient aux banquiers. Ceux qui taillaient pour le compte de la direction n'étaient pas plus épargnés, au contraire.

Les *séquenciers* dévalisaient les pontes, et les croupiers étouffaient leurs complices pour augmenter leurs dividendes, et ceux de la haute administration.

Mes observations me permirent de faire reproduire plus tard avec une vérité frappante les divers procédés que les croupiers emploient pour exécuter leurs tours de prestidigitation (1).

____

(1) Voir *Le Guide du Joueur* ci-annexé.

Depuis plus de quinze jours, je passais tous les soirs à la caisse pour y changer de 25 à 30,000 francs de jetons constituant mon bénéfice.

Dans une maison où l'on taillait autant de séquences, jamais un fait pareil ne s'était produit.

En effet, malgré le drainage continuel des *séquenciers*, les croupiers étouffaient une telle quantité de jetons que la caisse n'avait jamais à rembourser que des sommes insignifiantes aux joueurs, c'est-à-dire le débris des sommes apportées, ce qu'on appelle à Monte-Carlo, le billet de retour.

Or, malgré toutes les précautions que je prenais pour ne jouer qu'un jeu modeste le caissier très intrigué me signala au directeur du Casino. Frappé de la remarque de son associé celui-ci résolut de m'observer. Le fait de ne me voir ponter que les deux coups de perte des banquiers lui ouvrit les yeux, et il en conclut que loin d'être naïf, j'étais plutôt un ponte dangereux pour l'administration, puisque je lui enlevais chaque jour une partie de ses bénéfices.

On allait donc crier *haro* sur celui qui ne se laissait pas prendre aux mailles pourtant inextricables de leurs filets.

Suivant l'habitude de tous les directeurs de casinos à l'égard des joueurs qui les gênent, celui-ci résolut de m'intimider. Il insinua que ma façon de jouer était bizarre..... Voyez-vous ça?

« Monsieur, lui dis-je en sortant de son cabinet, où il m'avait invité à me rendre, il n'y a de bizarre ici que la manière dont taillent certains banquiers et la façon de crouper de vos employés. »

Ce coup droit déconcerta beaucoup le directeur, qui se confondit aussitôt en excuses. Les choses en restèrent là.

Les baigneurs qui d'aventure fréquentent les salons du Casino d'aujourd'hui y sont-ils plus en sécurité? A en croire l'intégre M. Boulant, un des directeurs (ancien sommelier) et le très honorable commissaire des jeux, M. Labarthe (ancien agent indicateur de la Préfecture de police, *avec laquelle il n'a jamais cessé ses bons rapports*), on peut, assurent ces messieurs, y jouer les yeux *fermés* sans crainte d'être dévalisé ; leur personnel, des mieux *stylé* aurait dit-on été choisi parmi les lauréats... du prix Monthyon. Voilà une station toute désignée aux pensionnaires des **Quinze-Vingt** en villégiature.

Que pouvait-on du reste, contre un joueur intimement lié avec les personnages les plus distingués de la station et qui leur servait, en outre, des arguments irréfutables.

Je continuais donc à jouer, mais à mon grand étonnement cela ne me réussit plus. Que s'était-il passé? Évidemment on avait changé de séquence, puisque les banques étaient toujours *rasoirs*, et que mon point de repère, c'est-à-dire *la sortie des DEUX AS* n'était plus suivie *d'un abatage de NEUF pour le premier tableau.*

Très perplexe je résolus de m'abstenir de jouer, et la saison se termina avant que j'aie pu éclaircir ce mystère.

Quoique très satisfait des 280,000 francs que je venais de gagner, j'étais quand même très intrigué par la lacune que j'avais constatée pendant les dernières soirées que j'avais passées au jeu ; c'était en effet un démenti formel infligé à mes théories.

Et moi qui me flattais de posséder la question à fond !

J'avais donc à me livrer encore à de nouvelles études. Cette idée m'obséda pendant plusieurs jours, puis, je me dis que le problème ne pouvait être insoluble et que je finirais bien par déchiffrer l'énigme. Devant mon opiniâtreté, le sphinx n'avait qu'à se bien tenir.

Sur les instigations du directeur du Casino, le commissaire de police adressa à la Sûreté générale une fiche dans laquelle le baron hollandais était signalé comme grec dangereux.

Ils étaient si peu renseignés, que ni le directeur, ni le commissaire de police, ne se doutèrent un seul instant que le baron hollandais et Joseph Ardisson étaient une seule et même personne. Il est bien évident que, si le directeur s'en était douté, il aurait mis moins d'empressement à m'inviter à venir au cercle du Casino.

Ce n'est que l'année suivante qu'on sut la chose, et que cette fiche du baron hollandais fut jointe à mon dossier.

Sur la fin de la saison, le comte Maxence de D...., que j'avais connu à la réunion cynégétique à laquelle nous avions assisté avec Véra, quelque temps auparavant chez le comte du G..., était venu passer une semaine avec nous à Biarritz, avant de retourner en Périgord.

Comme j'avais à plusieurs reprises manifesté au comte de D...., l'intention d'acheter une propriété dans la Dordogne, il nous offrit d'aller passer avec lui quelques jours au château d'Hautefort, se mettant gracieusement à notre disposition pour nous faire visiter cette admirable région.

Dès les premiers jours de notre liaison le Comte m'avait témoigné une grande sympathie. Croyant comme tout le monde, que j'étais Hollandais, il me dit avoir contracté une véritable dette de reconnaissance envers tous mes *compatriotes* pour l'accueil hospitalier qu'il avait reçu autrefois en Hollande pendant le séjour qu'il y avait fait avec son père.

Il était, en effet, le fils du comte de D...., général et homme politique qui avait été ministre de la guerre en 1823 et Ministre des Affaires étrangères de 1824 à 1828, et qui avait suivi la famille royale en exil en 1830. Le Comte avait conservé le meilleur souvenir de ce petit pays et de ses habitants. C'est peut-être pour cela qu'il avait tant insisté auprès de nous pour que nous allions passer quelques jours à son château.

Nous partîmes donc ensemble pour le Périgord.

En vrai grand seigneur, le Comte faisait princièrement les choses. Il avait conservé le grand train de maison de ses ancêtres, et, malgré les chemins de fer, il ne voyageait qu'en poste, avec sa livrée et ses chevaux.

Aussi, lorsqu'on décidait d'aller à Périgueux ou ailleurs, le comte envoyait les chevaux nécessaires pour les relais, et nous faisions ensuite le trajet, plus vite qu'en chemin de fer, car, sur ces petites lignes, il n'y a pas de trains express.

Pour ses réceptions, le Comte disposait du plus beau cadre que l'on pût imaginer!

A part le château de Chambord, le château de Hautefort est certes un des plus beaux qu'il m'ait jamais été donné de visiter.

Bâti au xi⁰ siècle, il est classé parmi les monuments historiques. Il a appartenu au troubadour Bertrand de Born (1) et a été presque reconstruit en entier au xvi⁰ siècle. C'est une véritable résidence royale et tous les autres châteaux de la contrée, cependant très remarquables, lui sont de beaucoup inférieurs. Le mobilier est naturellement digne du château. Dans les vastes remises, il y a de nombreux carrosses anciens, aussi beaux que ceux que l'on peut admirer au Palais de Versailles ou au Musée de Cluny. Enfin Hautefort, étant situé au sommet d'une colline, son nom l'indique, on y jouit du point de vue le plus grandiose que l'on puisse rêver.

Quoiqu'il y eut à ce moment beaucoup de propriétés à vendre dans le département, aucune ne me tenta; le château de notre hôte était trop beau : j'avais toujours sa silhouette imposante devant les yeux et aucun autre ne put me convenir. Aussi, nous ne quittâmes qu'à regret cette splendide demeure où nous avions reçu une si large hospitalité.

(1) Rien de commun avec la *DINASTIE* des Bertrand, dont les membres ont su s'illustrer en monopolisant le jeu à Paris.

CHAPITRE IX

Une saison à Pau.

Nous nous rendîmes directement à Pau pour y passer
l'hiver.

Je n'ai pas à entreprendre ici la description de la
patrie de Henri IV. Mes lecteurs connaissent assez cette
charmante ville pour me dispenser d'en faire un tableau
qui serait ravissant sous la plume inspirée d'un poète.

A cette époque, la saison Paloise jouissait déjà d'une
certaine renommée, les chasses à courre et les courses de
chevaux en faisaient, pour les sportmen, un aimable pré-
lude au déplacement de Nice; c'était la première étape
de la saison d'hiver.

Quand nous arrivâmes à Pau, les hôtels étaient déjà
bondés de monde. Mais j'avais fait retenir mes appartements à l'hôtel Gassion, où mes domestiques m'attendaient avec mes chevaux, depuis mon départ de Biarritz.

Par un hasard qui me servit à merveille, un des cercles
les plus fréquentés de la ville se trouvait justement situé
au rez-de-chaussée de l'hôtel.

A peine étais-je descendu de la voiture qui nous avait
amenés de la gare que j'aperçus plusieurs figures de
connaissance : c'étaient des joueurs des Sables-d'Olonne
et de Biarritz.

Tous ces oisifs, comme d'après un programme tracé d'avance, faisaient les mêmes déplacements. Les figurants de ce que l'on appelle la « Grande Vie » se meuvent dans un cercle assez restreint. Dans toutes les grandes réunions de courses, ou dans les villes d'eaux à la mode, vous retrouvez toujours les mêmes personnes, ce qu'on appelle le « Tout Paris » en villégiature. A part de rares exceptions, qui comprennent quelques étrangers de distinction, c'est toujours le même public : le décor change, les acteurs restent les mêmes.

En pénétrant dans mon appartement, j'y trouvai une carte d'invitation que le directeur du Cercle m'avait adressée, car il était prévenu de ma venue prochaine par le gérant de l'hôtel.

Bien que, dès les premiers jours, j'eusse éprouvé le désir d'en profiter, ne fusse que pour voir ce qui se passait au Cercle, je fus assez longtemps avant de pouvoir m'y rendre.

D'abord, Véra que je ne voulais pas contrarier, s'y opposait instinctivement; si l'on ajoute à cela les nombreuses distractions qui s'offraient à nous dans cette charmante station d'hiver, le lecteur comprendra facilement qu'il ne me restait pas grand temps pour aller taquiner la dame de pique.

En effet, les soirées et les bals se succédaient sans interruption, et, le lendemain, pour se délasser d'avoir passé une partie de la nuit à danser, il fallait assister aux chasses au renard et aux pique-niques que l'on organisait un peu partout.

Entre temps, quand nous avions un peu de liberté le

matin ou dans la journée, il fallait bien faire sortir nos chevaux qui se morfondaient à l'écurie.

Oh! les jolies promenades que nous faisions dans cette belle plaine de Pau!

J'affectionnais principalement la route d'Orthez qui avait pour moi un charme toujours nouveau. Et cette vie fiévreuse où un plaisir succédait toujours à un autre me captivait de plus en plus.

J'étais depuis un mois environ à Pau, et je n'avais pas encore mis les pieds au Cercle. Je m'endormais sur mes lauriers comme Annibal, dans les délices de Capoue!

Une après-midi enfin, je ne pus résister à la tentation de suivre mes amis au Club.

La partie n'était pas très forte; il y avait une grande différence avec celle du Casino de Biarritz. Malgré cela, le mouvement d'argent était encore assez important, bien que le nombre des joueurs fût restreint. Pour la plupart, c'étaient des Français, tous enragés clubmen. Il y venait bien un certain nombre d'Anglais, mais ils ne jouaient pas, et la présence de ces types indifférents et compassés donnait une certaine froideur à la réunion.

Une seule note gaie éclairait le tableau : c'était l'entrain communicatif d'un charmant garçon, gentilhomme du pays, que l'on appelait dans l'intimité « le Capitaine ».

Ah! par exemple, celui-là serait parvenu à faire rire un mort! Il avait un entrain irrésistible et une verve incroyable. Les graves fils d'Albion eux-mêmes ne pouvaient garder leur sérieux quand il se mettait à raconter une histoire et il en savait d'abracadabrantes.

Pendant les quelques semaines que j'ai eu le plaisir de

passer en sa société, je ne l'ai jamais entendu se répéter.

Il est vrai de dire que, le Capitaine avait fait plusieurs fois le tour du monde; ce qui alimente joliment une spirituelle mémoire. Il s'était servi de tous les moyens de locomotion, mais l'aérostation était celui qu'il préférait à tous les autres.

Il excellait dans ce genre de sport qui, il faut bien le reconnaître, n'est pas à la portée de tout le monde. Je crois que c'est à cause de cette longue pratique des ballons qu'il manœuvrait avec une grande compétence que ses intimes l'avaient surnommé « le Capitaine ». Et, d'ailleurs, je n'ai pas connu d'aéronautes qui ne soient que simples lieutenants.

Comme bien on pense, je me fis présenter de suite à ce charmant compagnon.

D'une grande affabilité, comme la plupart des méridionaux, il se mit en quatre pour nous faire passer agréablement le temps.

En sa qualité de grand propriétaire du pays, il était un des organisateurs de toutes les fêtes auxquelles nous étions toujours conviés. Jamais cependant, il ne put nous décider à entreprendre une ascension avec lui, bien qu'il possédât un ballon dont il eût été ravi de nous faire les honneurs pour que nous puissions admirer le magnifique panorama de la chaîne des Pyrénées, pendant les splendeurs d'un coucher de soleil.

Je l'aurais volontiers accompagné dans ce petit voyage aérien, mais il n'y eut pas moyen de vaincre les résistances de Véra.

Un soir, pourtant, le Capitaine était parvenu à lui arracher son consentement pour le lendemain. Mais, comme dit le proverbe, « la nuit porte conseil », et, à son réveil, elle me déclara tout net qu'elle ne consentirait jamais, au grand jamais, à mettre le pied dans la nacelle.

Je me rendis en toute hâte chez le joyeux Capitaine pour le prévenir que la partie était manquée, et qu'il était inutile de faire les préparatifs du départ.

Quand je me présentai chez lui, il était déjà, malgré l'heure matinale, en train de faire des poids et des haltères.

Son intérieur était bien celui d'un sportmen enragé. Je crois qu'à part des patins, et encore je ne suis pas sûr qu'il n'en eut pas rapporté de Russie, on voyait chez lui tous les appareils possibles ou imaginables servant aux exercices du corps. Depuis la selle mexicaine jusqu'à l'alpenstock, depuis la périssoire jusqu'à la nacelle de ballon, avec son guide-rope et son ancre, rien ne manquait : c'était un véritable musée sportif.

Le Capitaine, en me faisant les honneurs de son « home » me contait une anecdote à propos de chaque objet qu'il me montrait. Cela aurait pu durer fort longtemps si, en arrivant, je n'avais eu soin de lui dire que le voyage en ballon était remplacé par un déjeuner à la campagne. Force lui fut donc d'abréger la revue commencée ; la politesse lui interdisant de faire attendre une dame.

J'eus, du reste, l'occasion de venir d'autres fois chez lui et d'écouter la suite de ses récits toujours palpitants d'intérêt.

Les amis du Capitaine me racontèrent sur lui des particularités très intéressantes.

Il n'adorait pas seulement les voyages, il les considérait comme une des nécessités de l'existence. Pour un oui, pour un non, il se mettait en route. Il lui était maintes fois arrivé de partir avec une simple couverture de voyage, pour une excursion ne devant durer que quelques heures, et de ne rentrer chez lui que six mois après.

Il mettait la même ardeur méridionale à tout ce qu'il faisait. Aussi fallait-il le voir à la table de baccara. Les billets de banque émigraient par bandes de son portefeuille, et quand le banquier avait une passe, on était sûr que le Capitaine était fortement touché, car il parolisait dans la perte comme dans le gain.

Cette passion du jeu lui causait souvent de grands ennuis et il lui arriva fréquemment d'être obligé de laisser le ballon en gage, pour rentrer à Pau prendre du lest (chercher des fonds). Comme tous les joueurs, du reste, il ne gagnait jamais.

J'ai vu des *Marseillais modestes*, je n'ai jamais vu de joueurs gagnants. Quelques jours de veine annihilés par une heure de ratissage : un cri de triomphe s'achevant dans un sanglot, voilà le destin de celui qui se donne aux cartes et qui se courbe volontairement sous *les palettes caudines* de la croupe.

En même temps qu'on m'avait présenté au Capitaine, j'avais fait la connaissance au Cercle d'un Américain du Sud, très bon musicien qui, dans nos réunions intimes tenait toujours le piano. Je m'aperçus un jour que le Directeur, auquel il devait pas mal d'argent, et qui était inquiet sur sa créance, lui faisait passer une séquence pour le faire rattraper. Ce qui, tout d'abord, avait attiré mon attention à ce sujet c'est que j'avais surpris involontairement un lambeau de conversation entre le Directeur et l'Américain qui, se lamentait tout haut de toujours perdre; le Directeur lui avait répondu :

« Mais parbleu, ce n'est pas surprenant si vous perdez : vous ne faites que *battre* les cartes. Comment voulez-vous qu'après avoir été ainsi suspectées, elles vous soient favorables. »

Ce raisonnement me parut spécieux et la suite confirma mes soupçons. Du reste, c'était avec une simplicité enfantine qu'on passait des séquences au cercle Gassion.

Le Directeur, très ingénieux, avait imaginé de mettre les cartes dans un *sabot* : il y en avait deux qui faisaient la navette toute la nuit. De sorte que, lorsqu'on se mettait en banque, le croupier présentait les jeux dans cette petite boîte, la carte de coupe d'une main et le *sabot* de l'autre. Il avait l'air de vous demander à couper et, de fait, on s'en remettait presque toujours à lui, sans songer à mêler les cartes.

Le Directeur aimait beaucoup les petites boîtes à ce qu'il paraît, car il en avait placé une autre, d'une espèce différente, à côté du croupier sur la table de jeu.

J'y reviendrai tout à l'heure.

Je constatai donc un soir que l'Américain venait, probablement, sans s'en douter de tailler *la Foudroyante !* Je compris alors quelle était la tactique du Directeur car, dans son Cercle, j'avais également vu tailler des séquences par d'autres banquiers. Cette manœuvre, vraiment machiavélique, avait pour résultat de faire passer tous les jetons dans la caisse directoriale.

Voici comment : Dès qu'un joueur était décavé, dès qu'il devait par trop à la caisse, et qu'il n'y avait pas d'autres banquiers, on lui *servait* une séquence pour lui permettre de réduire sa dette à des proportions en rapport avec sa surface. Pendant ce temps le croupier limitait le bénéfice des séquences du banquier en lui étouffant quantité de jetons, à l'aide de la petite boîte de change placée sur la table à cet effet.

Le caissier drainait ainsi tout l'argent des pontes, en se servant d'un complice inconscient, et faisait de plus entrer dans sa caisse une partie de la dette du banquier.

Cette *machine* de guerre d'un nouveau genre consistait en une petite boîte carrée, divisée en quatre compartiments qui contenaient des jetons pour faire le change des plaques à la table de jeu. Quand elle était pleine de grosses plaques, ce qui arrivait souvent, le caissier venait aussitôt la remplacer par une autre, afin que les joueurs ne s'aperçussent pas du miracle de multiplication qui s'accomplissait sous leurs yeux.

Le Directeur faisait ainsi *enfiler* les joueurs, les uns après les autres, et le croupier, son associé, *emmagasinait* des sommes considérables dans cette boîte de change. De sorte qu'en quelques heures tout l'argent de la partie était rentré dans la caisse directoriale ou dans la cagnotte. De cette façon, les compères se trouvaient dispensés d'allouer 25 ou 30 °/₀ à un tailleur de séquences, qui aurait par trop entamé la razzia totale. Conclusion : les complices inconscients sont les moins coûteux et cette inconscience même leur donne une incomparable audace.

Dès qu'on passait une séquence à un banquier, je pontais mes deux coups habituels. Cela ne paraissait pas trop surprenant, car j'avais donné à mon jeu cette marche soudaine que l'on nomme en termes de cercle, les *coups de pistolet*. Je paraissais jouer une espèce de septance; je perdais même exprès quelques coups pour mieux dépister les intéressés de la combinaison, mais il va sans dire que je jouais toujours plus gros jeu sur les deux coups perdants de la séquence. En somme, je ne cherchais qu'un succès modéré, l'expérience m'ayant appris à être prudent.

Malgré toutes mes précautions, un beau jour, on n'en changea pas moins le chiffre de la séquence; plutôt, je crois, pour varier la marche des banques que parce qu'on suspectait ma façon de jouer. Pour les pontes d'alentour, c'était blanc bonnet, bonnet blanc : après **la Foudroyante ! l'Implacable !**

Il va sans dire que je m'aperçus aussitôt de cette nouvelle manœuvre. Je dus néanmoins sacrifier quelques billets de cent francs, afin de laisser croire que j'allais encore ponter de gros coups.

Tout en feignant de pointer la banque, je notais très exactement au passage toutes les cartes dans leur ordre de classement; c'est ainsi que j'obtins le résultat que je reproduis dans le tableau suivant :

AS	de cœur.		DIX	de pique.
DAME	» trèfle.		SIX	» carreau.
AS	» carreau.		VALET	» pique.
ROI	» pique.		DEUX	» cœur.
DIX	» carreau.		CINQ	» pique.
VALET	» trèfle.		SEPT	» carreau.
DIX	» cœur		DIX	» trèfle.
DAME	» pique.		DEUX	» pique.
DEUX	» carreau.		CINQ	» carreau.
TROIS	» trèfle.		ROI	» cœur.
QUATRE	» cœur.		CINQ	» trèfle.
TROIS	» pique.		HUIT	» carreau
TROIS	» carreau.		DAME	» carreau.
TROIS	» cœur.		SIX	» trèfle.
QUATRE	» trèfle.		NEUF	» cœur.
HUIT	» cœur.		VALET	» carreau.
SEPT	» pique.		SIX	» pique.
ROI	» carreau.		HUIT	» trèfle.
SEPT	» trèfle.		SIX	» cœur.
VALET	» cœur.		NEUF	» carreau
CINQ	» cœur.		DEUX	» trèfle.
QUATRE	» pique.		NEUF	» pique.
SEPT	» cœur.		AS	» trèfle.
ROI	» trèfle.		AS	» pique.
DAME	» cœur.		NEUF	» trèfle.
QUATRE	» carreau.		HUIT	» pique.

Ce classement doit être répété deux fois.

Cette séquence est une des plus compliquées ; je parvins cependant assez tôt à en découvrir les dessous, grâce aux études approfondies que j'avais déjà faites sur cette matière.

La principale difficulté de cette séquence, c'est que les tableaux ont plusieurs fois le point de *Cinq* et que, selon la combinaison des cartes qui le forment, on doit tirer ou rester à *Cinq* pour gagner le coup. *Il ne s'agit pas de principe mais d'opportunité.*

Opportunité et inopportunité du tirage à Cinq.

EXEMPLES

Coup préparatoire. — FIGURE A.

1ᵉʳ TABLEAU : 3 de *TRÈFLE* et 3 de *CARREAU* = 6. . . . . = **6**
2ᵉ TABLEAU : 4 de *CŒUR*.. et 3 de *CŒUR*... = 7. . . . . = **7**
BANQUIER : 3 de *PIQUE*.. et 4 de *TRÈFLE*.. = 7. . . . . = **7**

Coup gagnant *pour les deux tableaux*. — TIRAGE À CINQ.

1ᵉʳ TABLEAU : 8.. de *CŒUR*... et 7.... de *TRÈFLE* = 5 + **4** de *PIQUE, au tirage*.. . = **9**
2ᵉ TABLEAU : 7... de *PIQUE*... et *VALET* de *CŒUR*.. = 7 . . . . = **7**
BANQUIER : *ROI* de *CARREAU* et 5.... de *CŒUR*.. = 5 + **3** de *CŒUR, au tirage*.. . = **2**

Coup préparatoire *(non tirage à Cinq)*. — FIGURE B.

1ᵉʳ TABLEAU : 8 de *TRÈFLE*.. et 2. de *TRÈFLE* = 0 + **AS** de *PIQUE*.. *au tirage*.. . = **1**
2ᵉ TABLEAU : 6 de *CŒUR*... et 9. de *PIQUE*.. = 5 . . . . = **5**
BANQUIER : 9 de *CARREAU* et **AS** de *TRÈFLE* = 10 + **9** de *TRÈFLE, au tirage*.. . = **9**

Coup gagnant *pour les deux tableaux*.

1ᵉʳ TABLEAU : 8.... de *PIQUE*.. et **AS**. de *CARREAU* = 9 . . . . = **9**
2ᵉ TABLEAU : **AS**... de *CŒUR*.. et *ROI* de *PIQUE*... = 1 + *VALET* de *TRÈFLE, au tirage* = **1**
BANQUIER : *DAME* de *TRÈFLE* et *DIX* de *CARREAU* = 0 + *DIX*... de *CŒUR*.. *au tirage* = **0**

L'exemple précédent est généralement suivi d'un coup gagnant pour les deux tableaux et lui sert de coup préparatoire. Le second tableau doit tirer à **Cinq**.

Coup gagnant *pour les deux tableaux.* — TIRAGE À **Cinq**, FIGURE **C.**

1ᵉʳ TABLEAU : *DAME* de *PIQUE*... et **4** de *CŒUR*... = 4 + **3** de *CŒUR*.. *au tirage*... = **7**
2ᵉ TABLEAU : **2**... de *CARREAU* et **3** de *PIQUE*... = 5 + **4** de *TRÈFLE*. *au tirage*... = **9**
BANQUIER : **3**... de *TRÈFLE*. et **3** de *CARREAU* = 6........................ = **6**

La figure *C* est souvent suivie d'un coup gagnant pour les deux tableaux. Il se produit par la même combinaison de cartes de la figure *A.* Le ponte doit donc agir comme dans la figure précitée : c'est-à-dire tirer à **Cinq** pour faire **Neuf.**

Coup préparatoire. — FIGURE **D.**

1ᵉʳ TABLEAU : **7**. de *CARREAU* et **5**.. de *CARREAU* = 2 + **8**...de *CARREAU*, *au tirage* = **0**
2ᵉ TABLEAU : **10** de *TRÈFLE*.. et *ROI* de *CŒUR*... = 0 + *DAME* de *CARREAU*, *au tirage* = **0**
BANQUIER : **2**. de *PIQUE*... et **5**... de *TRÈFLE*.. = 7........................ = **7**

Coup gagnant *pour le deuxième tableau.*

1ᵉʳ TABLEAU : **6**..... de *TRÈFLE*.. et **6** de *PIQUE*.. = 2 + **9** de *CARREAU*, *au tirage*.. = **1**
2ᵉ TABLEAU : **9**..... de *CŒUR*... et **8** de *TRÈFLE* = 7........................ = **7**
BANQUIER : *VALET* de *CARREAU* et **6** de *CŒUR*.. = 6........................ = **6**

Mais il convient de ne jouer ce coup qu'avec une extrême prudence car le *séquencier* qui a Six et qui n'ignore pas qu'il y a un **2** *de trèfle* au talon tirerait et ferait Huit. Il est vrai que, par contre, il perdrait alors le coup suivant sur les deux tableaux.

Coup gagnant *pour les deux tableaux.* — FIGURE **E.**

1ᵉʳ TABLEAU : **9**. de *PIQUE*. et **9**. de *TRÈFLE* = 8........................ = **8**
2ᵉ TABLEAU : **AS** de *TRÈFLE* et **8**. de *PIQUE*... = 9........................ = **9**
BANQUIER : **AS** de *PIQUE*. et **AS** de *CŒUR*.. = 2........................ = **2**

Il y a encore d'autres coups gagnants, mais, comme ils n'ont pas de *coup préparatoire*, on ne peut en bénéficier que lorsqu'on connaît assez son sujet.

Il est bien évident que lorsqu'un point de repère, sept par exemple, se trouve composé de la dame de pique et du sept de cœur, cette dame de pique peut être remplacée par une autre dame, un roi, un valet, ou un dix; de même, le sept de cœur peut être remplacé par le sept de pique, de trèfle ou de carreau, c'est-à-dire par n'importe quelle espèce de carte de même valeur. Cette règle s'applique à tous les autres cas. Mais il demeure bien entendu que, pour que le point de repère soit exact, il faut que ni la valeur de l'une ou de l'autre des cartes qui le forme, n'ait été modifiée.

Les exemples précités ne se présentent jamais tous dans la même taille, les uns se produisent au détriment des autres, selon le hasard de la coupe, c'est d'elle aussi que dépend l'ordre de sortie des coups gagnants pour les tableaux.

De telle sorte que les exemples *A* et *C* peuvent se produire dans la même taille, et les exemples *B, D, E* ou *D, C, A* dans une autre : on doit donc s'abstenir de jouer toutes les fois que la combinaison des cartes qui forme le point de repère aura subi un changement quelconque, ce qui peut se produire par la mêle et la coupe qui peuvent également détruire un ou deux de ces coups de gain.

En résumé, cette dernière séquence que je viens de donner *in extenso*, et qui en apparence, semble moins avantageuse pour le banquier, à cause des nombreux coups de gains que j'y ai signalés, pour les tableaux, est au contraire plus terrible pour les pontes que la première. En effet, le banquier ne perdrait qu'une seule fois pendant toute la taille, si les pontes tiraient ou restaient *inopportunément* à *CINQ*.

J'avais donc déchiffré l'énigme de la nouvelle séquence du Casino de Biarritz dont les directeurs s'étaient servis en dernier lieu pour me dérouter dans mes calculs.

L'intimidation ne prenant pas, les dessous de la première séquence ayant été éventés, il fallait en trouver une qui n'eût pas encore été l'objet de mes recherches. On me l'avait servie.

Je jouai alors d'après la combinaison de ce classement que je connaissais désormais aussi bien que l'autre.

Mais comme on alternait entre les deux *engins*, j'étais obligé de prêter la plus minutieuse attention pour reconnaître quelle était la séquence en cours. Quand c'était l'ancienne, comme les coups de gain n'y dépendent pas du tirage ou du non tirage à *Cinq*, ça allait tout seul.

Mais pour la nouvelle, c'était tout autre chose. Pour toujours profiter des coups de gain, il aurait fallu que j'aie constamment la main au moment où le point de *CINQ* se présentait aux tableaux.

Quant à conseiller à mes voisins de tirer ou de ne pas tirer selon le cas, je l'avais essayé plusieurs fois avec le capitaine F......, mais lui qui ne connaissait que les *principes*, m'avait bien vite déclaré qu'il ne fallait jamais tirer ou toujours tirer à *CINQ*, et du moment que je n'avais pas une règle immuable, je ne connaissais absolument rien au jeu de baccara. Il était donc plutôt disposé à donner des conseils qu'à en recevoir. Par suite, ce n'était que lorsqu'on avait tiré ou qu'on était resté à *CINQ*, au moment *opportun*, que je pouvais ponter les coups de gain, au tirage dont je viens de parler.

Mais quand le point de *CINQ* se présentait à ma main, ces coups de gain ne pouvaient m'échapper et la combinaison directoriale me maudissait d'autant plus que les pontes profitaient comme moi de l'infaillibilité de mes calculs.

Malgré sa grande habileté, le croupier ne parvenait pas toujours à *étouffer* la presque totalité du gain des tailleurs de séquences. Le grec officieux, qui fait toujours partie de *l'état-major* d'un cercle ou d'un casino, entrait alors en scène.

A n'importe quelle enchère, on lui adjugeait une banque, on lui *servait* des cartes préparées et il reprenait ainsi tout l'argent que les autres joueurs avaient *gagné* dans les séquences qu'ils avaient inconsciemment taillées.

En un mot il centralisait les jetons que le croupier n'était pas parvenu à faire passer dans la cagnotte des Danaïdes ou dans la *perfide petite boîte*.

Un jour que le grec de renfort taillait la nouvelle séquence, il crut faire un coup de maître qui tourna à sa confusion.

En effet, comme j'avais joué assez cher le coup où le second tableau a Sept par **9** et **8** comme dans l'exemple cité plus haut, figure D, le grec qui avait déjà plusieurs fois perdu contre moi le même coup avec Six, et qui avait remarqué qu'il y avait un *DEUX* au talon, tira pour faire Huit.

Mais il ignorait que son avidité allait lui faire perdre le coup suivant sur les deux tableaux.

Moi qui savais à quoi m'en tenir sur les conséquences de ce faux tirage, *je jouai à cheval* le double de ma mise précédente, avec la seule crainte qu'il *brûlât* la taille. Mais lui, qui n'en connaissait certainement pas les suites, donna les cartes avec la plus grande assurance. Aussi n'en crut-il pas ses yeux lorsqu'il vit que les pontes abattaient *HUIT à droite* et *NEUF à gauche.*

« Mais..... Mais..... balbutiait-il. »

Il discutait, le lâche!...

Je le vois encore, ce grec de la maison : c'était un grand gaillard, très brun, qui avait un de ces accents qui sentent leur ville de Béziers à plusieurs lieues à la ronde. Il avait nom Canossa; c'était, m'a-t-on dit, un repris de justice, ancien bonneteur et pick-pocket; naturellement, à cause de tant de titres, il devait finir par diriger un *cercle fermé.*

Il avait l'aplomb de se faire passer pour capitaine d'artillerie attaché au Ministère de la guerre.

Son instruction des plus nulles le condamnait à se taire ; craignant de faire des cuirs en parlant, il ouvrait la bouche moins souvent que la cagnotte, et déshonorait par son mutisme l'exhubérance de l'Hérault.

Forcé de répondre, le peu qu'il dit alors fit pouffer tout le monde et voici comment :

Le joyeux capitaine F... qui, nous le savons, avait la langue bien pendue, était agacé de voir dans le Cercle cette espèce de paysan que l'on appelait aussi le Capitaine. D'un autre côté, je crois qu'il avait des doutes sur la façon plus ou moins régulière dont le soi-disant officier d'artillerie jouait au baccara. Toujours est-il qu'il le voyait d'un mauvais œil et qu'il ne manquait pas de lui décocher des traits piquants, quand l'occasion se présentait.

Un soir que nous nous trouvions réunis dans les salons du Cercle, en attendant le commencement de la partie, Canossa vint voir si le moment d'utiliser ses *loyaux services* n'était pas arrivé. A peine le capitaine F... le vit-il paraître qu'il l'interpella sur le ton goguenard qui lui était habituel :

« Tiens, justement, Capitaine, vous arrivez à propos pour nous tirer d'embarras. Nous sommes là depuis quelques instants à parler guerre avec ces messieurs et à discuter la plus ou moins complète préparation de notre armée. Vous qui êtes au Ministère de la guerre (et en disant cela, il clignait de l'œil d'un air malin), parlez-nous un peu de la mobilisation. Vous rassurerez certains d'entre nous que je trouve trop pessimistes. »

En recevant ce coup droit, Canossa interdit resta un instant la bouche ouverte, nous regardant les uns après les autres avec stupéfaction.

Enfin, comprenant qu'à tout prix, pour sauver la situation, il fallait bien qu'il répondît quelque chose, il nous lança cette phrase aussi creuse qu'extravagante et dont l'accent bitterois soulignait encore l'incommensurable sottise :

« *Oh! la mobilisation, j'en fais mon affaire!* »

Puis il pivota sur les talons et disparut pour éviter

d'avoir à en dire davantage, comme s'il n'en avait pas dit assez !

Quand il fut parti, un fou rire s'empara de toute l'assistance et le capitaine F... prenant des poses tragi-comiques nous disait, en enflant la voix :

« Eh bien! Messieurs, vous êtes satisfaits, maintenant hein? Nous n'avons plus rien à craindre pour la défense nationale. La mobilisation?... Le *Capitaine* Canossa en fait son affaire ! »

Ah! la phrase n'était pas tombée dans l'oreille d'un sourd, et, à chaque occasion, le capitaine F... éternisant cette bourde, disait avec une grosse voix :

« Oh! ça j'en fais mon affaire ! »

Nous nous amusâmes longtemps de cette réponse qu'on mit par la suite à toutes les sauces. Ajoutez à cela que le capitaine Canossa me demanda un jour très sérieusement, à la table de jeu, « si la Hollande était en France ». Cela fit le pendant de « la mobilisation, j'en fais mon affaire! »

Au Cercle de l'hôtel Gassion, il y avait encore un grec *libre* que j'allais oublier de présenter à mes lecteurs.

Il ne s'agit pas ici d'un grec vulgaire, ou même d'un joueur douteux, mais bien d'un gentilhomme de vieille roche, et un Parisien des plus assidus de cette station hivernale, où il se rendait tous les ans avec ses superbes équipages et toute sa livrée.

Sa réputation d'honorabilité était proverbiale, auprès de tout le monde il passait pour être absolument intransigeant, sur tout ce qui pouvait même friser l'incorrection de quelque nature qu'elle fût.

D'un caractère très violent, il était redouté des directeurs de cercles et de casinos qui, le croyant impeccable et le sachant très clairvoyant, se gênaient pour passer des séquences devant lui, craignant qu'il ne provoquât un retentissant scandale.

Eh bien! ce gentilhomme *si correct*, membre de tous les grands clubs, venait, lorsqu'il n'y avait pas de partie au Cercle de l'Union, se livrer au Gassion au petit *travail* de prestidigitation que voici :

Ce clubman ne faisait que tailler des banques, sans jamais jouer à la ponte, quand il avait *baccara* par deux **5**, il plaçait adroitement son pouce au milieu d'un de ces deux **5** pour lui donner l'apparence d'un **4** et, d'une voix forte, il annonçait Neuf et jetait vivement ses cartes au panier. Avait-il *BACCARA* par **7** et **3** il procédait de même, soit sur le **7** soit sur le **3**. Pour les autres combinaisons de cartes il avait recours au même substerfuge et il ne venait à personne l'idée de contrôler l'annonce de son point : jamais, du reste, on n'aurait osé mettre sa parole en doute.

J'avoue que, dès sa première visite au Cercle, je vis parfaitement le stratagème qu'il employait. Ce fut sur un coup de 100 louis que j'avais ponté contre lui, que je constatai la fraude ; il avait *baccara* par une *figure* et *UN DIX*, et il annonça Neuf en montrant ostensiblement la figure et ne fit voir que la marge du *DIX*, pour que l'on crût à un *NEUF*.

Quoique parfaitement fixé sur l'habile supercherie qu'il venait d'employer, je lui laissai néanmoins ramasser mes 100 louis sans sourciller. Je déclare qu'il ne sourcilla pas davantage.

J'avais déjà assisté à tant de défaillances, que je ne me sentais plus la force de m'étonner. Un grec de plus ou de moins, armorié ou non, c'était une goutte de plus à la pluie, une lame de plus dans la tempête, un poisson de plus dans l'océan.

Seulement dans l'espèce, la tricherie au nom de l'impeccable honneur prenait des proportions dont toute l'antique Grèce aurait frémi.

C'est presque par admiration de cet aristocratique cynisme que je gardai le calme des fatalistes orientaux. Avec ce gentilhomme, on devait perdre : c'était écrit.

Du reste, le joueur n'a généralement qu'un seul objectif, celui de triompher. Pour atteindre ce but, tous les moyens lui sont bons; sa conscience prend chaque jour une plus étonnante élasticité, sa probité s'effrite comme un vieux mur et, de concession en concession, de défaillance en défaillance, il arrive insensiblement à l'écroulement final.

Dans cet Olympe, Dieu seul est Dieu, et Bénuzet est son prophète.

J'ai eu souvent l'occasion de rencontrer ce gentilhomme aigrefin dans plusieurs grands cercles, mais bien entendu je me suis toujours abstenu de ponter contre lui; je me contentais de sourire de son incomparable audace.

Eh bien! le croirait-on? Pendant plus de vingt ans, ce gentleman a dénaturé son point à son avantage, et ce ne fut que par le plus grand des hasards qu'il fut pris en flagrant délit. Ah dame! tant va la cruche à l'eau...

La saison d'hiver s'écoula lentement dans cette charmante ville de Pau, et, dans la seconde quinzaine d'avril, nous partîmes avec regret pour Paris, où nous avions décidé de nous installer définitivement.

Le champ de mes observations s'était encore élargi : je ne venais plus, en effet, de ces villes d'eaux où le seul remède thérapeutique consiste à tourner le roi et ne profite qu'aux maladies chroniques des tempéraments *grecs*. Je venais d'un pays où l'aristocratie française et anglaise vont passer la saison d'hiver, indifférentes dans leurs mœurs hautaines, au rastaquouérisme niçois.

Et là j'avais vu, non pas seulement les croupiers réunis comme un vol de corbeaux pour dévaliser la clientèle accourue, spectacle qui ne m'était pas inconnu, mais l'emploi de gentilhommes conscients et inconscients pour achever l'hécatombe.

J'avais vu le dépouillement de la foule et, après, celui du complice qui n'avait que l'éphémère illusion du gain et *crachait* à son tour.

Il ne me restait plus qu'à me souvenir d'un vers, que j'ai tant de fois écrit dans les pensums de jadis, et de m'écrier avec Polyeucte :

> Je sais, je crois, je vois, je suis désabusé!

CHAPITRE X

Mon premier séjour à Paris.

En arrivant à Paris, je me mis en quête d'une installation en rapport avec mon train de maison.

Je trouvai bientôt un charmant petit hôtel à Neuilly que je fis assez coquettement installer et dont je pus prendre possession un mois après.

Les soirs où nous ne sortions pas, nous recevions des amis et les personnes avec lesquelles nous nous étions liés pendant nos derniers voyages.

Le baron de F....., un de nos familiers m'invita à dîner à son club et m'offrit de m'y présenter. J'acceptai avec plaisir son invitation.

Son cercle était le *Hunting*, situé boulevard Montmartre.

Il était charmant ce petit club, et assez bien composé ; presque un cercle fermé.

Il avait été fondé quelque temps avant la guerre par le comte de Dampierre, tué en 1870, à la tête de ses mobiles, lors de la prise du Bourget, et était à ce moment-là présidé par le général baron de Juniac, un brave, lui aussi.

Les membres de ce cercle étaient pour la plupart des gens de bourse ou des sportsman.

Je fus enchanté de faire partie du *Hunting*, car, par un privilège qui pouvait m'être utile plus tard, ce club correspondait avec presque tous les grands cercles d'Europe, c'est-à-dire que ses membres avaient droit à une invitation temporaire, au Saint-James, à Londres; au Wiener club, à Vienne; au Cercle Royal, à Pesth; au Véloce club, à Madrid; au Cercle de la Noblesse, à Pétersbourg; à la Chiassa, à Rome; à la Concorde, à Anvers, etc. En France enfin, ses membres jouissaient du même avantage, dans les principaux grands cercles de province.

Il y avait bien un gérant qui administrait le *Hunting*, mais je dois avouer qu'il ne ressemblait en rien à ceux que j'avais rencontrés jusqu'alors.

Bon vivant et gai compagnon, il donnait souvent de grandes fêtes avec des petites femmes, aux blanches quenottes qui lui croquaient gentiment tout ce que les croupiers ne parvenaient pas à lui *étouffer*. Ce n'était donc pas du tout le gérant détrousseur que l'on trouve dans les casinos de villes d'eaux. Certainement il devait ignorer les secrets de l'étouffage et de la philosophie, puisqu'il en était la première victime.

Particularité curieuse, au *Hunting*, la table de jeu avait une disposition spéciale; elle avait la forme d'un rectangle, les joueurs étaient tous d'un côté de la table faisant face au banquier qui, lui, se trouvait de l'autre côté, flanqué de deux croupiers!!!

Pauvres banquiers! les croupiers leur en faisaient voir de grises! C'est le cas de dire qu'ils leur brûlaient la chandelle par les deux bouts. N'ayant pas de pontes à côté d'eux, ils pouvaient *étouffer* plus à l'aise, et je vous laisse à penser s'ils s'en privaient.

Je n'ai, par la suite, jamais rien vu de pareil. Le personnel du Cercle comprenait enfin un caissier dont je garderai toujours le plus mauvais souvenir et, pour que cet homme domine ainsi les événements qui sont restés gravés dans ma mémoire, il faut bien que ce soit ce qu'on appelle dans les cirques « un numéro de vedette ». Ce caissier était, paraît-il, entré au *Hunting* pauvre comme Job, et peu de temps après se trouvait à la tête de plusieurs centaines de mille francs.

Il était donc arrivé à Paris en *sabots*, mais avec ceux où les séquences sont si bien encadrées. Ah! il pouvait se dire sans..... Rival.

Tout son argent, lorsqu'il entra au cercle, consistait en une simple caisse de jetons qui représentaient bien une grosse somme, mais d'une manière fictive; il ne tenait qu'à lui, du reste, d'en augmenter le chiffre à son gré, en triplant ou en quadruplant la valeur conventionnelle qu'il avait donné à ses morceaux de nacre.

Ce caissier avait une mine patibulaire; je le revois encore comme s'il était devant mes yeux. C'était un type que je ne saurais mieux comparer qu'à celui de Rodin, l'honnête homme du *Juif Errant*. Quand il parlait, son ton pleurard énervait tout le monde. Il est bon de dire que cet affreux bonhomme était un ancien maître des cérémonies de l'administration des Pompes funèbres. Aussi, quand il annonçait que la banque était adjugée à monsieur X., ou à monsieur Y., prenant le ton de son ancien métier chez Vatlard, on croyait l'entendre s'écrier :

« Messieurs et Mesdames de la famille, quand il vous plaira! »

Ne présidait-il pas, là aussi, à l'ensevelissement des joueurs? Ce qu'il y avait de plus étonnant, c'est qu'avec ses goûts de modestie apparents, l'enterrement était toujours de première classe.

Ce juif de tempérament et de religion amassa, ou pour mieux dire vola une fortune pendant le temps qu'il passa au *Hunting*.

Eh bien! malgré les énormes bénéfices qu'il réalisait au Cercle, il s'arrangeait toujours de façon à ne pas escompter les jetons. Lorsqu'on lui en demandait le change en espèces; il vous donnait un bon de caisse.

Par cette manœuvre, il obligeait les joueurs à revenir le lendemain, afin de faire prendre par ses croupiers les jetons qu'il n'était pas parvenu à leur faire *étouffer* la veille; de cette façon, il n'avait plus à les rembourser. Il s'appliquait à vérifier l'exactitude de l'aphorisme bien connu : on laisse de l'argent dans les cercles, on n'en emporte pas.

Les caissiers s'évertuent à faire prendre par les croupiers tout ce qui passe sur la table de jeu, et n'ont plus ensuite qu'à attendre le remboursement en espèces des jetons qu'ils ont prêtés, sans avoir jamais à sortir un centime de leur coffre.

Le jeton est un billet de banque payable à la caisse, mais le guichet se trouvant derrière la table de jeu, les *étouffages* perpétuels suppriment les erreurs de change. En un mot, le joueur est considéré comme un citron, dont la croupe s'applique à extraire le jus. Il n'y a donc rien de plus simple, au point de vue des fonds, que de tenir la caisse d'un cercle; il suffit au caissier de monétiser les jetons qu'il se procure pour quelques centaines de francs.

Ces gens qui ont tant de privilèges, ont encore celui de pouvoir *battre monnaie!*

À ce sujet, je me souviens de l'histoire que l'on m'a racontée à propos d'un autre caissier juif.

Depuis que le monde est monde, c'est encore autour des cagnottes que l'on fait les meilleures *bédides* affaires, vous vous expliquerez donc la présence si fréquente des juifs dans le personnel des cercles. Celui-là prétendait avoir des *montagnes* de billets de mille ! En arrivant dans une station des Pyrénées, où il avait affermé un casino, notre homme avisa deux ouvriers occupés à poser des tentures et leur demanda si, le soir, ils voudraient bien venir monter la garde dans une chambre voisine de celle qu'il allait occuper. Il avait, disait-il d'un air mystérieux, 800.000 fr. dans sa malle !

On sut plus tard que ce soi-disant trésor n'était autre qu'une boîte de jetons représentant (fictivement bien entendu), 500.000 francs; il y avait également un petit recueil de séquences qu'il estimait probablement à 300.000 francs, ce qui, pour notre juif, formait bien les 800.000 francs annoncés. En toute justice, l'évaluation était encore modeste, si l'on songe à l'incomparable fécondité de la séquence et au rapport prodigieux du maniement des jetons.

Il paraît que ce caissier, qui avait besoin de deux hommes pour veiller sur de simples morceaux de nacre et un petit calepin, ne se contenta pas du modeste coffre-fort qui se trouvait au Casino pour y placer son trésor..... Il fit venir de chez Fichet, en grande vitesse, le plus grand modèle connu : l'armoire-coffre à deux portes, où trois hommes peuvent tenir debout à l'aise, et il y enferma ses précieux talismans. A voir les dimensions exagérées du contenant, les joueurs pouvaient croire que le stock de la Banque de France venait faire une saison de ville d'eaux.

Bon nombre de caissiers, aujourd'hui archimillionnaires, ont débuté ainsi.

Comment en un or pur l'ivoire est-il changé ?

Mais revenons au *Hunting*.

J'y voyais assez souvent deux membres, amis inséparables, qui étaient, je le sus plus tard, les deux brebis galeuses du Cercle. L'un était un Portugais, l'autre, grand gaillard, fort comme un hercule, était un ancien commissionnaire en bestiaux du marché de la Villette.

Au *Hunting*, on ne taillait comme séquence que les deux premières banques et les mêmes cartes servaient souvent toute la soirée. C'était toujours le Portugais ou son ami Armand qui les détaillaient. Sur ces banques là, le pauvre gérant, ignorant sans doute le stratagème du caissier, prenait en général une petite culotte, car il était toujours le premier à s'asseoir au jeu pour hâter le début de sa partie.

C'était un prix Monthyon égaré parmi des maîtres d'armes.

Après cette taille, les deux amis s'abstenaient de jouer : ils se faisaient servir à souper dans la salle de jeu, prêts à recommencer la partie, si l'on taillait un *chemin de fer*.

La plupart du temps, en effet, lorsque les joueurs étaient moins nombreux et que la partie commençait à faiblir, le caissier croquemort annonçait d'une voix sépulcrale que l'on allait faire un *tournant*. Il apportait aussitôt une petite boîte contenant six jeux de cartes décachetés et, disait-il, déjà battus. C'était *l'engin* destructeur par excellence, ce que les joueurs appellent en argot de cercle un *saucisson*.

Oh! alors le Portugais et l'ancien marchand de bestiaux rentraient en scène; ils prenaient la main, et ne la passaient qu'à bon escient; lorsque le coup allait être perdant. Ils faisaient alors le banco au joueur qui prenait la suite!

Ce petit manège attira bientôt mon attention et, faisant ce que j'avais déjà fait dans le temps pour les séquences des banquiers, je notai sur mon calepin l'ordre dans lequel les cartes se présentaient au *chemin de fer*.

Cet ordre me donna la séquence suivante :

AS	de carreau.		NEUF	de carreau.
DEUX	» trèfle.		HUIT	» trèfle.
ROI	» pique.		DAME	» pique.
DIX	» cœur.		DEUX	» carreau.
VALET	» trèfle.		SIX	» trèfle.
DAME	» carreau.		AS	» cœur.
TROIS	» pique.		ROI	» carreau.
QUATRE	» cœur.		SIX	» pique.
VALET	» carreau.		DAME	» trèfle.
SIX	» trèfle.		TROIS	» pique.
AS	» pique.		SEPT	» trèfle.
CINQ	» cœur.		CINQ	» carreau.
NEUF	» trèfle.		VALET	» cœur.
SEPT	» cœur.		DIX	» trèfle.
HUIT	» trèfle.		ROI	» cœur.
SEPT	» carreau.		SIX	» carreau.
QUATRE	» pique.		DAME	» pique.
SIX	» cœur.		SEPT	» pique.
ROI	» carreau.		AS	» cœur.
DIX	» pique.		TROIS	» carreau.
DAME	» cœur.		SIX	» carreau
DEUX	» trèfle.		HUIT	» trèfle.
TROIS	» cœur.		DEUX	» carreau.
CINQ	» pique.		QUATRE	» cœur.
CINQ	» trèfle.		AS	» pique.
QUATRE	» carreau.		VALET	» cœur.
QUATRE	» trèfle.		DIX	» carreau.
NEUF	» pique.		SEPT	» cœur.
DEUX	» cœur.		SIX	» carreau.
AS	» trèfle.		CINQ	» trèfle.
HUIT	» pique.		CINQ	» pique.
ROI	» cœur.		HUIT	» carreau.
TROIS	» trèfle.		DEUX	» trèfle.
NEUF	» cœur.		TROIS	» cœur.
VALET	» carreau.		HUIT	» pique.
SEPT	» pique.		DAME	» carreau.
ROI	» trèfle.		ROI	» trèfle.
HUIT	» cœur.		NEUF	» carreau.
VALET	» trèfle.		QUATRE	» trèfle.

SEPT	de carreau.		TROIS	de trèfle.
VALET	» trèfle.		QUATRE	» carreau.
QUATRE	» pique.		TROIS	» pique.
DAME	» cœur.		TROIS	» cœur.
SIX	» pique.		DAME	» cœur.
SEPT	» trèfle.		CINQ	» carreau.
DIX	» cœur.		DIX	» pique.
AS	» trèfle.		AS	» carreau.
DEUX	» pique.		ROI	» trèfle.
NEUF	» trèfle.		NEUF	» cœur.
NEUF	» pique.		DAME	» carreau.
TROIS	» carreau.		DEUX	» pique.
CINQ	» cœur.		VALET	» cœur.
QUATRE	» carreau.		AS	» cœur.
DIX	» pique.		AS	» pique.
VALET	» pique.		ROI	» carreau.
CINQ	» carreau.		QUATRE	» cœur.
HUIT	» cœur.		NEUF	» carreau.
NEUF	» trèfle.		HUIT	» pique.
TROIS	» carreau.		SEPT	» cœur.
AS	» trèfle.		HUIT	» carreau.
VALET	» pique.		DAME	» pique.
DEUX	» cœur.		DEUX	» cœur.
DAME	» trèfle.		SIX	» trèfle.
VALET	» carreau.		SIX	» pique.
DIX	» trèfle.		DIX	» cœur.
AS	» carreau.		CINQ	» trèfle.
ROI	» pique.		HUIT	» cœur.
DEUX	» carreau.		ROI	» pique.
QUATRE	» pique.		SEPT	» pique.
DIX	» carreau.		DIX	» trèfle.
DEUX	» pique.		NEUF	» pique.
SEPT	» trèfle.		QUATRE	» trèfle.
TROIS	» trèfle.		CINQ	» cœur.
ROI	» cœur.		SEPT	» carreau.
DIX	» carreau.		SIX	» cœur.
CINQ	» pique.		HUIT	» carreau.
DAME	» trèfle.		NEUF	» carreau.
SIX	» cœur.		VALET	» pique.

Dans les expériences que je fis chez moi, j'en découvris bientôt la marche ; j'avais donc pénétré ce nouveau mystère.

Je constatai, en effet, que le coup, une fois consommé, que l'on ait tiré ou non, *si la dernière carte détachée du talon était un* **pique,** le coup suivant était invariablement *gagné par le ponte.* Lorsque, au contraire, la dernière carte sortie, que l'on ait tiré ou non, était un **trèfle,** un **cœur** ou un **carreau,** le coup suivant était toujours *gagné par le banquier.*

Cette clef peut être changée à volonté et c'est ce que les directeurs de casinos ne manqueraient pas de faire, s'ils voyaient des personnes étrangères à leur combinaison jouer d'après ce point de repère. Mais alors ils substitueraient à la clef de **pique** celle de cœur, carreau ou trèfle. C'est-à-dire qu'au lieu que le coup perdant du banquier (comme dans l'exemple ci-dessus) se produise après la sortie d'un **pique,** il se produirait après la sortie d'un *cœur,* d'un *carreau,* ou d'un *trèfle,* selon que l'on aurait adopté une de ces trois catégories de cartes.

Mais au bout de deux ou trois coups de donne en regardant bien attentivement, il est assez facile de savoir quelle est la clef adoptée.

Cette séquence présentée ici avec **trois jeux de cinquante-deux cartes, indispensables pour sa composition,** peut être additionnée au choix de trois ou six jeux classés dans le même ordre.

Malgré cela, quoique très satisfait de ma nouvelle découverte, je ne la mis pas à profit, car on ne taillait le *chemin de fer* qu'en petit comité et les petits joueurs seuls y prenaient part.

D'un autre côté, si le Portugais et son ami m'avaient vu jouer d'après la clef de leur séquence ils auraient pu s'apercevoir que je n'étais pas aussi naïf qu'ils le pensaient. Du reste, je ne jouais jamais sur leurs premières banques, d'abord parce que je ne venais que très tard au Cercle, au seul moment de la grosse partie et, ensuite, lorsque par hasard j'étais présent, elles étaient de trop peu d'importance pour pouvoir m'intéresser.

Comme dans le cours de la soirée, on ne changeait que très rarement les cartes, je me contentais de retenir quelques coups de gain, pour la ponte, au moment où l'on jetait au panier les cartes d'un coup consommé.

Cependant j'étais tout particulièrement visé par les deux inséparables. Après plusieurs vaines tentatives ils réussirent un jour à me faire accepter une invitation à dîner chez une vieille garde habitant rue Tronchet.

J'avoue que je n'eus pas à me repentir de cette invitation, acceptée je ne sais trop pourquoi. Cela me donna l'occasion d'assister à quelques scènes de la vie parisienne dont le souvenir est encore bien vivant dans mon esprit. Pour les dépeindre il me faudrait la plume de Scarron, l'inoubliable auteur du *Roman comique*.

Lorsque je pénétrai dans le luxueux appartement de la demi-mondaine, je crus tout d'abord m'être trompé d'étage et j'allais me retirer en m'excusant, quand le Portugais se précipita vers moi pour me conduire près de la maîtresse de la maison et me présenter. J'avais peine à reconnaître mon homme, tant il était chamarré de décorations, toutes plus exotiques les unes que les autres. Ce n'était pas un convive, c'était une vitrine du Palais-Royal.

En voyant mon air surpris, il me dit de ne pas faire attention au côté un peu carnavalesque de la réunion. Comme il y avait là de vrais mandarins, ils avaient voulu, lui et quelques amis, se mettre à l'unisson, comme costumes fantaisistes, pour éblouir deux jeunes et belles Anglaises qui se trouvaient parmi les invités et aussi pour ne pas rester au-dessous du Céleste empire.

Mais, ajouta-t-il, je compte sur votre discrétion.

A son tour, la maîtresse de la maison me présenta aux divers convives. D'abord, aux quatre Chinois qui étaient accompagnés d'un superbe nègre, couvert de bagues, de brillants et de bracelets, lequel leur servait d'interprète ; ensuite, à deux personnages à qui l'on devait la présence des mandarins. C'étaient deux Polonais, dont l'un, ancien aide de camp du général Skobeleff, avait revêtu un magnifique uniforme de cosaque du Don. L'autre était costumé en magnat. Quant à l'ancien marchand de bestiaux de la Villette, il était en *Colonel grec*. Se figurant sans doute que sa profession lui en conférait le droit.

Il y avait aussi trois ou quatre autres invités revêtus de costumes plus ou moins originaux, et de très jolies femmes dont le décolletage, assez exagéré, devait commencer la conquête des invités.

Je crus d'abord que les Chinois, eux aussi, faisaient partie de la mascarade, car tout ce monde me paraissait avoir dévalisé en chœur les costumiers du passage de l'Opéra.

Cependant, par la suite, je vis bien que les Chinois

étaient de vrais mandarins. J'ai même appris depuis
que l'un d'eux était le gouverneur d'une grande province chinoise : le Pet-Chili, je crois.

Ils avaient été envoyés en Europe par leur empereur,
pour faire en Angleterre et en France des achats très
importants de machines et de bateaux à vapeur, destinés
à l'arsenal de Fou-Tchéou alors en formation.

Quant à leur secrétaire, c'était un mulâtre de l'île
Maurice que le gouvernement britannique avait mis à leur
disposition pour mieux les surveiller et sauvegarder les
intérêts de la perfide Albion.

Peu de temps après mon arrivée, un maître d'hôtel
annonça que madame était servie. Aussitôt le cortège
gagna cérémonieusement la salle à manger et chacun prit
la place qui lui était assignée.

Les Chinois et moi étions les mieux placés ; on nous
avait mis entre deux des plus jolies femmes dont l'ado-
rable sourire ne semblait pas troublé par la crainte d'un
lapin. Malgré ce brillant apparat, de singuliers soupçons
m'envahissaient, et, sous tant de fleurs, je flairais un
guet-apens.

Le dîner fut des plus gais : il y régna même un laisser-
aller qui contrastait singulièrement avec les costumes
officiels dont tout ce monde s'était paré, et le bout de
l'oreille perçait d'une telle façon que les Chinois seuls
pouvaient rester sans inquiétude.

Le champagne aidant, ces messieurs sortaient inconsciemment de leur rôle ; après s'être appelés : monsieur
le colonel, votre Excellence ou monsieur le chancelier, il
leur arrivait quelquefois de se tutoyer, en s'appelant par

leurs prénoms. Heureusement que l'introducteur des ambassadeurs n'était pas de la partie.

Comme on le voit, pour des gens aussi haut placés, ils manquaient absolument de correction.

Ces pauvres mandarins eux-mêmes, que l'on poussait à boire, sortaient de leur calme tout oriental, et avant le rôti, on embrassait déjà ses voisines : c'est assez dire que les femmes ne se tenaient pas mieux que les autres invités : on se serait plutôt cru au réveillon du théâtre du Palais-Royal.

En sortant de table, la gaieté régnait en souveraine et ce ne fut que pour ménager une transition que l'on se mit à danser.

Comme les Chinois ne semblaient pas prendre un grand intérêt à nos danses européennes, on ne prolongea pas, ce genre de divertissement. Dans l'intérêt de la situation, ce fut préférable, car le *Colonel de la Villette* qui faisait vis-à-vis au *Capitaine de cosaques*, avait déjà esquissé un de ces pas *fin de siècle* fort en honneur au Moulin-Rouge et, malgré leur ignorance de nos coutumes, je suis persuadé que cette chorégraphie de barrière eût paru étrange aux délégués du Fils du Ciel.

Pour rentrer dans une voie plus *digne*, le Portugais s'empressa de proposer *un petit bac*.

Cette proposition me donna immédiatement la clef de l'énigme ; je vis bien qu'il ne s'agissait pas d'éblouir les deux jolies Anglaises, mais que la partie qui s'annonçait était le seul mobile de la réunion.

Du reste, dans l'un des salons, je remarquai une table

démesurément longue pour la pièce et ne convenant pas
à cet endroit.

J'en conclus que c'était l'instrument du supplice, installé avec une évidente préméditation.

Pour faire comme tout le monde, je pris néanmoins
place à l'autel consacré aux divinités grecques; mais pour
bien marquer mon intention de ne pas jouer sérieusement, j'annonçai à haute voix que, ne prévoyant pas qu'on
allait cartonner, je n'avais sur moi que les quelques billets
de cent francs que je mettais sur la table.

En jetant autour de moi un regard indifférent en apparence, je remarquai que le Portugais, son ami le *Colonel*
hellénique, les deux Polonais et deux ou trois autres invités, s'étaient groupés comme le bataillon sacré de la
dévalisation.

Les Chinois et moi nous restions isolés avec quelques
femmes de l'autre côté de la table, et je ne pouvais mieux
comparer nos positions qu'à celles d'adversaires sur le
point de se livrer bataille; la variété des costumes se
prêtait encore à l'illusion de deux corps d'armée ennemis.

Cela ne fit qu'accroître mes soupçons qui se changèrent
bientôt en certitude en voyant la maîtresse de maison
tirer d'un bahut six jeux de cartes environ, déjà décachetés. C'était *l'artillerie du Colonel grec* qui allait entrer
en ligne !

Elle annonça qu'on allait tailler un petit *chemin de fer*.

Sans qu'on ait eu le temps de dire un mot, ou même
de faire un geste, le Portugais se précipita sur les cartes,
les fit couper par son voisin, et s'écria :

« Allons, messieurs, faites vos jeux, je tiens le coup. »

A la passe qu'il eut et à la façon dont il dit je laisse la main, après avoir donné un **pique** je fus tout à fait édifié, en reconnaissant la séquence dont il se servait au Cercle.

Le malheureux, il la portait en ville!

Dans mon for intérieur, je riais bien du mal que la bande se donnait pour me prendre dans ses filets.

D'un autre côté, les Chinois, quoique portant un grand intérêt à la partie, ne s'y engagèrent pas; leur interprète n'ayant pu parvenir à leur expliquer la marche du jeu. Pour payer mon écot de ce dîner qui, entre parenthèses, avait été succulent, je sacrifiai les 30 louis que j'avais devant moi, en les pontant, c'est-à-dire en les leur laissant gagner en quatre coups. Puis, comme j'avais à mon côté une très jolie femme, je lui consacrai tout mon temps.

Le Portugais et ses amis jouèrent quand même encore quelques minutes entre eux, mais sans conviction.

Si le dîner avait été très gai, en somme, la partie fut lugubre et se termina à peine commencée.

Il n'était pas encore minuit que tout le monde prenait congé.

Je m'empressai d'offrir à ma voisine de l'accompagner; elle accepta sans se faire trop prier.

Le lendemain, j'appris que cette petite fête avait eu, au dehors, un épilogue tragi-comique.

Les Chinois habitaient sur le boulevard à l'hôtel de Bade, autant qu'il m'en souvienne. En sortant de chez la demi-mondaine, comme il était encore de bonne heure et qu'il faisait un temps superbe, — c'était aux premiers jours de juin — ils résolurent de rentrer à pied pour prendre

l'air. La vue de toutes ces dégrafées et le champagne
aidant leur avait sans doute fait monter le sang à la tête.
Lorsqu'ils arrivèrent devant le restaurant Bignon, situé à
cette époque au coin de la Chaussée-d'Antin, un maître
d'hôtel, qui se trouvait sur le pas de la porte, se précipita vers eux et, saisissant par sa longue natte le premier
Chinois qui lui tomba sous la main, appela un sergent
de ville. La scène fut alors indescriptible. Les promeneurs, encore très nombreux faisaient cercle autour de
ces pauvres Chinois qui poussaient des exclamations
incompréhensibles pour tous. Le maître d'hôtel tirant vigoureusement la natte d'un de ces malheureux, comme
s'il agitait un cordon de sonnette, criait encore plus fort
qu'eux leur réclamant 150 francs, prix d'un dîner qu'ils
étaient venus faire là ve'lle dans un cabinet particulier.

Les Chinois essayaient bien de protester, par la bouche
de leur interprète, mais l'agent ne parvenant pas à régler
le différend, conduisit tout le monde au poste de l'Opéra,
pour faire trancher la question par le commissaire de
police.

Là, grâce au concours de l'interprète, le commissaire
parvint, non sans peine, à démêler la vérité.

Voici ce qui s'était passé :

Un des deux Polonais, celui qui véritablement avait été
aide de camp du général Skobeleff, et qui avait dû renoncer à ses fonctions à la suite de fâcheuses histoires de jeu,
avait rencontré les Chinois à leur hôtel. Il leur avait parlé
de ses voyages en Asie, de ses nombreuses campagnes,
et du plaisir qu'il aurait de se mettre gracieusement à leur
disposition, pour leur servir de cicérone, car lui aussi

parlait anglais. Pour faire plus ample connaissance, et cimenter leur liaison, le Polonais et un de ses compatriotes avaient invité les Chinois à dîner chez Bignon. On avait encore beaucoup causé de l'Orient, et les Chinois avaient raconté à leur tour qu'ils étaient venus en Europe pour faire de gros achats pour le compte de leur gouvernement.

Les Polonais flairant une affaire, songèrent immédiatement au *Colonel* de la Villette et au *Commandant* portugais, avec lesquels ils étaient déjà en relations suivies.

C'étaient les quatre mousquetaires du chambrage.

Ils pensèrent que, s'ils parvenaient à conduire les Chinois dans une partie, chez des femmes, on pourrait peut-être leur gagner une grosse somme. Qui sait? Ils avaient peut-être sur eux l'acompte des commandes officielles. A quoi tiennent les destinées militaires d'un pays!

A la fin de ce dîner, l'ancien aide de camp qui, paraît-il, avait oublié son portefeuille à l'hôtel, — l'amour du jeu fait commettre tant d'oublis, — au lieu de solder l'addition, donna sa carte en disant qu'il paierait le lendemain en venant souper.

Les Chinois, pour rivaliser de bons procédés avec leurs nouveaux amis, leur offrirent une loge à l'Opéra, et l'on termina ainsi gaiement la soirée. En se séparant, les Polonais offrirent aux mandarins de les mener dîner le lendemain chez des demi-mondaines, ce qui fut accepté avec empressement, car le prestige de la Parisienne a même franchi la Grande muraille.

A la première heure, l'ancien aide de camp se rendit chez le Portugais pour le prévenir que le dîner projeté avait été accepté par les Chinois, qu'il eût donc à prendre avec son ami les dispositions en *conséquence*, pour que tout fût prêt pour le soir même. On décida alors que l'on dînerait chez une vieille garde *en retraite* rue Tronchet.

Dans la journée, l'aide de camp négligea de passer chez Bignon pour solder sa dépense, et voilà pourquoi, lorsque l'ambassade de Chine passant devant le restaurant avec tout le calme d'une conscience tranquille, fut assaillie par le maître d'hôtel.

Chez le commissaire de police, les Chinois parvenant enfin à comprendre que le dîner de la veille n'avait pas été payé par leur amphytrion, soldèrent la note immédiatement, et le commissaire s'excusant du malentendu se mit à leur disposition en leur offrant de les faire reconduire en voiture à leur hôtel.

Si ces pauvres Chinois ne s'étaient encore aperçus de rien pendant la soirée, après leur visite au poste, ils durent penser qu'ils étaient tombés dans un drôle de monde. A Pékin, on n'avait pas idée de ça.

Je ne sais comment toute cette histoire s'ébruita, toujours est-il que le lendemain tout le monde en causait sur le boulevard.

Au *Hunting*, on en parla beaucoup à table et l'on rit fort de l'aventure sans que le nom des principaux acteurs fût connu.

Quant à moi, malgré la discrétion promise au Portugais, je ne pus m'empêcher d'en causer discrètement avec quelques amis.

Sans citer aucun nom, je leur fis part de mes impressions personnelles, en leur déclarant que la soirée avait été d'un tel comique qu'il était presque impossible d'en donner une idée.

Comme cela arrive en pareille occurrence, le secret de mes confidences ne fut pas bien gardé, et elles parvinrent aux oreilles du Portugais et de son ami, le fantastique *Colonel grec!*

Les deux larrons me prirent à part et me supplièrent de ne plus reparler de cette petite histoire en s'excusant humblement de m'avoir conduit dans cette maison...

Quant aux costumes et aux décorations dont ils s'étaient affublés, ils me répétèrent encore qu'ils n'avaient fait cela que pour éblouir les deux jolies Anglaises dont ils voulaient faire la conquête. « Du reste, ajoutèrent-ils, on peut se décorer dans un appartement privé sans encourir les sévérités de la chancellerie. »

Je leur promis ma discrétion, et les choses en restèrent là.

Mais, le lendemain, en même temps que je faisais envoyer un bouquet chez la demi-mondaine de la rue Tronchet, j'achetai une grande photographie du roi Georges et je l'adressai au *Colonel grec*, avec la dédicace suivante :

« Au plus fidèle de mes sujets, en récompense de ses exploits. »

Le Colonel ne se douta jamais que cet envoi vint de moi, et il dut certainement en être fort intrigué.

Était-ce parce que nous avions parlé décorations en dînant au Cercle, était-ce une idée cachée du Portugais, voulant amener une affaire ? Toujours est-il que quelques jours après cette mémorable soirée, je reçus la visite

d'un nommé Er..., qui après quelques détours, me dit
que dans ma situation de fortune, je devrais déjà être
décoré, et que si j'en exprimais le plus simple désir, il
se chargeait de me faire obtenir le grand cordon de plusieurs ordres et que je m'en tirerais avec une dizaine de
mille francs pour les frais de chancellerie.

Et alors, il se mit à égrener le chapelet des ordres
les plus étranges, fondés par de grands princes dans
de minuscules États. Pour me mettre l'eau à la bouche,
il termina en faisant resplendir à mes yeux l'éblouissante
plaque de Bolivar.

Voyant que toutes ces croix de la République de Vene-
zuela et de San-Marin n'avaient pas l'air de me tenter, il
me fit une proposition qu'il crut plus alléchante :

« Voyons, dit-il, que diriez-vous de la croix de la
Légion d'honneur? Justement, dans votre cas, je peux
très facilement vous la faire obtenir au titre étranger!
J'ai beaucoup de relations en Hollande, votre pays, et je
trouverais certainement un joint pour vous faire proposer.
Réfléchissez-y, la chose en vaut la peine : pour 20,000 fr.
à forfait, — à forfait est le mot. — je me charge de
toutes les démarches nécessaires pour vous faire obtenir
le ruban rouge. Vous ne paierez, du reste, qu'après la
signature du décret.

Il me soumit alors diverses pièces qu'il déclarait officielles, pour mieux me prouver ses hautes relations dans
le monde diplomatique et insista en me répétant que
l'ordre de la Légion d'honneur s'accordait très facilement
au titre étranger pour « *services exceptionnels* ».

Je ne savais comment me débarrasser de ce marchand

de croix qui, bien longtemps avant Mme Limouzin et autres, semblait avoir exploité les mines de rubans.

Obsédé par cet industriel qui venait m'offrir l'étoile des braves comme un panier de Rœderer, j'allais le congédier avec les honneurs qui lui étaient dus, lorsque mon ami, le baron de F..... vint à point me rendre visite. Je saluai froidement le courtier en décorations et il ne fut plus question de ma boutonnière.

Cependant, j'eus soin de le désigner à mon valet de chambre, afin que ma porte lui fût toujours consignée, s'il lui prenait envie de se représenter chez moi.

Par la suite, en lisant les comptes rendus du procès relatif à ce honteux commerce, je ne fus nullement surpris : j'en connaissais déjà les dessous, comme de tant d'autres combinaisons honteuses dont j'entretiendrai le lecteur.

L'invasion des croupiers dans les cercles ne remonte pas à la nuit des temps. Dans quelques clubs, comme dans celui que j'ai cité au début de ce chapitre, la composition des membres était irréprochable, quelques brebis galeuses à part. Peu à peu, le jeu a ouvert des horizons à ceux qui écoutent aux portes avec l'intention de faire un mauvais coup. Un caissier est arrivé pour affermer la partie, et a offert, par un traité, d'en doubler ou tripler le revenu. Il est arrivé avec son personnel stylé pour le vol, ne demandant qu'à entrer dans la place, sûr de féconder la moisson en faisant planer sur elle *le génie de l'étouffement*.

Une fois dans l'exercice de ses fonctions, il n'y a plus

rien à faire. Adieu l'espoir de gagner ; adieu, les chances d'un coup de cartes. L'araignée tend ses filets où viennent succomber les naïfs, comme des mouches éperdues.....

Quelquefois, avec ces caissiers malfaisants voués à l'engraissement de la cagnotte, et destinés fatalement à vider toutes les poches, travaillent certaines personnalités dont le nom, jusque-là sans tache, couvre de leur considération les méfaits de la palette et les crimes de la séquence.

Et, comme si ce n'était pas assez d'être ruiné par des laveurs de vaisselle qui viennent sous le nom de caissiers et à l'aide de croupiers savants, enlever chaque soir de véritables fortunes, on a encore affaire à des complices insoupçonnés dont l'honorabilité usurpée augmente le nombre des victimes !

CHAPITRE XI

Premier voyage en Allemagne.

Pendant mon séjour au château de Hautefort, je m'étais plus particulièrement lié avec le comte de B... un des invités du châtelain.

Le Comte de B... appartenait à une très ancienne famille, il avait d'abord servi dans l'armée d'Afrique, mais, jouissant d'une assez belle fortune, il n'avait pas tardé à donner sa démission pour pouvoir mieux vivre à sa guise.

D'humeur très enjouée, il aimait les villes d'eaux, le club, les voyages : c'était un viveur dans toute l'acception du mot. Il était venu rendre visite au comte Maxance de D... à Hautefort, avant d'aller à Nice, où, tous les ans, il allait faire un assez long séjour.

Comme je lui avais déclaré que mon intention était de me fixer à Paris, il m'avait bien fait promettre de venir le voir vers le mois de mai, quand il serait rentré du Midi. Je n'eus garde d'y manquer, car le Comte de B... faisant partie du Jockey-Club et de tous les grands cercles, j'avais un intérêt évident à cultiver son amitié.

Dès qu'il fut de retour, je lui fis de fréquentes visites et il devint bientôt un des habitués de mon petit hôtel de Neuilly où il venait dîner une fois la semaine.

Le soir, quand la Baronne s'était retirée dans ses appartements, nous faisions d'interminables parties de billard, et le Comte, tout en fumant, me racontait ses nombreux voyages.

Avant la guerre, il avait très assidûment fréquenté toutes les villes d'eaux où l'on jouait : Baden-Baden, Wiesbaden, Hambourg (en Allemagne), Ems, Spa (en Belgique) et Saxon (en Suisse).

Prévoyant qu'il serait peut-être intéressant pour moi de fréquenter les clubs dont le Comte me parlait, je remis, un soir, la conversation sur l'Allemagne, et le Comte, pour me donner une idée de l'importance des parties auxquelles il avait assisté, me dit, entre autres choses, qu'il lui était souvent arrivé de voir lever des banques en bénéfice de 2 à 300,000 marcs, et même plus.

Comme je paraissais surpris de ces gros chiffres, il ajouta qu'il avait souvent remarqué que les banquiers étaient généralement plus heureux que les pontes. Il attribuait cette veine plus marquée à l'avantage facultatif que le banquier possède de tirer ou de ne pas tirer selon la valeur des cartes qu'il a données à chacun des tableaux.

Il ajoutait qu'en Allemagne les pontes jouaient toujours à masse égale, et ne tiraient jamais à cinq; ce qui créait au banquier deux avantages de plus.

Quant aux détails matériels de la partie, ils étaient les mêmes que chez nous; on se servait uniquement de cartes françaises, et, contrairement à nos usages, elles étaient toujours placées sur la table dans un *sabot*.

Pour les *deux premières tailles*, on donnait des jeux neufs et, sauf de rares exceptions, ces mêmes cartes reservaient pendant une partie de la nuit... Il y avait *deux sabots*, dans lesquels quatre jeux de cartes faisaient la navette.

Ce dernier détail me remit immédiatement en mémoire ce que j'avais vu faire quelques mois auparavant au Cercle Gassion, à Pau, et je supposai qu'on devait procéder en Allemagne de la même façon que dans les casinos de France. S'il en était ainsi, étant donné que le jeu y est beaucoup plus fort que chez nous, il pouvait être très fructueux pour moi de faire une incursion dans ce pays.

Je résolus immédiatement de tenter l'aventure, me réservant de compléter plus tard, les renseignements que le Comte venait de me donner.

Son concours pouvant m'être nécessaire pour pénétrer dans les divers cercles d'Allemagne, je manœuvrai en conséquence pour tâcher de le décider à m'y accompagner.

Entre temps, je suggérai à Véra l'idée d'aller passer l'été sur les bords du Rhin. Cela servait admirablement le désir qu'elle m'avait souvent manifesté de connaître ce pays dont elle parlait la langue. Je lui fis remarquer, en même temps, que le Comte, vrai bachelier teuton, connaissait là-bas toute la haute société avec laquelle il s'était lié durant ses différents séjours en Allemagne.

Nous pourrions donc l'engager à nous accompagner, certains de faire avec lui un plus agréable voyage.

Enchantée de mon idée, Véra me promit de m'aider à décider le Comte à être des nôtres.

A quelques jours de là, pendant le dîner, nous fîmes part au Comte de nos projets de déplacement; mais, malgré l'insistance de Véra et la mienne, nous en fûmes pour nos frais d'éloquence.

Le Comte nous déclara très nettement que depuis la guerre, il n'avait plus voulu remettre les pieds dans ce pays, et qu'il en serait ainsi tant que l'Alsace et la Lorraine ne seraient pas redevenues françaises.

Rien n'est respectable comme le patriotisme, même quand un peu de chauvinisme s'en mêle.

Il ajouta que, naturellement, nous autres Hollandais, nous n'avions pas les mêmes raisons pour nous abstenir d'aller en Allemagne; qu'il regrettait beaucoup le choix que nous avions fait, car, dans toute autre occasion, il n'eût pas demandé mieux que de faire un déplacement avec nous.

Je ne crus pas devoir insister; mais le soir, en fumant un cigare, je fis encore au Comte de nouvelles questions sur les clubs de l'Allemagne. Les renseignements complémentaires qu'il me fournit ne me laissèrent plus aucun doute sur ce qui se passait là-bas. Je poursuivis donc mon idée de vaincre ses résistances en lui insinuant avec toutes sortes de précautions l'espoir qu'il pourrait peut-être rentrer dans ses pertes.

Au cours de nos diverses conversations, j'avais appris, en effet, qu'il avait perdu d'assez fortes sommes en Allemagne.

Comme il revenait avec une certaine complaisance sur cette particularité, je lui dis un jour à brûle-pourpoint :

« Eh bien! voulez-vous que je vous dise franchement ma manière de voir?

— Comment donc? Mais certainement!

— Je vais peut-être vous donner des regrets, cela est même probable...

— N'importe, dites toujours.

— Eh bien! mon avis est que le hasard n'est pas la seule cause de vos pertes considérables.

— Mais... Comment?

— Eh dame! les banquiers.....

— Les banquiers... des gens si haut placés et si notoirement connus...

— Oh! ne nous fions pas plus aux apparences qu'à la notoriété! Mon avis est qu'on a corrigé la fortune à vos dépens.

— C'est abominable, tout simplement, ce que vous dites là, non, je ne puis croire..... »

Il parlait avec un tel accent d'indignation qu'il m'aurait fait sourire si je n'avais tenu à poursuivre mon argumentation.

« Calmez-vous et écoutez-moi, je vous prie. D'après les explications que vous m'avez données sur les banquiers contre lesquels vous avez perdu, j'ai presque la certitude que les choses ont dû se passer ainsi.

— Mais, je ne vois pas..... de quel moyen on peut se servir. Voyons, il n'y en a pas.....?

— Détrompez-vous, il y en a, et même plusieurs.

— Oh...! vous êtes sûr de ce que vous avancez là?

— Certes oui! et à l'instant même, je puis vous en fournir des preuves concluantes. Mais, avant, donnez-moi votre parole d'honneur que vous ne vous souviendrez devant personne de ce que je vais vous montrer. »

J'étais un peu confus de jouer le rôle de Méphisto devant ce Faust de l'armée d'Afrique.

Très intrigué par mes précautions oratoires, le Comte reprit :

« Vous ne doutez pas, mon cher ami, de l'intérêt que je vous porte ; de votre côté, vous m'avez témoigné assez de sympathie pour que je sois sûr de vous, comme vous pouvez être sûr de moi-même ; foi de gentilhomme dans un instant j'aurai, s'il le faut, oublié tout ce que vous m'aurez dit. Vous pouvez donc parler, je vous écoute ! »

Confiant en la parole du Comte, je poursuivis :

« Je vous ai dit que vous aviez été probablement volé : je vous trompais ; probablement est de trop. En voici la preuve. »

Je pris alors un assez volumineux dossier dans mon secrétaire et je lui montrai tous les calculs algébriques auxquels je m'étais livré pour étudier à fond la marche des séquences et obtenir les résultats qu'il m'avait été possible d'atteindre à propos des divers classements des cartes.

Ce cher Comte, qui cependant était d'une réelle intelligence, ne parvenait pas à comprendre un traître mot. Rien d'étonnant à cela ; pour se reconnaître dans tous ces calculs, il faut en avoir la clef.

A ce moment Véra traversant le fumoir pour regagner son appartement, je dissimulai vivement sous un buvard les papiers que nous étions à même de consulter.

Elle resta un moment à causer avec nous, mais je remarquai que le Comte n'était plus à la conversation. Il ne songeait qu'à mes dernières paroles et n'en pouvait détourner sa pensée.

Au moment de se retirer, Véra demanda au Comte s'il aurait toujours la cruauté de nous laisser partir seuls.

Je remarquai que déjà sa résolution était ébranlée, et qu'il paraissait beaucoup moins affirmatif que par le passé.

Après le départ de Véra, le Comte n'y tenant plus, me pria de continuer l'explication de tous les chiffres qu'il avait devant lui.

Pour lui faire comprendre la théorie par la pratique, je classai de mémoire une séquence avec les jeux que j'avais sous la main et je lui démontrai le moyen qu'on avait dû employer pour lui prendre l'argent qu'il avait jadis laissé en Allemagne.

Le Comte, ne pouvait en croire ses yeux; malgré son indignation toujours croissante il dut cependant se rendre à l'évidence de ma démonstration.

Si j'étais certain, d'avoir perdu mon argent dans de telles conditions me dit-il, je partirais immédiatement pour Berlin afin d'aller dire son fait à tout ce monde-là.

— Certes, lui dis-je, votre résolution me fournirait le plaisir de vous avoir comme compagnon de route, cependant je crois devoir vous faire connaître mes appréhensions : Si vous vous rendez à Berlin, vous agirez en pure perte. Ces gens-là sont chez eux, savamment organisés, soutenus sans aucun doute par des amis conscients et inconscients, de sorte que leurs compatriotes finiront toujours par leur donner raison. Et, devant l'absence matérielle de preuves, le scandale de vos révélations ne pourra que se retourner contre vous.

Je poursuivis :

« Je me suis moi-même trouvé dans un cas semblable ;
j'ai protesté, comme vous avez l'intention de le faire.
Eh bien ! cela n'a servi qu'à m'attirer les plus grands
ennuis, car la personne incriminée étant assez haut placée,
on ne me crut pas. Et pourtant, j'étais bien sûr de ce que
j'avançais. En pareil cas, mon cher, le mieux est encore
de ne rien dire.

— Comment, répliqua vivement le Comte, il faudrait
donc se laisser dépouiller sans avoir le droit de crier au
voleur ? Je trouve que c'est abuser de la complaisance !

— D'accord, mais je ne peux que vous le répéter, le
moyen que vous voulez employer ne vous donnera aucun
bon résultat.

— Peut-être, dit-il, un peu désabusé, mais.....

— Je vous avoue très franchement que, tout en
ayant certains préjugés, je n'éprouverais pas le moindre
scrupule à retourner contre mes ennemis l'arme dont ils
se seraient servis pour m'atteindre. Contre le poison, il y
a l'antidote, et je m'en servirai.

— Mais comment....?

— Ah ! le moyen est bien simple. Vous n'avez sans
doute pas remarqué que, dans la banque que je viens de
tailler et qui doit certainement être la reproduction d'une
des séquences, qui vous ont coûté 300,000 francs, le tableau
a abattu *deux fois Neuf*? Eh bien! il n'y a rien de plus
simple que de savoir le moment précis où ces coups de
gain se présentent dans le cours d'une séquence.

— Simple ? pour vous peut-être, mais pas pour moi ?

— Pour vous ? Mais, mon cher, je serai très heureux

de vous guider. Mes lumières sont à votre disposition. Et ma foi, continuai-je, ce serait de bonne guerre.....

— En effet! interrompit brusquement le Comte. Je vous remercie du service que vous offrez de me rendre, car le but excuse la cause. A quand avez-vous fixé votre départ?

— C'est la Baronne qui en décidera? Faites-moi l'amitié de venir déjeuner demain avec nous, et nous la consulterons à ce sujet; mais surtout pas un mot devant elle de notre conversation d'aujourd'hui.

— Soyez sans inquiétude : lorsqu'elle reparlera du voyage d'Allemagne, j'agirai de façon à ce qu'elle mette sur le compte de la courtoisie ma nouvelle décision. »

Le lendemain, le Comte revint habilement sur une partie de ses précédentes déclarations, ajoutant que l'Allemagne était un très joli pays à visiter et qu'il y retournerait avec nous, tout en se réservant d'avoir le moins de rapports possibles avec ses habitants.

Après le déjeuner, pendant que Véra se préparait à faire au Bois sa promenade habituelle, le Comte m'avoua qu'il avait pensé toute la nuit à notre conversation de la veille et qu'il ne songeait plus qu'à me voir mettre mes théories en pratique.

Il avait donc très bien pris la chose, d'abord par antipathie pour les Allemands, ensuite poussé par le secret désir de compenser ses pertes.

Je me réservai de lui faire admettre plus tard que le moyen que je lui avais indiqué était non seulement bon pour se refaire des pertes passées, mais qu'il serait en outre une source de gros bénéfices.

Pendant les quelques jours qui précédèrent et suivirent

notre départ, le Comte s'étendit longuement sur la composition et l'organisation des cercles en Allemagne.

J'appris par lui que l'accès des clubs allemands était très difficile ; mais que, grâce à sa qualité de membre du Jockey, il serait admis sans difficulté. Quant à moi, il se faisait fort de me faire inscrire en même temps que lui, ma nationalité hollandaise devant lui faciliter sa tâche.

En effet, le Comte, comme tous mes autres amis, me croyait Hollandais, et je n'avais pas cru nécessaire de le détromper.

Le moment de la saison des courses en Allemagne étant proche, puisque nous étions dans la première quinzaine de juin, nous décidâmes de quitter la France aussitôt, afin d'assister aux importantes parties dont elles étaient l'occasion.

L'état de santé de Véra laissant un peu à désirer, je pris un médecin que je m'attachai pour toute la durée du voyage.

J'engageais également un courrier qui devait nous précéder dans nos divers déplacements et s'occuper de tous les détails.

Le Comte emmenant avec lui un domestique qui ne le quittait jamais, je ne me fis suivre que d'une soubrette pour la Baronne, le valet de chambre du Comte devant suffire à notre service.

Mon ami m'expliqua qu'il fallait d'abord nous rendre à Berlin, afin de nous faire présenter à l'Union-Club, ce qui nous permettrait d'entrer de droit dans tous les autres cercles d'Allemagne.

Comme je m'en rapportais entièrement à lui en ce qui

concernait les entrées, nous partîmes donc pour Berlin, où notre courrier avait retenu nos appartements au Kaiserhof.

Le lendemain en nous promenant sur les allées Unterlinden, en face du Palais impérial, le Comte trouva quelques personnes de connaissance, ainsi qu'au théâtre où nous nous rendîmes le soir. Parmi ces clubmen le Comte choisit ceux dont la situation offrait le plus de garanties pour nous présenter à l'Union et les invita à dîner à Berlin ou dans les environs. Ces messieurs nous rendirent gracieusement nos invitations et nous inscrivirent au Cercle où nous fûmes admirablement reçus.

J'avoue que je fus très agréablement surpris en voyant toutes les marques d'urbanité qu'on témoignait à mon ami en sa double qualité de Français et de membre du Jockey. Les membres du comité de l'Union le prièrent d'être leur interprète auprès de ses collègues et de vouloir bien les persuader qu'il ne fallait pas s'en rapporter au langage des journaux berlinois pour juger des sentiments de l'aristocratie allemande à l'égard de l'aristocratie française.

En somme, ces messieurs firent tous leurs efforts pour nous convaincre que, chez eux, on ne demandait qu'à vivre en bonne intelligence avec la grande nation française et ils s'appliquaient à le démontrer avec une insistance de bon aloi. La réflexion peut paraître étrange, elle n'est que sincère.

Dans les clubs allemands, il y a certaines habitudes de confraternité qui n'existe pas dans nos grands cercles de France.

Là-bas, du jour où vous êtes reçu dans un club, à titre permanent ou seulement temporaire, vous êtes censé y connaître tout le monde. Il est bien évident que vos parrains font le plus de présentations possibles, mais si à dîner ou à la table de jeu vous vous trouvez à côté d'un membre inconnu de vous, il est d'usage que vous vous nommiez à lui et à son tour, il vous dit son nom : cela tient lieu de présentation. Chez nous, au contraire, les membres d'un même cercle se considèrent comme des étrangers tant qu'ils n'ont pas été régulièrement présentés l'un à l'autre, et ils peuvent, comme en Angleterre, se coudoyer pendant des années sans jamais s'adresser un salut ni échanger un mot. Je trouve qu'il y a quelque chose de choquant dans cette réciproque indifférence entre gens du même monde.

Au moment où nous fréquentions l'Union, on n'y jouait pas au baccara. Il y avait une très grosse partie d'écarté, et, bien que je n'aie jamais étudié ce jeu, j'y pris part avec cette fougue dont je n'étais plus maître à la vue d'un jeu de cartes.

Tous les soirs nous nous rendions au Club pour faire plus ample connaissance avec ces Messieurs que nous savions devoir rencontrer dans les divers cercles de province, pendant la saison des courses qui allait commencer.

En effet, de même qu'en Normandie, il y a là-bas une série de réunions sportives où l'on se rend de tous les points de l'Empire.

La noblesse et le corps des officiers en forment le principal élément.

C'est par les courses de Hambourg que cette tournée commence. Nous employâmes les derniers jours qui nous séparaient de ce premier déplacement à visiter Potsdam et les petites localités des environs de Berlin.

Nous descendîmes au Hamburgerhof. Cet hôtel, d'un style gothique flamboyant, est situé au centre de la ville, au milieu d'une magnifique promenade qui contourne le lac intérieur que l'Alster forme à cet endroit.

En arrivant, je fus agréablement surpris par l'aspect riant de cette grande ville.

Autant Berlin est triste et noir, autant Hambourg est plein de vie et de gaieté.

Nos cartes de l'Union nous donnant l'entrée de droit au Cercle, nous nous y rendîmes le soir même. Ce club est situé dans un charmant petit hôtel particulier avoisinant l'Hamburgerhof.

L'accueil qui nous y était réservé ne laissait rien à désirer, même en le comparant à celui que nous avions reçu à Berlin.

Plusieurs membres de l'Union, arrivés la veille, connaissant notre intention d'assister aux courses avaient déjà annoncé notre venue.

Le président du Cercle, qui était un des plus hauts fonctionnaires de l'Empire, fut particulièrement aimable avec le Comte et nous invita à un grand déjeuner qui devait avoir lieu chez lui, le surlendemain. Il portait un nom français, sa famille était originaire de La Rochelle d'où elle avait émigré pour venir s'établir en Allemagne, à l'époque de la révocation de l'Édit de Nantes.

Suivant l'exemple de leur président, tous les membres du Cercle nous firent l'accueil le plus courtois.

Ce soir-là, la partie commença quelques instants après notre arrivée, bien que les assistants fussent encore peu nombreux.

Ce fut précisément un des banquiers que mon ami m'avait signalés à Berlin qui commença l'attaque, avec 30,000 mares en banque.

C'était un nommé M***, propriétaire d'une écurie de courses que j'ai revu par la suite plusieurs fois à Nice, ainsi qu'à Auteuil, où la victoire d'une de ses célèbres juments, battue la veille, provoqua un gros scandale.

D'après les différences qu'il m'avait vu faire à Berlin, il espérait que je serais pour lui un bon client et qu'il pourrait facilement me prendre une forte somme. Il se réjouissait sans doute d'avance à l'idée *d'enséquencer* à la fois la Hollande et la France et de prendre deux nations dans ses inextricables filets. La présence du Comte, et les grosses parties d'écarté auxquelles j'avais pris part à l'Union en étaient pour lui l'heureux présage. Aussi, n'avait-il pas attendu longtemps pour entrer en scène.

A la table de jeu, je me plaçai près du banquier pour pouvoir suivre tous ses mouvements. Mon ami prit place à côté de moi.

Un valet de pied apporta alors trois jeux de cartes dans un *sabot*.

Comme c'était la première taille, les jeux étaient cachetés. M. *** les prit avec une maestria qui prouvait qu'il n'en était pas à son coup d'essai ; il rompit les enveloppes et procéda à un mélange habile, mais trop sommaire pour me laisser le moindre doute. J'étais sûr maintenant que M*** allait tailler une séquence ; il ne me restait plus qu'à étudier la catégorie de celle qu'il nous destinait.

Je vais expliquer ici *grosso modo* à mes lecteurs, les

principes généraux des séquences que je leur décrirai par la suite avec plus de détails.

Les séquences ne peuvent varier à l'infini : leur nombre est même assez limité. Elles ont été inventées il y a une trentaine d'années, par un nommé Niel (rien du maréchal) originaire de Marseille — naturellement.

Comme tous les inventeurs, il ne s'est pas enrichi avec sa découverte, car après avoir vécu assez pauvrement, il est allé mourir chez les Trappistes où il s'était retiré sur la fin de ses jours, et où il finit peut-être par *gagner* son salut !

Dans les études auxquelles je m'étais livré sur les séquences, j'avais vu qu'on pouvait toutes les rattacher à trois types principaux.

En effet toutes les séquences connues ne sont que des variétés de l'un de ces trois types. Aussi une personne exercée, peut-elle aisément reconnaître, après deux ou trois coups de cartes, à quelle famille appartient la séquence entamée et trouver ensuite le coup de perte du banquier, car ce coup se reproduit toujours d'après un principe fondamental. La combinaison des cartes formant le point de repère et le coup gagnant changent seuls; mais, quand, par les premières cartes sorties, on sait à quel type appartient une séquence, il est alors facile de retrouver et le point de repère et le coup gagnant, pour les tableaux.

Les séquences étant établies sur cinquante-deux cartes, on doit, dans une banque, répéter le même classement autant de fois qu'il y a de jeux dans la taille, et par suite, le coup perdant du banquier se reproduira, dans la plupart des cas, autant de fois qu'il y a de paquets de cartes. Ainsi, à Hambourg, où l'on taillait avec trois jeux, je savais que le banquier allait avoir à subir trois coups de perte *inéluctables*.

Dès que M. *** eut fait couper sa banque, je concentrai toute mon attention pour reconnaître le classement des cartes de la séquence qu'il nous destinait.

Le banquier avait à peine donné trois coups de sa séquence que j'étais fixé; je la connaissais parfaitement, quoique ce fût la première fois que je la voyais tailler.

Ainsi que je l'ai dit plus haut, il est aisé à quelqu'un qui a étudié à fond les séquences de s'y retrouver avec la plus grande facilité, après deux ou trois coups donnés. C'est absolument comme les naturalistes qui, avec deux ou trois ossements d'un animal antidéluvien, le reconstituent en entier et peuvent en dessiner la silhouette.

Voici l'ordre de classement de la séquence taillée par M. ***.

DIX	de carreau.		NEUF	de pique.
ROI	» pique.		VALET	» cœur.
TROIS	» cœur.		SIX	» trèfle.
TROIS	» trèfle.		AS	» carreau.
DEUX	» carreau.		SEPT	» trèfle.
DAME	» pique.		SEPT	» cœur.
HUIT	» cœur.		ROI	» trèfle.
NEUF	» trèfle.		QUATRE	» pique.
SEPT	» carreau.		HUIT	» carreau.
DEUX	» pique.		DIX	» pique.
QUATRE	» cœur.		DEUX	» cœur.
HUIT	» trèfle.		SIX	» pique.
CINQ	» carreau.		DAME	» carreau.
VALET	» pique.		TROIS	» pique.
CINQ	» cœur.		HUIT	» pique.
DAME	» trèfle.		DIX	» cœur.
SIX	» carreau.		QUATRE	» trèfle.
DEUX	» trèfle.		NEUF	» cœur.
AS	» cœur.		VALET	» carreau.
SEPT	» pique.		NEUF	» carreau.
TROIS	» carreau.		VALET	» trèfle.
CINQ	» trèfle.		SIX	» cœur.
ROI	» cœur.		DIX	» trèfle.
AS	» pique.		ROI	» carreau.
CINQ	» pique.		DAME	» cœur.
QUATRE	» carreau.		AS	» trèfle.

Trois jeux de cartes ainsi classées représentent à un moment donné les résultats ci-dessous (1).

(1) On les obtient dans l'hypothèse que les pontes ne tirent pas à *Cinq*, ce qui est une règle absolue en Allemagne. Le contraire ne diminuerait pas le nombre des coups gagnants, mais certains se présenteraient alors par une autre combinaison de cartes et avec d'autres points de repère.

EXEMPLES

Coup préparatoire. — FIGURE **A**.

1ᵉʳ TABLEAU : *DAME* de *CARREAU* et **DIX** de *CŒUR*. . = 0 + *VALET* de *CARREAU*, au tirage . = **0**
2ᵉ TABLEAU : **3** . . de *PIQUE* . . et **4** . . de *TRÈFLE* = 7 . . . . = **7**
BANQUIER : **8** . . de *PIQUE* . . et **9** . . de *CŒUR*. . = 7 . . . . = **7**

Coup gagnant *pour le premier tableau.*

1ᵉʳ TABLEAU : **9** . . . de *CARREAU* et **DIX**. . de *TRÈFLE*. . = 9. . . . . = **9**
2ᵉ TABLEAU : *VALET* de *TRÈFLE*. . et **ROI**. . de *CARREAU* = 0 + **AS** de *TRÈFLE*, au tirage = **1**
BANQUIER : **6** . . . de *CŒUR*. . . et *DAME* de *CŒUR*. . . = 6. . . . . = **6**

Coup préparatoire. — FIGURE **B**.

1ʳ Tableau : **8** . de *PIQUE* . . et **9** . . . . . de *CŒUR* . . . = 7 . . . . = **7**
2ᵉ Tableau : **10** de *CŒUR* . . et *VALET* de *CARREAU* = 0 + *VALET* de *TRÈFLE*. au tirage = **0**
Banquier : **4** . de *TRÈFLE* et **9** . . . . de *CARREAU* = 3 + **6** . . . . de *CŒUR* . . au tirage = **9**

Coup gagnant *pour les deux tableaux.*

1ʳ Tableau : **10** . . . de *TRÈFLE* . et **AS** . de *TRÈFLE* . = 1 + **3** de *CŒUR* . . . au tirage = **4**
2ᵉ Tableau : **ROI** . . de *CARREAU* et **DIX** de *CARREAU* = 0 + **3** de *TRÈFLE* . . au tirage = **3**
Banquier : **DAME** de *CŒUR* . . . et **ROI** de *PIQUE* . . . = 0 + **2** de *CARREAU*. au tirage = **2**

———

Coup préparatoire. — FIGURE **C**.

1ʳ Tableau : **6** . . . . de *PIQUE* . . . et **8** . . de *PIQUE* . . = 4 + **9** . . . de *CŒUR* . . . . au tirage = **3**
2ᵉ Tableau : **DAME** de *CARREAU* et **DIX** de *CŒUR* . . = 0 + *VALET* de *CARREAU*. au tirage = **0**
Banquier : **3** . . . . de *PIQUE* . . . et **4** . . de *TRÈFLE* = 7 . . . . = **7**

Coup gagnant *pour le premier tableau.*

1ʳ Tableau : **9** . . . . de *CARREAU* et **DIX** . . de *TRÈFLE* . . = 9 . . . . = **9**
2ᵉ Tableau : *VALET* de *TRÈFLE* . . et **ROI** . . de *CARREAU* = 0 + **AS** de *TRÈFLE*, au tirage = **1**
Banquier : **6** . . . . de *CŒUR* . . . et **DAME** de *CŒUR* . . . = 6 . . . . = **6**

Il peut se faire que la mêle ou le hasard de la coupe détruise un de ces exemples. Mais il serait remplacé par un autre coup de gain, formé d'une autre combinaison de cartes. Il convient donc de ne jouer que lorsque le *coup préparatoire* s'est exactement présenté, à moins de posséder assez son sujet pour pouvoir retrouver d'une façon certaine et le point de *repère* et les coups *gagnants*, au milieu de l'interversion des cartes.

Il est alors même possible de provoquer d'autres coups de gain pour la ponte, sans préjudice des précédents, en tirant ou ne tirant pas à Cinq au moment opportun.

Dès que j'eus reconnu sur quel terrain je marchais et que je fus bien sûr de mon fait, après avoir vu se produire le premier coup de perte du banquier, je pontais des coups de 3 à 4,000 marcs pour ménager la gradation lorsque les coups décisifs se présenteraient.

Mon ami à qui j'avais fait signe de m'imiter ne partageait ma foi qu'à demi; ne me suivait qu'en tremblant. Il se demandait peut-être si tout ce que je lui avais dit sur les séquences était bien exact. Cependant, lorsqu'il me vit ponter 30,000 marcs au moment psychologique, il se décida à en risquer 10,000.

Naturellement notre tableau abattit Neuf.

Je renonce à dépeindre l'éclair de satisfaction qui brilla dans les yeux de mon ami, quand il vit que nous avions gagné. Il se tourna vers moi et, bien qu'il ne me dit pas un mot, je pus lire clairement sa pensée sur sa physionomie : je sentais qu'il aurait voulu m'avouer que la certitude de se refaire de ses pertes, ne laissait plus, dans son esprit, l'ombre d'un doute.

Le banquier, certain du résultat final, taillait avec une telle insouciance qu'il ne fit pas même attention à la forte somme qu'un de ses associés qui croupait la banque venait de nous payer.

Les séquenciers voguent sur un tel océan de certitude!!

Nous jouâmes encore les deux coups perdants de la banque, et le Comte, englobé par la confiance que lui inspiraient mes mathématiques, ponta cette fois presque aussi cher que moi. Les Neufs sont comme les apôtres, ils plantent solidement la foi.

Bref, à la fin de la taille, quoique la partie ne fût pas très forte, nous gagnions mon ami et moi presque autant que le banquier. En effet, il avait 60,000 marcs de bénéfice et nous, 50,000.

Après ce premier essai, nous ne continuâmes pas à jouer, nous réservant pour les jours suivants où la partie serait plus forte. Ce soir-là, le ciel d'Allemagne nous paraissait aussi pur qu'un ciel d'Italie, et les étoiles semblaient avoir pour nous d'ineffables sourires. Mon ami était tellement abasourdi par le spectacle auquel il venait d'assister qu'il ne soufflait plus mot. Il calculait sans doute combien il lui faudrait de soirées pour rattraper ses pertes d'Antan, et il devait conclure *in petto* que ce ne serait pas long.

Le lendemain, nous nous rendîmes aux courses. L'hippodrome est situé presque aux portes de la ville; on parcourt, pour s'y rendre, de superbes avenues qui rappellent en plus beau l'avenue Henri-Martin, à Paris, et tout le quartier de la Muette; c'est une suite de magnifiques demeures qui disparaissent presque entièrement au milieu des arbustes et des fleurs.

Arrivés au champ de courses, le désenchantement commença ; nous n'y trouvâmes que de grandes tribunes en planches, à l'aspect triste et misérable, situées au milieu d'une plaine complètement dénudée. Un changement si subit était bien de nature à nous causer la plus mauvaise impression.

Dès notre entrée dans l'enceinte du pesage, le président du Cercle nous combla, comme la veille, de marques d'attention, et nous remit deux boutons de membres du Comité des courses (le sien et celui d'un de ses amis), pour nous permettre l'accès de la tribune réservée aux membres de l'Union Club.

Les courses ne furent pas très intéressantes ; les chevaux n'étaient pas nombreux ; puis, il manquait à cette foule, outre le superbe décor qui constitue le principal attrait des réunions de Longchamps et d'Auteuil, cet essaim de jolies femmes qu'on ne rencontre qu'à Paris et dont le séduisant souvenir nous poursuivait quand même.

Le coup d'œil était un peu rehaussé par quelques uniformes étincelants, ceux des hussards rouges et des cuirassiers blancs. La couleur sombre des autres, ceux-là beaucoup plus nombreux, l'emportait, attristant ainsi le tableau. Au fond, l'aspect général était plutôt celui d'un champ de manœuvres, et ne donnait pas la moindre idée de nos éclatantes réunions d'été.

Comme animation au point de vue des paris, nos plus modestes hippodromes suburbains présentent encore plus d'intérêt.

En effet, il n'y avait que deux ou trois bookmakers, se disputant quelques rares clients. Ceux qui ne pariaient pas au livre, jouaient au pari mutuel dit totalisateur.

En somme, tout cela manquait absolument de gaieté.

En revenant des courses, nous ne prîmes que le temps d'endosser un habit pour aller dîner au Cercle.

Ce soir-là, les clubmen étaient venus en nombre et tout nous faisait présager que la partie serait des plus importantes. A peine était-on sorti de table que M.*** qui espérait bien réaliser un plus gros bénéfice que la veille, annonça qu'il mettait 100,000 marcs en banque. Tout le monde se précipita à la table de jeu, et, en un instant, le tapis fut couvert de billets de banque de toutes formes et de toutes couleurs. On eût dit l'orgueilleuse vitrine d'un changeur de Marseille.

Les choses se passèrent comme la veille.

Je pontais par coups espacés de 4 ou 5,000 marcs; je n'en avais perdu que quatre lorsque je vis apparaître un des points de repère d'un coup gagnant.

Je plaçai aussitôt sur la table une liasse de 30 billets de 1,000 marcs que je tenais en réserve. Mon ami encore un peu craintif, n'en joua que 20,000.

Pour n'avoir plus à jouer sur les coups perdants de la séquence je me levai un instant, sous prétexte de fumer une cigarette; mais je surveillai nonobstant l'ordre des cartes qui passaient afin de ne pas perdre de vue mes points de repère et pouvoir profiter de tous les coups gagnants de la séquence.

Après M.*** deux de ses associés qui partageaient avec lui le monopole de tailler des séquences se succédèrent à

la banque : ce fut d'abord un médecin, le Docteur **...
puis un peu plus tard le Baron *.

J'ai souvent revu ce dernier à Monaco ; il fréquentait
assidûment le Casino et jouait presque toujours le maxi-
mum.

Ce baron de fraîche date peut bien se payer ce luxe
et semer l'or à pleines mains sur les bords de la Méditerranée ; il trouve dans l'exploitation de ses compatriotes
assez de ressources pour subir dignement le **zéro** de la
principauté ! Enfin, que vous dirai-je, cette *orgie de
séquences* me rappelait les plus beaux jours du Casino de
Biarritz ?

La petite fête se prolongea jusqu'après le lever du soleil.
Lorsque nous sortîmes du Cercle avec mon ami, il était
environ six heures du matin. Nous gagnions, à ce moment,
250,000 marcs environ.

Le Comte ne pouvait croire à un si magnifique résultat :
il marchait triomphant dans son rêve étoilé.

Bien qu'il n'y eut pas de courses ce jour-là, nous dûmes
nous lever de bonne heure pour assister à un *garden-
party* chez le président du Cercle qui habitait un superbe
château aux environs de la ville.

Cette fête, où nous fûmes choyés comme nous l'avions
été partout fut réellement splendide.

Cependant mon ami prenait à peine garde à toutes ces
attentions et à tant de courtoisie dans l'hospitalité. Chaque
fois qu'il le pouvait, il se détachait pour me glisser dans
l'oreille une nouvelle formule de satisfaction à propos des
merveilles de la précédente nuit. Il paraissait cependant
obsédé par une inquiétude :

« Croyez-vous, me disait-il, que nos *banquiers (sic)* vont continuer? »

J'eus beau lui dire qu'il n'y avait pas de raisons pour qu'il en fût autrement, et que, malgré notre gros bénéfice, les trois tailleurs de séquences, gagnaient encore trois fois plus que nous, il n'en restait pas moins perplexe.

Enfin, le soir, il dut bien se rendre à l'évidence.

Cette troisième soirée nous rapporta le chiffre respectable de 380,000 marcs.

Pour le coup, mon ami était complètement grisé par le succès; mais, au lieu de l'engager à continuer, ce nouveau bénéfice l'avait rendu plus craintif encore. Il ne parlait de rien moins que de prendre l'express pour Paris, tant il avait peur de ne pas garder ce qu'il avait gagné. Il ne cessait de me répéter : »

« Mais enfin, si le banquier se trompait en mêlant trop les cartes, en quelques coups nous pourrions reperdre une très forte somme !

Je dus user de toute mon influence pour lui faire entendre raison et le décider à rester.

Le quatrième jour, la partie fut beaucoup moins importante, les pontes ayant été fortement *laminés* dans les trois séances précédentes.

Nous gagnâmes cependant près de 260,000 marcs.

Le cinquième jour, qui était le dernier des courses, il n'y eut pas de partie, beaucoup de ces messieurs ayant pris le train de sept heures du soir.

Néanmoins nous restâmes encore trois jours à Hambourg pour parcourir les environs et rendre visite aux membres du comité du Cercle qui nous avaient si bien reçus. Puis, comme la prochaine réunion de courses était assez éloignée, nous allâmes visiter Lübeck.

De là, nous revînmes à Wiesbaden, où quelques courses sans importance ne réussirent pas à nous retenir.

Du reste, n'avions-nous pas en perspective le meeting de Baden-Baden qui dure quinze jours ?

Nous résolûmes d'attendre cette importante réunion. Comme elle ne devait avoir lieu que dans six semaines et que Véra trouvait Wiesbaden ravissant, nous louâmes pour un mois la Villa Nassau, décidés à nous reposer quelques temps sur nos lauriers.

Cette partie de l'Allemagne ne me déplaisait pas car, dans les environs de Francfort, les habitants n'aiment pas les Prussiens et montrent une réelle sympathie pour les Français.

Le Comte se plaisait beaucoup, lui aussi, à Wiesbaden où il avait fait autrefois de longs séjours. Il en connaissait tous les recoins qu'il me montrait avec une véritable sollicitude.

Une de ses promenades favorites était de se rendre à l'endroit où passait la frontière française du temps de Napoléon Ier.

Il y restait des heures à rêver à la glorieuse épopée.

D'autres fois, nous faisions de plus longues excursions, presque de petits voyages ; nous allions de temps en temps avec la Baronne visiter les grandes villes des environs : nous nous rendîmes à Francfort, à Mayence et à Trèves.

Dans les premiers jours du mois d'août, nous quittâmes Wiesbaden pour gagner à petites journées le grand-duché de Bade.

Nous devions nous embarquer à Mayence pour ce superbe voyage qui consiste à remonter le Rhin jusqu'à Strasbourg.

Quelques jours après, ce beau rêve était réalisé, et nous suivions les rives du grand fleuve où la féodalité a laissé tant de ruines pittoresques qui couronnent les collines des environs.

Notre séjour à Strasbourg fut très court. Le spectacle de l'Alsace humiliée et vaincue donnait au Comte des idées noires que je partageais bien. Ce fut une véritable tristesse pour moi que de les attribuer seulement à ma sympathie pour la France, et dans cette occasion seule, j'ai failli mal jouer mon rôle de Hollandais.

Avant de nous rendre à Baden-Baden, il était assez naturel de visiter Carlsruhe, la capitale du grand-duché.

Cette petite ville de 50,000 âmes, disposée en éventail, est assez curieuse et je fus très satisfait de m'y être arrêté.

C'est une vraie capitale en miniature, où l'on a fidèlement reproduit, dans de minuscules proportions, tous les grands monuments qu'on admire dans celle des grands États européens.

Enfin l'époque tant désirée des courses de Baden-Baden étant arrivée, nous nous y rendîmes en traversant la partie sud-ouest de la Forêt-Noire.

Nous avions parcouru de bien beaux sites depuis près de deux mois, mais nous n'avions encore rien vu qui fût comparable à cette charmante station thermale. Quel délicieux climat! Quel paysage pittoresque, et comme je m'explique l'engouement des Parisiens d'avant la guerre qui venaient y passer l'été tous les ans!

« Maintenant, me disait le Comte, qui avait connu les beaux jours de la Grande-Semaine de Baden de 1860 à 1869, cette pauvre réunion de courses n'est plus que l'ombre d'elle-même. Le Kursaal, où pendant longtemps le tintement de l'or s'est mêlé aux bruyants accords de l'orchestre de Strauss, est devenu un désert !

Les allées de la Conversation étaient veuves de leurs élégants promeneurs ! Et comme tout cela lui semblait triste !

Il avait vu cette cité vivante et prospère et il ne trouvait plus qu'une nécropole !

Quant à moi, qui n'avais pas connu toutes ces splendeurs passées, je trouvais Baden délicieux et encore assez animé. En effet, s'il n'y avait pas foule, l'assistance était des plus choisies.

On remarquait d'abord le prince de Galles et, dans sa suite officielle et officieuse, les plus renommés sportsmen d'Angleterre, plusieurs princes et officiers autrichiens, peu de Français et toute l'aristocratie sportive de l'empire d'Allemagne.

On ne joua que deux ou trois jours après notre arrivée à Baden.

Au début, la partie fut moins forte qu'à Hambourg car on avait quinze jours devant soi et chacun ménageait ses forces.

Les tailleurs de séquences étaient naturellement là, fidèles à leur poste; leur équipe s'était même renforcée de deux de leurs compatriotes.

Ces messieurs se mirent aussitôt à la besogne et la partie prit immédiatement de grandes porportions. Que leur importait de pousser les banques, puisque leur argent ne courait aucun risque.

Pendant les premiers jours, nous nous contentâmes de gagner une cinquantaine de mille marcs par séance, soit avant, soit après le dîner, car au Cercle de Baden, on jouait non seulement toute la nuit, mais encore à partir de quatre heures de l'après-midi jusqu'à sept heures du soir.

Un jour cependant, il nous arriva de sortir de notre réserve habituelle.

Le prince de Galles ayant pris part au jeu, M. *** mit 250,000 marcs en banque, en l'honneur de l'héritier de la couronne d'Angleterre, et dans l'espoir de lui enlever une partie de sa dotation.

J'avoue que je ne pus résister au désir d'infliger une petite leçon à cet arrogant tailleur de séquences qui, dans le même filet, voulait prendre des baleines comme des ablettes.

Tous ces messieurs se laissaient si naïvement dépouiller que je fus bien aise de lui prouver qu'il y a parfois des épines parmi les roses d'une séquence.

Le Comte, je dois le dire, ne cessait de m'exciter contre ce M. *** qui l'avait jadis dévalisé et il lui conservait une de ces haines qui finissent par endoctriner les plus indifférents.

Pour tous ces motifs, je ne sus pas me maîtriser ce jour-là. Par un hasard de coupe (c'est d'elle que cela dépend), il arriva que l'un des coups perdants de la séquence se présenta au début de la taille. Je pontai 100,000 marcs et mon ami 40,000 ; les autres joueurs

(les plus gros étaient sur notre tableau), entraînés par
notre exemple, forcèrent également leurs mises ; de sorte
que tout l'argent de la banque fut fait sur ce coup-là,
moins 25.000 marcs qui représentaient les mises du
second tableau.

Le banquier et le caissier firent une singulière mine
lorsqu'ils virent qu'un jeune Archiduc qui avait la main
sur notre tableau et qui paraissait redouter la confiance
que nous avions dans sa veine, venait d'abattre Neuf, et
tremblait encore d'émotion.

En présence d'un coup aussi cher, l'Archiduc avait hésité
à prendre la main et me l'avait offerte. Je le remerciai en
l'assurant qu'il ferait certainement aussi bien que moi.

Tout le monde venait nous féliciter d'avoir gagné un
aussi gros coup. Le Comte, radieux, était très entouré ;
on eût dit que nous avions gagné la bataille d'Iéna.

M. *** très calme, du moins en apparence, reconstitua
aussitôt la banque, mais je ne sais trop pourquoi, les mises
des joueurs furent pendant plusieurs coups relativement
insignifiantes.

Toujours est-il que pendant un instant il tailla, pour
ainsi dire, dans le vide. Il avait l'air si furieux de notre
abstention momentanée, que lorsque je vis que notre
tableau allait encore abattre Neuf, je ne pus résister à
l'envie de ponter 150.000 marcs. Quand on a pressenti
le passage d'une étoile, on est bien mal venu à ne pas la
saluer.

Les autres joueurs attribuant ce succès à ma veine suivirent encore mon jeu et la banque qui avait été si
délaissée par les pontes pendant plusieurs coups, reçut

encore un choc formidable qui la désempara de nouveau.

Après ce nouvel échec, M. ***, définitivement déconcerté, jeta brusquement les cartes au panier avec un mouvement d'humeur qu'il ne put réprimer. Comme je ne le perdais pas de vue pour mieux jouir de sa défaite, je le vis se diriger vers la caisse, où tout en feignant de compter le reste de ses jetons, il causa furtivement avec le caissier.

Cette conversation, qui passa inaperçue pour mon ami, m'inquiéta beaucoup.

Comme il est dans la vie des moments où l'on a besoin de se recueillir, nous rentrâmes à l'hôtel.

Bien que nous ayions gagné près de 450,000 marcs dans cette séance, je n'étais pas satisfait; je sentais que j'avais été imprudent, et la longue conversation de M. *** avec le caissier me tourmentait fort. Il ne s'agit pas de vaincre par la ruse, il faut que la ruse ne provoque aucun soupçon.

Le Comte, maintenant un peu plus aguerri, était d'une folle gaieté; il calculait qu'en allant de ce train-là, nous rapporterions en France de nombreux millions de bénéfice.

Mais ma longue expérience des agissements des caissiers me prouvait que mon jeu ayant éveillé l'attention d'un de ces concessionnaires de la séquence, il ne serait pas long à nous jouer un tour de sa façon.

Aussi le soir, en revenant au Cercle, je cherchai à atténuer par un excès de prudence ma témérité de l'après-midi.

La partie fut, du reste, peu importante, car il y avait

une soirée chez le Grand-Duc, en l'honneur du Prince de Galles.

M.*** ne vint pas au Cercle. Il avait délégué ses pouvoirs à son premier lieutenant, le Docteur **, qui tailla deux ou trois *séquences sans conséquence*; je calculai mon jeu, de façon à ne rien gagner, mais aussi à ne rien perdre sur chacune de ses banques.

Je m'aperçus que durant la soirée, le caissier surveillait très attentivement la marche de mon jeu, ce qui me rendit très perplexe.

Le lendemain étant un jour de courses, nous suivîmes le mouvement. La partie de la veille fit l'objet de bien des conversations et comme tous les chevaux de M.*** furent battus, les joueurs qui au fond ne l'aimaient pas, se répétaient à l'envi que, décidément, il était en pleine guigne et qu'il avait trouvé en moi son tombeur.

Nous étions à peine arrivés que le Prince de F..., président du Cercle, vint nous saluer.

En se retirant, il dit au Comte qu'il avait une communication à lui faire et me pria de l'excuser. Je les vis de loin se diriger vers la salle du pesage, où ils restèrent quelques instants à causer assez mystérieusement dans l'embrasure d'une fenêtre.

Comme mon ami avait l'air tout soucieux lorsqu'il vint me rejoindre, je lui demandai si le prince lui avait parlé de moi.

« Non, me répondit-il visiblement embarrassé; nous n'avons parlé que de choses insignifiantes! »

En revenant des courses, nous nous rendîmes au Cercle et, bien que la partie fût très belle, les séquenciers s'éclipsèrent comme les étoiles par un temps nuageux.

Quant à moi, très préoccupé de cette nouvelle tactique, je ne cherchai même pas à retenir un coup certain pour la ponte au moment où l'on jetait les cartes au panier.

Je ne calculais plus, je réfléchissais.

Après avoir perdu une vingtaine de mille marcs, je dis à mon ami que, s'il n'y voyait pas d'inconvénient, nous irions dîner.

Le soir, comme il y avait bal à la Conversation, Véra, que j'avais un peu délaissée pendant ces derniers jours, nous pria de l'y accompagner. Le Comte qui avait fait une courte apparition au Cercle revint me dire que nos *banquiers* s'étaient, comme dans l'après-midi, abstenus de jouer.

Le lendemain, nous fîmes avec Véra et le Comte une excursion au vieux château et quand nous arrivâmes au Cercle la partie était déjà commencée.

Le Baron * donnait les deux derniers coups d'une séquence qui lui avait rapporté environ 200,000 marcs.

Je pris place à la table de jeu, espérant qu'il allait continuer, mais mon attente fut déçue ; les *séquenciers* ne rentrèrent plus en scène. Nous quittâmes donc le Cercle d'assez bonne heure, avec un bénéfice insignifiant.

Le Comte à qui je n'avais pas fait part de mes impressions, fut le premier, lorsque nous fûmes seuls à me demander ce que je pensais de l'abstention systématique des tailleurs de séquences.

Je lui répondis que j'étais à ce sujet fixé depuis la veille, que j'attribuais leur retraite à notre imprudence, ou plutôt à la mienne ; cela parce que j'avais trop vigoureusement attaqué les banques de nos ennemis et que je craignais hélas ! de ne plus avoir à les combattre.

Mon ami me répondit que, puisqu'il en était ainsi, il lui serait plus agréable de rentrer en France pour aller faire l'ouverture de la chasse en Sologne, et qu'il m'aiderait, s'il le fallait, à décider la Baronne à rentrer à Paris.

Notre retour s'effectua assez gaiement, enchantés que nous étions de rapporter les dépouilles opimes de nos ennemis d'Outre-Rhin, qui s'élevaient à *un million huit cent mille marcs ! soit plus de* **Deux millions de francs !**

C'était autant de repris sur les **Cinq milliards** de l'indemnité de guerre ! Dame, on n'est pas toujours Hollandais !

Malgré ma légitime satisfaction, j'étais fréquemment hanté par le désir de connaître toutes les causes des divers incidents qui s'étaient déroulés pendant les dernières soirées de notre séjour au Cercle de Baden.

Je n'avais pas à me remémorer toutes les réflexions que j'avais faites depuis que l'étude du jeu absorbait toutes les forces de mon esprit ; j'avais vu le caissier entrer en conquérant dans une maison de jeu, cercle aristocratique ou tripot, et braquer sur leurs fidèles habitués les canons de l'église..... *grecque.* Je savais à quoi m'en tenir sur leurs agissements : nés pour la prise, ils croupent au coin d'un bois, à l'aide d'intermédiaires qui ne sont bien notés que lorsqu'ils détroussent sans merci. Mais j'avais vu plus loin et plus haut ; je n'avais pas seulement constaté les bassesses et les subtilités de ces milieux pervers, j'avais surpris le machiavélisme des tenanciers. Non contents d'être servis par des complices peu rétribués, ils englobent dans leur infamie les hommes les plus honorables, que la passion du jeu prédisposait à toutes les défaillances ; et, tel qui n'était entré dans ces tripots augustes ou vulgaires que pour perdre les capitaux des ancêtres, finit par prêter la main à des besognes sans nom. Un jour, la séquence lui a été offerte. Il l'a acceptée avec empressement pour payer à la caisse des dettes arriérées ; il devient dès lors le factotum insoupçonné de la *combinaison* directoriale, et ce factotum est d'autant plus dangereux qu'il porte un nom blasonné.

Le jeu est humain. Je n'ai pas la prétention de croire qu'on peut le moraliser : on ne moralise pas une passion. Bien qu'il n'y ait pas de remède souverain à la passion du jeu, on pourrait en le limitant, limiter ses désastres.

Hélas ! avec les caissiers-croupiers cette atténuation n'est même pas permise ; au nom de leur formidable appétit, ils font toujours prendre au jeu des proportions terribles : en jetant des *bûches* sur l'incendie, et dans le point du ponte.

Le jeu est comme un corps malade que les parasites achèveraient de dévorer, et ces parasites sont les démons de l'autel de la veine, de tous les fidèles ; aussi ne voit-on que des dupes !

Une fois à Paris, je résolus d'aller m'informer en haut lieu de ce qui avait bien pu être tramé contre moi.

J'appris que trois nouveaux rapports me concernant avaient été adressés à la Sûreté générale :

1° Le directeur du Casino de Bagnères-de-Bigorre avait fait déclarer par le commissaire de police, qu'Ardisson, grec dangereux, avait été exclu du Cercle où il s'était présenté sous le nom de baron de la V.....;

2° Le directeur du Casino de Biarritz avait fait aviser la Sûreté générale que le baron Van de S....., qui avait fréquenté le Cercle était un grec dangereux;

3° Le caissier du Cercle de Baden-Baden avait fait savoir que le baron Van de S..... habitant Paris, était un grec redoutable;

4° Par une lettre anonyme on avait signalé à la Sûreté que le baron de la V....., Français, le baron Van de S....., se disant Hollandais, et Ardisson n'était qu'une seule et même personne.

On me dit enfin que tout cela avait été ajouté à mon dossier et figurait sur les fiches de proscriptions que la Sûreté générale adresse tous les ans aux commissaires de police des villes d'eaux.

Cette manœuvre des directeurs avait eu pour but de me faire derechef exclure de tous les cercles et casinos de France et de Navarre.

Peu de temps après notre retour d'Allemagne, Véra apprit, par des compatriotes, que son père était très gravement malade. On lui donnait aussi à entendre qu'il ne demandait qu'à pardonner quoiqu'il eût beaucoup souffert de sa conduite.

Sans se préoccuper du courroux paternel, son premier mouvement lui fut dicté par la piété filiale et Véra voulut partir le jour même pour la Hollande. Ne pouvant l'accom-

pagner chez son père, je m'arrêtai à Amsterdam pour me
tenir à sa disposition, si elle avait besoin de moi.

Quarante-huit heures après, je reçus une longue lettre,
dans laquelle, à l'insu de son père, Véra me donnait des
détails sur ce qui s'était passé à son arrivée.

. . . .

Elle terminait en me disant qu'il lui restait encore une
tâche à remplir; elle voulait aussi obtenir mon pardon,
afin que nous puissions régulariser notre position.

Véra ne se dissimulait pas que, pour atteindre ce but, il
lui faudrait un certain temps; peut-être un mois ou deux;
son père étant encore trop malade pour qu'elle pût aborder
ce sujet. Néanmoins tout danger ayant disparu, elle espérait que la convalescence serait assez rapide: le temps de
réaliser son projet et elle viendrait me rejoindre à Paris,
quoiqu'il arrivât.

. . . .

Projet bien irréalisable, car pour le Vieux Consul et Véra
j'étais toujours le baron de la V..... J'écrivis, cependant,
pour dire combien je partageais cet espoir, et je faisais
connaître la résolution que je venais de prendre: d'aller en
attendant passer quelques semaines chez moi, à la campagne.

Je quittai donc Amsterdam et ne fis que toucher barre
à Paris; le temps de laisser mes instructions aux domestiques et je partis pour le Midi.

C'était la première fois, depuis près de deux ans, que
je dépouillais le personnage de convention dans lequel je
m'étais incarné. J'avoue que, dans les premiers moments,
cela me paraissait tout drôle de ne plus être monsieur le

Baron : tant il est vrai que l'habitude est une seconde nature. J'étais pourtant très heureux à l'idée que j'allais revoir mes anciens camarades, auxquels mon existence mouvementée ne m'avait permis d'écrire qu'à de longs intervalles.

Seul, le docteur X..., pour qui je n'avais rien de caché, était venu me voir plusieurs fois à Paris et entretenait avec moi une correspondance très suivie.

Malgré la joie du retour, je trouvais mon Midi bien changé! Depuis que je l'avais quitté, le phylloxera, étendant ses ravages, avait dévasté toute la contrée. C'était la *séquence* sous forme d'insecte, taillée par l'inexorable croupier de la fatalité.

Ce décavage de vignobles avait jeté sur le pays une note triste. Bref, je m'ennuyais, même en Provence. J'en demande pardon à tous les cigaliers et à tous les félibres; la vérité a aussi sa poésie.

Je revins à Paris.

CHAPITRE XII

Historique de la publication de la brochure
« *LE GUIDE DU JOUEUR* »

Bien que ayant décidé, dans le principe, de me conformer à l'ordre chronologique dans la description des aventures les plus piquantes de ma vie, il m'est impossible, pour l'édification de mes lecteurs, de différer la publication de certains faits dont l'actualité s'impose, tels que :

L'origine de ma brochure illustrée Le « *Guide du joueur,* » signée Argus ;

La relation de mon voyage à Cannes ;

Comment s'établit une légende et quelles en sont les conséquences ;

Les préliminaires de la fondation d'un cercle à Paris et en province ;

Et enfin, le commentaire de la circulaire Levaillant relative aux cercles et casinos des villes d'eaux.

Je demande donc, à mes lecteurs, la permission de faire ici une digression.

Je m'efforcerai d'être bref tout en cédant à l'actualité que présentent ces diverses questions.

Depuis de longues années j'avais l'intention d'initier les

joueurs aux agissements des directeurs de cercles et de casinos en divulguant les procédés d'étouffage (de vol) employés par les croupiers et les caissiers de ces établissements.

Souvent j'avais remis la publication de cette brochure ; l'hiver dernier je me décidai enfin à me mettre au travail.

J'entrepris d'abord de faire la description de tous les *trucs d'étouffage* employés par les croupiers et les caissiers, car, dès que j'avais commencé à fréquenter les cercles et les casinos des villes d'eaux, j'avais fait une collection d'observations qui constituaient ce qu'Émile Zola appelle des documents humains.

Ne pouvant pas toujours passer des séquences devant des gens qui, à juste titre, mêlent les cartes par défiance ou qui, comme moi par exemple, parviennent à les connaître et à les déjouer, les compères résolurent de pratiquer *l'étouffage*. Par ce moyen radical, ils augmentaient le produit de leur vol. Après des études préalables, ils parvinrent à faire directement passer, du tapis vert dans leurs vastes poches, tout l'argent des joueurs, évitant ainsi l'aide d'un comparse auquel il faut donner généralement de 20 à 25 %, pour tailler des séquences. C'était ce qu'on appelle en économie politique, la suppression de l'intermédiaire, qui a quelquefois de trop grandes exigences.

Je me rendis ensuite dans la patrie des croupiers, au véritable berceau de leur enfance et de leur éducation, c'est-à-dire à Marseille.

C'est, en effet, à l'antique cité phocéenne que revient la triste gloire d'avoir donné le jour à cette pieuvre d'un nouveau genre que l'on nomme le croupier !

Ce n'est que beaucoup plus tard que Toulouse en produisit; mais je dois à la vérité d'avouer que l'école de Marseille a toujours conservé une grande supériorité sur sa rivale : la justice avant tout.

Je voulais recueillir des documents complémentaires et dessiner sur place les diverses positions qui devaient me servir aux gravures que je tenais à intercaler dans le texte pour rendre mon ouvrage plus compréhensible à mes lecteurs.

Ma petite enquête terminée, je rentrai à Paris.

Déjà, les croupiers avaient eu connaissance de l'engin, — c'est leur expression, — que je préparais; leurs collègues de Marseille les avaient prévenus du danger qui les menaçait tous.

La nouvelle de la prochaine publication de mon ouvrage ayant fait une véritable révolution dans le Landernau de la croupe, je fus immédiatement accablé de lettres d'injures et de menaces de toutes sortes et si j'avais cru ceux qui les écrivaient, mes jours étaient *étouffés!*

En même temps, j'étais assailli de visites par un tas de gens que je ne connaissais pas. Les uns venaient me menacer d'un procès en diffamation si je les nommais; les autres, plus fin de siècle ceux-là, m'offraient de l'argent pour ne pas révéler leurs *trucs.*

Je ne tins aucun compte des menaces des uns et je fis éconduire les autres. Il en vint aussi qui, sous prétexte de m'offrir des renseignements, m'étaient adressés par les croupiers eux-mêmes pour me soutirer des détails sur l'importance de ma publication.

Les croupiers, justement alarmés, changèrent alors leur fusil d'épaule.

Sur ces entrefaites, un sieur Francisque Ducret, se disant ingénieur civil, mais plutôt, je crois, l'homme de paille des croupiers, m'adressa deux assignations : la première au Tribunal civil, la seconde, à huit jours d'intervalle, en Police correctionnelle.

Ce don Quichotte de la palette espérait m'intimider par la gravité de l'accusation, mais, au dernier moment, comprenant qu'il s'était engagé dans une voie dangereuse il ne se présenta pas à la dixième chambre. Défaut fut pris contre lui.

Je glisse sur les procédés qui, dans le même but, furent exercés par un sieur Louit Oreillard qui cumule les fonctions de souteneur avec celles de grec attaché à *l'état-major des casinos*.

Toutes ces manœuvres avaient le même objectif : empêcher la publication du « *Guide du joueur*. »

Il parut quand même et je le fis mettre en vente chez tous les libraires de Paris, et dans toutes les villes de France et de l'étranger. J'avais même fait faire un envoi d'office à toutes les villes d'eaux.

Voyant que je ne m'étais pas laissé intimider par leurs menaces, d'où qu'elles vinssent, les directeurs de casinos, leurs croupiers, leurs caissiers et *tutti quanti* adoptèrent une autre tactique.

On m'offrit jusqu'à 100,000 francs si je voulais retirer ma brochure de la vente. Voilà une somme qui fera rêver les maîtres..... *du Conservatoire du chant.....*

Oui! Cent mille francs! quelle aubaine! — Je puis au besoin en fournir la preuve. —

Quelques mois après, un journal publia contre les tenanciers des maisons de jeu une série d'articles fulminants. Cette campagne fut menée avec la plus grande vigueur; pour la première fois, on traitait la question du jeu avec une certaine compétence.

Je dirai plus tard pourquoi et comment il en fut ainsi. Pour le moment, je me borne à constater que c'est « *Le Guide du Joueur* » qui a dévoilé au public les agissements des directeurs de cercles et de casinos, ainsi que l'étouffage (les vols) des croupiers et des caissiers.

C'est dans ma brochure, en effet, que l'on a puisé les éléments qui ont donné lieu à la campagne que la presse a soutenu cet hiver contre les Cercles.

La Préfecture de police, poussée par l'opinion publique, dut prendre des mesures de rigueur contre ces maisons de jeu et en fit fermer plusieurs.

C'est du courage que de s'attaquer à cette dynastie des croupiers qui a des défenseurs fidèles parmi les hommes les plus hauts placés et les plus influents et qui ne peut admettre qu'un Préfet de police soit assez audacieux pour oser la viser en plein cœur.

Les trop fameux directeurs de ces établissements se voyant alors plus sérieusement menacés eurent une idée géniale : ils formèrent un syndicat « Le Syndicat des Tenanciers » pour étouffer (*sic*) par tous les moyens en leur pouvoir, ce maudit « *Guide du Joueur* ».

Sous le couvert d'une *publicité* destinée aux journaux, ils se flattaient de « *museler* la presse. »

16

Cet étrange syndicat tenait ses assises dans un cabinet particulier d'un des plus grands restaurants de l'avenue de l'Opéra. Il s'y réunit plusieurs fois.

Dans une première séance, il vota un budget de 150,000 francs qui, dans une seconde réunion, fut porté à 200,000. Avertis... que la somme n'était pas encore suffisante, les syndiqués souscrivirent 300,000 fr.

Ces effrontés croyaient cyniquement que le marché était accepté d'avance! La canaillerie ne croit pas à l'intégrité.

Comme les murs ont parfois des oreilles, je connus la formation de ce syndicat et je fis en sorte de faire échouer ses manœuvres.

Du reste je reviendrai, dans le **second volume** de mes *Mémoires,* sur ce triste marché, encore plus extraordinaire en son genre que les tripotages du Panama. J'en exposerai les *dessus et les dessous*, car j'ai suivi cette affaire dans toutes ses phases et j'ai la prétention de la connaître à fond.

Je devais bien au lecteur ces quelques explications à propos d'un ouvrage qui a fait époque dans les annales des Casinos.

« *Le Guide du Joueur* » est, en effet, le classique du genre, ce que l'on appelle dans l'Université, le livre du professeur. Les croupiers s'y reconnaissent comme dans une glace de Venise.

Je n'ai pas l'orgueil de croire qu'avec les explications techniques qui constituent ce travail d'observation, j'ai supprimé les vols que j'ai cependant catalogués avec toute la sollicitude d'un bibliophile; mais j'espère cependant avoir dessillé les yeux de ceux qui m'ont fait l'honneur de me lire.

L'ancien chef de la Sûreté, M. Macé, a écrit de curieuses pages pour faire connaître au bourgeois les filouteries qui l'attendent dans la rue. C'est ce qu'il appelle les pièges de la voie publique.

Moi, j'ai précisé les styles de l'étouffage, et si je n'ai pas trop séparé **les écoles de croupiers** c'est qu'elles ont toutes les *mêmes tendances*. J'ai enfin jeté un peu de lumière sur les agissements de la *palette*, un rayon de soleil dans l'obscurité béante des poches.

Malheureusement cette brochure tirée à **50,000** *exemplaires* **a été achetée en bloc par les tenanciers,** *ou ils l'ont rendue invendable en exerçant une vive pression sur les libraires des villes d'eaux.*

On les a menacés de les priver d'une clientèle trop assidue pour que la vente de quelques brochures pût être considérée comme une compensation.

Cette mise à l'index d'un livre accusateur était bien naturelle de la part des intéressés, et il n'y avait pas lieu de s'étonner de les voir faire disparaître la trace de leur infamie.

Mais le manuscrit n'a pas été brûlé en place de Grève; pour l'édification de mes lecteurs, **j'annexe** « *LE GUIDE DU JOUEUR* » à cet ouvrage. Ainsi donc le monde des Tenanciers, Caissiers, Croupiers, s'abuse : Il boira jusqu'à la lie le calice que je porte derechef à ses lèvres.

Et si naïfs que soient les joueurs, après avoir lu, ils ne pourront manquer de se communiquer ces réflexions :

Pourquoi prête-t-on si facilement des jetons dans les Cercles et Casinos?

Pourquoi, après une partie de quelques heures tout le monde se retire perdant?

Pourquoi, enfin impose-t-on au banquier la collaboration d'un croupier; puisque (voir § VIII, Circulaire Levaillant, chapitre XVI), ses agissements soulèvent en haut lieu, des plaintes trop justifiées!....

CHAPITRE XIII

Relation de mon voyage à Cannes.

Désirant acheter une propriété dans les Alpes-Maritimes, je me rendis l'année dernière à Cannes.

En arrivant dans cette charmante station d'hiver, je descendis à l'Hôtel de la Métropole.

Soudainement interrogé, je pris à l'improviste le nom d'un de mes amis le marquis de Lesc... qui peu de temps avant mon départ de Paris était venu passer quelques jours chez moi.

Un bonhomme qui me dit être agent de location, me conduisit à l'agence Mouton où je louais la villa Milleville.

Quelle ne fut pas ma surprise quelques jours après, de recevoir une carte de membre temporaire pour le Cercle Nautique, ainsi qu'un mot de recommandation pour M. de Clerc, son président. Cette carte m'était adressée par le Directeur de l'Agence et était signée par MM. Baron, architecte, et le docteur Gimbert.

Très intrigué, je me rendis à l'Agence pour demander comment il se faisait qu'on m'eût envoyé cette carte.

M. Mouton me répondit alors que c'était l'usage et que tous les étrangers de distinction qui passaient à Cannes étaient à ce titre invités à fréquenter les salons du Cercle; que, du reste, le Nautique était le rendez-vous de toute la haute société française et étrangère. Que ce club était installé avec un très grand confort, et que le chef avait une réputation de Vatel bien méritée.

J'ai appris depuis qu'il y avait au fond de tout cela une petite question d'intérêt.....

En sortant de l'Agence, je n'étais pas très fixé sur ce que j'allais faire.

Devais-je ne tenir aucun compte de cette invitation ou fallait-il en profiter ?

Ma foi, la coïncidence était au moins bizarre. J'avais plusieurs fois entendu dire qu'il y avait une très belle partie au Cercle Nautique, et que, de plus, on y taillait des séquences. Sans l'avoir sollicitée, je recevais une invitation; pourquoi n'en profiterais-je pas? En ma qualité de joueur, je suis superstitieux; il me sembla que tout cet ensemble de circonstances me faisait, pour ainsi dire, un devoir de tenter l'aventure.

J'allai donc, sur-le-champ, rendre visite à mes parrains, pour les remercier de leur amabilité.

Je commençai par M. Baron, architecte, un homme charmant qui demeurait dans l'immeuble occupé par l'Agence Mouton.

« Je suis enchanté, me dit M. Baron, de faire votre connaissance, et si, comme on me l'a dit, votre intention est d'acquérir une propriété, ici ou dans la région, je me ferai un véritable plaisir de vous en faire visiter plusieurs que je suis chargé de vendre. »

Je le remerciai, en l'assurant que j'aurais grand plaisir à le revoir au Cercle.

« Je suis au regret, me répondit-il; je ne vais jamais au

Nautique, pas plus, du reste, que la plupart de mes collègues de Cannes. Le Cercle est, pour ainsi dire, exclusivement réservé aux étrangers : nous nous réunissons au Philharmonique. Mais, qu'à cela ne tienne, je serai toujours à votre disposition pour vous fournir les renseignements dont vous pourriez avoir besoin. »

Je me rendis ensuite chez le docteur Gimbert et, comme je le remerciais également de son amabilité, je vis que mon nom de marquis de Lesc..... ne lui rappelait rien. Il me dit, en effet :

« Je vous demande pardon, monsieur le Marquis, mais à quoi dois-je attribuer vos remerciements ? »

Je tirai aussitôt de ma poche l'invitation que j'avais reçue et je lui montrai sa signature.

« Ah ! parfaitement, me dit le Docteur, c'est mon ami Baron, qui a fait cela sans me prévenir, mais ça n'a pas d'importance, car, entre membres du Cercle, nous avons l'habitude de nous rendre réciproquement ces petits services. Du reste, ajouta le Docteur, je suis enchanté de cette occasion qui me procure le plaisir de votre visite. »

Et, naturellement, il me dit, que j'avais très bien fait de venir à Cannes, que le climat y était bien préférable à celui de Nice, d'Hyères et de Saint-Raphaël, et la société plus choisie.

En prenant congé, j'exprimai au Docteur le plaisir que j'aurais de le revoir au Cercle. Sa réponse fut à peu près identique à celle de M. Baron. Lui, non plus, n'y mettait jamais les pieds.

Deux ou trois jours après, je me rendis au Club, mais

ne voulant en aucune façon m'adresser au Président sous les auspices d'un agent de location, je résolus de me présenter moi-même à M. de Clerc. Au moment où j'entrai, il jouait au whist avec M. Outray, attaché à l'ambassade de France à Constantinople et Sir J. Brown, tous deux membres du comité.

Lorsque le Président eut terminé sa partie, je le priai de m'excuser de me présenter moi-même en l'absence de mes parrains.

M. de Clerc me dit très aimablement que ce petit détail d'étiquette n'avait pas d'importance, qu'il était enchanté de l'honneur que je faisais au Cercle, où je pouvais me considérer comme chez moi.

Il y avait déjà beaucoup de monde autour de la table de baccara.

Par extraordinaire, et contrairement à ce qui se passe en général dans les villes d'eaux et dans les stations hivernales, la partie, — mon devoir est de l'avouer, — était correcte à tous les points de vue. On n'y taillait pas la moindre séquence, on n'y étouffait pas le plus petit jeton. *Rara avis!*

Il est bon d'ajouter qu'au Nautique, il n'y a pas de croupiers et que le gérant du Cercle est une exception dans son genre. Ce n'est, du reste, qu'un simple employé, puisque ce Club s'administre lui-même, comme tous les *vrais cercles fermés.*

Après avoir perdu une dizaine de mille francs à la ponte, je taillai plusieurs banques ouvertes. J'eus des alternatives de veine et de déveine. Cependant, à un moment donné, je perdais plus de *soixante mille francs!* Bref, dans cette première journée, je me retirai du jeu avec une perte de 45,000 francs *seulement*.

Pendant la partie, j'avais remarqué que les joueurs intrigués, semblaient se demander discrètement entre eux, le nom du nouveau banquier. Je sus plus tard qu'ils s'informaient quel pouvait bien être ce néo-Crésus, bravant la fortune avec autant de désinvolture, sacrifiant *cent mille francs* en une heure et perdant enfin avec une aussi bonne grâce.

Bien que je n'eusse encore été présenté à personne, tous les membres présents furent charmants pour moi, entre autres M. de Clerc, qui constata avec un ton de sympathie réelle que j'avais payé très cher ma bienvenue.

Le lendemain, vers cinq heures, je revins au Cercle.

Comme on ne passait pas de séquences, et que ce sacré Paul, le gérant, faisait toujours une très vigoureuse salade sur la table, il ne m'était pas possible de saisir même un coup probable pour la ponte, sur *le classement naturel des cartes neuves où quand on jette au panier les cartes d'un coup consommé*. La déveine aidant, je perdis encore.

Je me mis de nouveau en banque, et, après un écart de *trente mille francs*, je me retirai avec une nouvelle perte de *quinze mille*. Les joueurs étaient de plus en plus ravis de trouver en moi un banquier aussi déveinard.

Le troisième jour, voyant que la banque ne me réussissait pas, et toujours sous l'empire de ma passion je résolus de chercher au hasard une passe à la ponte, mais je ne fus pas plus heureux; et, après un écart de *dix-*

huit mille francs, je rentrai chez moi, avec une nouvelle perte de *trois cents louis*.

Le quatrième jour, je pris une banque aux enchères à 1,000 louis. Après l'avoir reconstituée, elle me coûta environ *trente-cinq mille francs*.

Mon tour vint alors de tailler la banque réglementaire, mais au lieu de mettre cinquante louis comme la plupart de ces messieurs avaient l'habitude de le faire pour ces banques-là, j'annonçai, à la satisfaction de tous, que les coups étaient tenus. Cette banque fut enfin heureuse. En effet, après des alternatives de perte et de gain, elle me rapporta *quarante et un mille six cents francs*.

Il n'en fallut pas davantage pour que toutes les sympathies des jours précédents se changeassent en froideur très accentuée.

Quand vous donnez des Neuf, on vous admire, quand vous en prenez, on vous toise.

A tour de rôle, des joueurs allaient interroger le gérant sur mon compte ; d'autres consultaient M. de Clerc qui jouait dans une salle voisine sa traditionnelle partie de whist. Obsédé sans doute par leurs questions, M. de Clerc vint, pendant la fin de la taille, se placer derrière moi, et me dit d'un ton très embarrassé :

« Ah ! sapristi, quelle belle banque !

— En effet, lui dis-je, mais je suis loin d'être rentré dans mes pertes. Comme vous le savez, en trois jours, *j'ai perdu soixante-six mille francs* ; dans la banque précédente, j'en ai encore *perdu trente-cinq mille*, soit en tout **cent un mille francs**. Sur celle-ci j'en gagne, il est vrai, *quarante et un mille six cents* ; je perds donc encore **cinquante-neuf mille quatre cents francs**.

« Ah! Ah! fit-il surpris. »

Il se rendit aussitôt auprès du gérant probablement pour contrôler mon dire et paraissant satisfait il se dirigea vers les joueurs sans doute pour les rassurer en leur affirmant que je perdais encore beaucoup.

Le Président dût trouver des incrédules, car, tout en comptant les jetons de ma banque, je remarquai qu'il tenait en main le livre de caisse et le leur faisait consulter pour mieux les convaincre.

Ce jour-là, la partie finit plus tôt que de coutume.

En rentrant chez moi, j'appris que vers six heures, c'est-à-dire au moment de mon heureuse banque, on avait lancé par le téléphone du Cercle des : *Allo! Allo!* dans toutes les directions.

Au docteur Gimbert d'abord, qui avait répondu qu'il ne connaissait le marquis de Lesc... que pour l'avoir vu un instant chez lui lorsqu'il était venu le remercier de l'invitation qui lui avait été adressée, à son insu, du reste, par son ami M. Baron.

On téléphona à ce dernier, qui déclara qu'il ne connaissait le marquis de Lesc... que par l'entremise de M. Mouton.

On téléphona enfin à M. Mouton qui fit savoir qu'il avait loué au marquis de Lesc..., à raison de 1,000 francs par mois, la villa Milleville, que le Marquis était venu dans le pays pour y faire l'acquisition d'une propriété, qu'il possédait à Paris un hôtel rue Spontini, que d'ailleurs son attitude avait produit sur lui l'impression d'un riche gentilhomme.

Cette petite enquête téléphonique, chez des habitants de la localité, avait donné lieu à de nombreux commentaires. Dans des milieux si calmes, une accusation quelconque est un dérivatif ; c'est un évènement qui distrait, et on le commente pour avoir l'air de s'occuper de quelque chose.

Entre temps, quelques ex-collègues du Cercle de l'Union Artistique, venus à Cannes, pour assister aux Régates, informèrent M. de Clerc que je n'étais pas le Marquis de Lesc...

A cette nouvelle, le Comité se réunit, mais, comme je perdais beaucoup et que ma conduite au Cercle avait toujours été empreinte de la plus parfaite correction, on ne prit aucune mesure de rigueur contre moi. Toutefois le Comité décida que, pour la bonne règle on allait se renseigner.

Pendant cette seconde enquête qui ne dura pas moins de quinze jours, j'avais continué à jouer et à augmenter mes pertes s'élevant alors à plus de **quatre-vingt mille francs.**

Les jours où je perdais, tout était pour le mieux dans le meilleur des mondes ; quand, par hasard, j'avais un éclair de veine, les murmures recommençaient. Ma première idée fut de les réprimer, mais je me contentais d'en rire, connaissant assez le joueur pour ne pas lui en vouloir de toujours trouver bon de gagner et de toujours attribuer sa perte à une cause surnaturelle. C'est l'excuse du vaincu.

En un mot, c'était la confirmation de tout ce que j'avais souvent constaté : au jeu, on jauge l'honorabilité des gens.

ou leur soi-disant habileté (comme il vous plaira), suivant qu'ils perdent ou qu'ils gagnent. Dans cette tourbe, on laisse toujours quelque chose, ou son argent, ou son honneur et quelquefois les deux.

Comme je l'ai dit au début de ce chapitre, lorsque je m'étais rendu à Cannes, je n'avais nullement l'intention d'y fréquenter le Cercle. Si j'avais pris un nouveau pseudonyme, c'était pour que mon nom ne fût pas remarqué, sur la liste des étrangers et j'avais tout naturellement donné à l'Agent de location et à l'architecte mon adresse à Paris.

Je fus vivement contrarié en apprenant qu'on était allé chez moi rue Spontini pour s'y renseigner sur le marquis de Lesc..., car je prévoyais que j'allais avoir à fournir des explications, au sujet de mon identité.

Surtout que depuis quelques jours j'avais remarqué une certaine froideur de la part du président, M. de Clerc, qui avait toujours été avec moi d'une amabilité parfaite.

Une après-midi, pendant que j'accentuais encore ma culotte, **je perdais alors quatre-vingt-dix mille francs,** un valet de pied vint m'annoncer qu'on me demandait à la salle à manger.

Il était environ sept heures, et croyant que c'était pour le dîner, je lui répondis que je ne prenais pas mes repas au Cercle.

Quelques instants après, il revint me faire la même communication. Agacé de cette insistance, je lui dis de me... laisser la paix. M. de Clerc vint alors me dire que c'était lui qui désirait me parler et que je l'obligerais beaucoup en venant un instant dans le salon à côté. Je lançai sur le tapis les 10,000 francs de jetons qui me restaient, sur les 30,000 francs que j'avais pris à la caisse, quelques instants auparavant. Je perdis le coup et je me rendis aussitôt dans le salon où M. de Clerc m'attendait.

« Monsieur, me dit le président, j'ai une communication très délicate à vous faire.

— Très bien, monsieur, je vous écoute.

— Voici : à la suite de renseignements dont il serait trop long de vous indiquer la source, il semblerait qu'il n'existe pas de marquis de Lesc...

— Ce que vous me dites là, monsieur, est très blessant pour moi. Prenez-vous la responsabilité de vos paroles ? (1) »

Très perplexe, il répliqua.

« Monsieur, ce n'est pas en mon nom que j'ai parlé, mais seulement au nom du Comité.

— Oh ! ne jouons pas sur les mots, je vous prie, ne vous retranchez pas derrière l'impersonnalité du Comité pour me dire des paroles blessantes. Cette façon d'agir n'est vraiment pas digne, et, de votre part, elle me surprend beaucoup.

J'insistai pour être mis en présence du Comité. »

M. de Clerc y consentit et pria quelques-uns de ses collègues de venir l'assister.

Ces Messieurs se réunirent aussitôt. Après m'être

______

(1) Dans cette explication d'identité, le lecteur comprendra que mon amour-propre m'empêchait d'avouer que j'étais Ardisson, l'homme de la légende.

excusé de les avoir dérangés, je leur déclarai que si j'avais demandé à être mis en leur présence, ce n'était pas pour discuter la question d'identité dont m'avait parlé M. le président; que, dans l'espèce, la seule chose qui me préoccupait c'était de savoir si depuis un mois que je fréquentais le Cercle, ma conduite avait jamais donné lieu à la moindre critique.

Je dois reconnaître que ces messieurs répondirent négativement, et à l'unanimité.

Le président, prenant alors la parole, ajouta :

— « Je déclare, au nom de ces messieurs et au mien, que votre attitude ici a toujours été empreinte de la plus parfaite correction. Du reste, tout le monde sait que vous perdez beaucoup. *La seule chose qui nous occupe c'est cette malheureuse question d'identité.* »

En raison d'une telle suspicion, dis-je au Président, j'estime qu'il est à la fois plus correct et plus digne de me retirer.

Et je ne revins plus au Cercle.

En somme, c'est la première fiche qui a été *le critérium,* c'est elle qui a soulevé tous les incidents qui se sont succédé et reproduisait en l'aggravant la version d'Aix. Cette version, comme un grain de blé, a fourni une abondante moisson. C'est la Sûreté générale qui, il faut lui rendre cette justice, a *scrupuleusement* tout récolté.

C'est ainsi que, j'ai subi le double tranchant du dilemme. Grâce à la puissance de la fiche, décuplée par la vitesse acquise, c'est-à-dire grâce à la légende qu'elle enfanta ; quand j'ai gagné, on a dit que j'avais triché pour gagner, ce que l'on dit de tous les gagnants ; quand j'ai perdu, on a dit que j'avais triché pour perdre.

Je ne comprends plus, et vous ?

A quelques jours de là, je me rendis chez moi, à la campagne.

CHAPITRE XIV

Où peut mener la foi dans une légende,

Le docteur X... vint me voir le jour même de mon arrivée. Il m'avait à peine serré la main qu'il me dit à brûle-pourpoint :

« Eh bien, mon ami, qu'allez-vous faire enfin en présence de ce qui se passe? »

Je vis tout de suite où il voulait en venir.

Je n'avais jamais prêté grande attention à ses paroles lorsqu'il enfourchait son dada favori d'une défense en règle. J'étais fixé depuis longtemps sur la valeur de certaines conventions sociales.

Dans le monde infernal du jeu, j'avais vu l'opinion s'égarer avec une cruelle incompétence. J'avais vu bon nombre de personnes, ostensiblement considérées, surprendre l'estime publique, tandis que de braves gens sans épithète, comme le commandant P... mouraient avec la candeur d'un enfant et la fiche d'un grec.

Je n'étais pas, comme un jeune juge d'instruction pour l'inévitable nécessité d'une culpabilité; j'étais assez sceptique pour faire entrer en ligne de compte le mobile de l'accusation. Et je souriais devant le réquisitoire des ennemis de tout ordre qu'alimente la calomnie intéressée, la pire de toutes, mais dont les malsaines ardeurs se refroidissent au premier souffle d'une preuve. Et voilà pourquoi je souriais devant cette indignation d'un profane, devant cet emballement d'un naïf que le plus simple raisonnement devait démonter et rallier bientôt à la suprême vérité des choses.

Quand on fréquente ce monde du jeu, comme je l'avais déjà fait, on y découvre des horizons qui échappent aux regards de bien des profanes. C'est là que les hommes vous apparaissent sur un véritable pied d'égalité, car il n'y a rien comme la table de baccara pour rapprocher les distances.

Autour de cette table, toutes les faiblesses humaines ressortent comme si on les regardait avec un télescope, et elles grandissent à vue d'œil devant nos yeux désabusés.

La passion du jeu prend dans toutes les classes des adeptes qu'elle fanatise et tous les degrés de l'échelle sociale lui fournisssent un égal contingent. A ce malheureux entraînement, tout succombe : honneur, famille, patrie, rien ne subsiste, quels que soient le rang, la naissance, la fortune, la situation présente du joueur. Vient un jour où l'honnêteté s'efface, où la probité s'envole et où la bête humaine donne libre cours à la perversité de ses instincts.

Que d'exemples je pourrais citer en dehors de ceux qui sont dans toutes les mémoires, malgré la conspiration du silence qui s'organise autour d'eux !

Dans ma longue fréquentation des cercles, j'ai vu des gens, inspirant le respect et la confiance, se livrer posément, froidement, à des opérations illicites. Et la plupart n'avaient même ni la passion, ni l'infortune pour excuse, puisqu'ils avaient trouvés des millions dans leur berceau et qu'ils n'avaient jamais joués que par spéculation ; poussés seulement par l'âpreté au gain.

Comme je répondais évasivement à mon ami le docteur, il insista plus que de coutume.

Je résolus alors de lui donner les motifs de mon indifférence :

« Voyons, mon bon ami, lui dis-je, suivez mon raisonnement et je vais vous démontrer jusqu'à l'évidence l'impossibilité où je suis de réaliser votre désir.

Vous connaissez mon existence depuis plus de vingt ans, vous avez été à même d'apprécier mieux que personne les exagérations grotesques, je dirai plus, fantastiques que l'on a publiées sur mon compte.

Eh bien! Je vais vous prendre vous-même comme exemple : ne vous est-il pas arrivé, alors que nous avions chassé ensemble la veille, et que vous saviez pertinemment que j'étais chez moi depuis un certain laps de temps, de venir le lendemain, avec un journal à la main, pour me lire une anecdote plus ou moins bien présentée, mais toujours fantaisiste dont on me faisait le héros? Après votre lecture vous me regardiez en clignant de l'œil, comme pour me dire : « Eh bien, qu'y a-t-il de vrai dans tout cela? » Le doute était quand même entré dans votre esprit et vous vous disiez mentalement : « Si, tout de même, c'était vrai ! »

— Ah! non.....

— Si, vous doutiez, car on a bien raison de le dire :

calomniez, calomniez, il en restera toujours quelque chose! Dans de telles conditions, croyez-vous que, même après avoir été éclairée *à giorno*, l'opinion publique serait susceptible de faire un revirement en ma faveur? Non, certes, et je ne le sais que trop. Quand on a parlé ou calomnié, la parole ou la calomnie prennent leur vol; s'arrêtant partout et laissant partout d'ineffaçables traces. Leur origine est à jamais perdue, mais le mal qu'elles font s'aggrave en raison même de cet anonymat. La supposition, l'hypothèse de la veille, est devenue la vérité du jour et la légende du lendemain, et alors, tout le monde travaille inconsciemment à grossir cette fable. C'est ainsi que la calomnie grandit, comme un torrent qu'alimentent des milliers de sources inconnues.

En résumé, on réfute un argument, on combat une thèse, on annihile un raisonnement, on ne détruit pas une légende.

Vous n'ignorez pas que l'on m'a fait très souvent voyager dans des pays où je ne suis jamais allé. Des gens même vous affirmeront qu'ils ne connaissent que moi, sans m'avoir jamais vu. Ça fait si bien de connaître un héros de légende.

Le surnaturel exerce une ineffable séduction, et les gens qu'il a bercés ne veulent pas être désabusés, c'est-à-dire expropriés de leur rêve.

Oui, tout cela, mon ami, c'est la puissance de la légende, contre laquelle se heurtent même les plus austères consciences.

En effet, j'ai pu souvent m'en convaincre. Je me suis trouvé en face de personnes qui, ne me connaissant pas, racontaient de la meilleure foi du monde qu'Ardisson avait été à tel endroit et que les choses s'étaient passées de telle ou telle façon. Elles finissaient même par dire qu'elles avaient été les témoins oculaires des faits avancés!

Et tenez, mieux que cela encore. Il m'est arrivé de déjeuner avec des gens qui prétendaient connaître si bien Ardisson qu'ils se faisaient forts de le distinguer entre mille, sans se douter un seul instant que c'était à moi qu'ils faisaient cette confidence.

Et ce n'était pas là le fait d'une erreur pouvant provenir d'un changement de physionomie de ma part. Non, ce qu'ils racontaient ne s'était jamais passé et je n'avais même jamais entrevu ces témoins oculaires.

D'autres, circonvenus sans doute par les directeurs de cercles et de casinos dont je suis l'ennemi redoutable, m'ont présenté au public comme un prestidigitateur extraordinaire, accomplissant sans le secours d'aucun accessoire des tours de cartes sataniques; à les en croire, le fameux Bosco et les enchanteurs de l'antiquité ne seraient à côté de moi que d'innocents apprentis.

De là à généraliser les choses et à me prêter une incomparable puissance, dans cet ordre d'idées, il n'y a qu'un pas.... »

J'étais las de parler, mais je n'étais pas à bout d'arguments.

« Voyons, mon cher, n'exagérez-vous pas un peu?

— Pas le moins du monde! Je vais même vous raconter quelque chose de plus fort et vous vous rendrez compte de ce que peut accomplir la confiance dans une légende, jointe à une naïveté naturelle car, il faut bien le reconnaître, le monde n'est pas exclusivement composé de gens intelligents, il s'en faut.

Il y a quelques années, je reçus d'un de mes amis, habitant un département voisin, le télégramme suivant :

Faites amitié venir passer quelques jours chez moi, amuserez beaucoup.

Très intrigué, je pris le premier train pour X...

Mon ami m'attendait à la gare et m'expliqua ce dont il s'agissait.

J'avoue qu'au premier abord, je n'en croyais pas mes oreilles. Jugez-en.

Nous entrions dans la période électorale et mon ami préparait l'élection à la Chambre des députés d'un conseiller..... dont il était l'agent électoral. Et il m'appelait pour me demander mon concours dans cette circonstance.

En province, surtout dans les petites localités, l'existence se passe presque entièrement au Cercle de l'endroit; c'est là que se discutent toutes les affaires importantes et, à plus forte raison, les questions électorales, quoique les règlements portent qu'il est interdit d'y traiter des sujets intéressant la politique ou la religion.

Mon ami passait donc toutes ses soirées au Cercle de la ville avec son candidat. Là, après avoir parlé de bien des choses, on racontait d'extraordinaires histoires de jeu, comme pour donner plus de prestige à la partie qui s'y jouait, partie très modeste..... quoique méridionale.

Mon nom avait été prononcé et, comme toujours, on avait réédité sur le *célèbre* Ardisson les histoires les plus invraisemblables. J'étais le Monte-Christo de ces heures-là.

Entre autres énormités, l'un des membres du Cercle (ah ! il était bien de son pays celui-là) avait même ajouté :

« Il est si fort, cet Ardisson que, tenez, vous voyez bien, sur la cheminée, cette pendule énorme ? Eh bien ! s'il voulait s'en donner la peine, il la ferait disparaître à notre nez et à notre barbe, sans que personne n'y vît que du feu. »

Comme on paraissait douter de son affirmation, il continua, sur un ton de conviction profonde :

« Vous voyez bien tous qu'il est dix heures moins un quart. Eh bien ! avec lui ce serait minuit, s'il y avait intérêt. »

Quelques assistants s'étaient bien récriés, mais la majorité avait trouvé la chose toute naturelle, puisqu'il s'agissait de moi. Mon ami avait vivement répliqué :

« Monsieur a parfaitement raison. — Et tenez, moi qui vous parle — je lui ai vu faire des choses qui tiennent véritablement de la magie..... »

Sachant bien tout le ridicule des propos qu'on venait de tenir devant lui, l'agent électoral comprit soudain tout le parti qu'il pouvait tirer de ma légende et résolut de profiter de l'état des esprits pour me mêler à la cuisine politique qui se préparait. La chose lui paraissait utile et drôle : deux raisons pour ne pas y rester indifférent.

Loin de laisser tomber la conversation, il la ranima en renchérissant. Et quand le Midi raconte, la *sardine* prend toujours les proportions d'une baleine.

En rentrant chez lui il causa longuement de moi au Conseiller...., dont l'esprit avait été frappé par les divers propos tenus au Cercle.

« Mais vous le connaissez donc, avait dit le Conseiller..... à son agent électoral ?

— Si je le connais, mais comment ne le connaîtrais-je pas, ajouta celui-ci pour se donner de l'importance. C'est, sans contredit, l'homme le plus habile de notre siècle et, de plus, il est d'une circonspection diplomatique.....

— Ah ! vraiment.....

— Eh ! Mais..... J'y songe. Si nous utilisions ses talents pour votre élection ? Avec lui, elle ne serait pas douteuse. Il prendrait place à côté de moi au bureau, comme pour m'aider dans ma surveillance et, au moment du dépouillement, notre homme agirait !.... »

Tout d'abord, cette proposition étonna quelque peu le futur député. Évidemment son intérêt le poussait à l'accepter, mais il cherchait vainement, et pour cause, à s'expliquer la possibilité d'obtenir un tel résultat.

Hésitant, il avait demandé :

« Mais comment peut-il s'y prendre ?

— Ah ! ça, je l'ignore, lui avait répondu l'agent électoral, mais quant au succès nous n'avons qu'à nous en rapporter à lui, du reste, la part active qu'il a prise au plébiscite de 1870 est pour nous une garantie suffisante.

Par intérêt certainement, il s'est fait une spécialité des combinaisons électorales : en un mot il vend des majorités.

— Oh ! mais alors.... il doit se faire payer très cher, hein ?

— Rassurez-vous, Ardisson est dans une très belle situation de fortune, et comme je le connais beaucoup, je

suis certain qu'à cause de moi, il vous prêtera son concours tout gracieux et tout gratuit, uniquement pour
m'obliger et pour l'amour de l'art.

— Évidemment le moyen serait bon, mais il ne me
paraît pas praticable. De la façon dont j'en ai entendu parler,
quand on saura que.... il...... est ici, et qu'on le verra
avec nous, mon adversaire.... le candidat officiel, ne
manquera pas de donner l'alarme ; vous savez qu'il ne
recule pas devant les moyens ; et alors que faire ?.....
Peut-être même interdira-t-on à votre ami de séjourner
devant la mairie ?

— Tranquillisez-vous, Ardisson ne manque pas de
moyens de transformation ; c'est un véritable caméléon
et, sous un pseudonyme quelconque, les plus perspicaces
ne sauraient le deviner ; c'est au point que moi qui le
connais pourtant bien, je me demande si je ne serais pas
embarrassé pour le distinguer au milieu des voyageurs
descendant d'un train.

— Fort bien... Mais ne demandera-t-il pas à venir au
Cercle, et alors que se passera-t-il ?..

— Rien, absolument rien. Je vous le répète ne croyez
pas que, s'il accepte de venir ici, ce soit pour la partie,
elle est bien trop insignifiante pour lui. S'il consent à faire
le voyage, ce ne sera, soyez-en persuadé, que pour m'être
agréable. Vous pouvez donc accepter sans crainte. « En
politique pour arriver, tous les moyens sont bons, avait
ajouté l'agent électoral. Les élections ne sont-elles pas
toujours la bouteille à l'encre ? Ne vous souvenez-vous
pas du veau légendaire de X...., de la soupière électorale
de Y....., des rastels de Z...., des urnes à double fond

de H...., des bulletins à la poudre de Briançon de W......
et enfin du fameux lapin de P....?

« Inutile de vous parler des programmes alléchants,
des promesses qu'on ne tiendra jamais, des fraudes cou-
rantes, entre autres de l'inscription des électeurs de contrebande, et quelquefois des électeurs décédés.

« Ne vous rappellez-vous pas, en effet, qu'aux dernières
élections législatives, vous n'avez été battu qu'à cause des
manœuvres déloyales de votre concurrent? Et qu'en étu-
diant le dossier, je me suis aperçu et vous ai démontré
que vos adversaires avaient fait voter des gens morts
depuis trois ou quatre ans, et d'autres qui sont depuis dix
ans en Amérique, d'où ils ne reviendront peut-être jamais.

« Du reste, écoutez, j'en fais mon affaire. Si vous me
donnez carte blanche, je réponds du succès, que vous
faut-il de plus? »

Le candidat, poussé par le désir d'aller siéger au Palais-
Bourbon, s'était laissé convaincre à la condition toutefois
qu'il n'assumerait aucune responsabilité et qu'il décline-
rait toute compromission. On acceptait bien le viol des
urnes, mais on ne voulait pas en encourir les conséquences.

Après que l'agent électoral eut complètement rassuré
son candidat, il fut décidé qu'on me ferait venir au plus
vite.

Voilà ce qu'en arrivant, mon ami me dit au débotté,
puis il ajouta : « Maintenant, c'est bien simple, nous
allons nous rendre chez le Conseiller....., vous lui direz
que vous vous faites fort de lui *faire une majorité* le
jour du scrutin, que vous en faites votre affaire person-
nelle. »

Comme le fantastique *Capitaine* Canossa, alors !

« Du reste, ajouta mon ami, je puis vous affirmer que vous ne vous engagez pas beaucoup en disant cela, mes renseignements particuliers et le pointage auquel je me suis livré m'assurent le succès final. Il va sans dire que je me suis bien gardé d'en parler à ce bon Conseiller….. qui est si modeste. Il se montrera ainsi d'autant plus généreux envers moi qu'il croira que ma tâche aura été plus difficile. Par la suite, vous n'aurez plus à vous occuper de rien. Toutes les affiches sont envoyées dans les communes, nous n'aurons plus qu'à parcourir les localités voisines pour nous assurer qu'elles ont été posées avec soin et qu'on ne les a pas recouvertes de celles de notre adversaire, et le soir, nous rentrerons tranquillement chez nous.

Quant à notre candidat, il n'a qu'à paraître dans quatre ou cinq réunions publiques dont les dates sont déjà fixées, et c'est tout. L'accueil sera incontestablement bienveillant partout; les esprits sont déjà chauffés, il n'y a, en somme, qu'à les maintenir dans cette température.

— Mais comment, mon cher, vous m'avez donc présenté comme un prestidigateur?

— Certes oui! et même des plus habiles!

— Eh bien! vous avez eu grand tort, car je ne puis accepter ce vilain rôle…..

— Mais, voyons, pourquoi cet amour-propre? Puisque vous savez qu'il s'agit d'une comédie?

— Oui, mais c'est égal, elle est un peu forte, et je vous avoue qu'avec la réputation que vous m'avez faite, je ne serai guère à l'aise vis-à-vis de ce monsieur...

« — Mais non, mais non, puisque lui, Conseiller…. des plus estimés dans le pays, la plus grosse fortune du département…. sollicite le concours de votre *habileté*. Pourquoi vous montreriez-vous plus pointilleux que lui en cette circonstance? Vraiment, cela m'étonne de vous et je suis bien déçu. Moi qui avais si bien manœuvré pour échafauder tout cela avec l'espoir que cette aventure des plus originales conviendrait à votre tempérament et vous amuserait un peu….

— En effet le cas est des plus singuliers, lui dis-je, après réflexion. Vous me demandez de jouer une petite comédie d'un genre nouveau. Eh bien! soit! J'en ai, du reste, joué bien d'autres, et puis celle-là, comme vous le dites, est réellement drôle : à ce point de vue seul, je me décide.

— C'est oui, n'est-ce pas? ajouta mon ami, complètement satisfait, merci, merci, tout ira bien! »

Nous nous rendîmes aussitôt chez le Conseiller……, qui nous attendait très anxieux.

C'était un homme charmant. On ne put guère par la suite lui reprocher d'avoir fait trop de bruit à la Chambre. — Il n'y prit jamais la parole. Peut-être est-ce parce qu'il avait la conscience chargée d'un remords, hanté par la pensée que son élection était due à un subterfuge?

Qu'il se rassure.

Si le hasard veut qu'il lise un jour ces lignes, il verra que tout s'est passé le plus correctement du monde et qu'il n'a été à la Chambre que l'expression des suffrages de ses concitoyens.

La présentation faite, notre candidat me répéta plusieurs fois :

« Alors, je puis compter sur vous, monsieur ; vous me garantissez le succès de mon élection ?

— Mais certainement, monsieur, ce serait mon premier échec.....

— Mais comment.....

— Oh! quand à ça, monsieur, fiez-vous-en à mon expérience !.... »

Mes dernières paroles inspirèrent une telle confiance au Conseiller... qu'il m'invita sur-le-champ à l'accompagner à son cercle. A peine arrivés, il dit très mystérieusement à son agent :

« Mais à quel âge a-t-il donc commencé à s'occuper de combinaisons électorales : il me paraît encore bien jeune ? »

Celui-ci, très difficile à démonter, mit ma jeunesse apparente sur le compte d'une habile transformation.

« Comme c'est extraordinaire! Comme c'est extraordinaire! » murmurait-il.

Pendant toute la soirée, il me combla de tant de prévenances que, pour m'y soustraire, je me mêlai à la partie. Bien qu'elle fût modérée, et, d'ailleurs, très correcte, j'y perdis une dizaine de mille francs. Je ne saurais pas dire si je cherchai à retenir un coup futur dans le groupement des cartes lancées au panier. Je n'avais pas même la préoccupation de jouer, en présence du rôle si drôlement étrange que j'avais accepté par pure distraction.

Dès le lendemain nous allâmes avec mon ami surveiller les afficheurs, semer par-ci, par-là, un bon conseil parmi les électeurs qu'on rencontrait, et, le soir, pendant que notre candidat développait son programme, lorsqu'il vantait les douceurs du libre échange, ou l'implacable nécessité d'un dégrèvement, nous prenions des airs de satisfaction suprême comme si le Messie daignait enfin parler.

Chefs de claque de la comédie des professions de foi, nous entraînions dans l'étourdissement des salves triomphales les troupeaux accourus de moutons de Panurge.

On ne sortait du *forum* que pour aller au café-concert.

Après Brutus, Thérésa!

Je fis à ce café la connaissance d'une petite chanteuse parisienne et charmante, si l'alliance de ces deux mots ne forme pas un pléonasme.

Je dois dire cependant que je remarquai avec plaisir que notre candidat était devenu un tout autre homme depuis qu'il me sentait près de lui. Il ne doutait plus de rien; sa confiance était telle que, depuis mon arrivée, il avait commandé des cartes de visite, avec son nom suivi du titre de : **député**. Ce que c'est pourtant que **l'illusion!**

Eh bien! vous le voyez, voilà un homme qui était persuadé que, quoiqu'il arrivât, je devais au dernier moment lui procurer la majorité des votes. Il se voyait déjà élu et cela lui donna une assurance qui contribua pour beaucoup à lui faire remporter la victoire.

Le mensonge aussi a son moment psychologique : une seconde après, il ne porte plus.

Vous pensez bien qu'à l'heure du scrutin, mon rôle fut bien simple. Pendant les quelques jours qui précédèrent l'élection, le Conseiller..... n'avait cessé de me répéter :

« Et surtout soyez prudent, hein ! »

Le jour du vote, il attendit chez lui la proclamation du résultat. Il se demandait peut-être si le nom de ses ancêtres n'allait pas sombrer dans les horreurs d'un flagrant délit, et si, par hasard, son Bosco ne raterait pas *le coup de la soupière!*

Pendant que depuis l'ouverture du scrutin, le Conseiller me croyait les mains dans l'Urne, je faisais tranquillement une excursion dans les environs avec ma gente divette. Cependant le soir, nous allâmes dîner près de l'Hôtel de Ville, pour mieux suivre l'opération.

Le dépouillement commença et, de minute en minute, l'agent électoral allait porter à notre candidat les résultats des sections qui presque tous étaient favorables. A chaque voyage, ce bon Conseiller, comme nous l'appelions, ne cessait de répéter sans oser prononcer mon nom :

« Quel homme tout de même que..... Est-il fort? Que je vous suis reconnaissant de me l'avoir fait connaître ! »

Quand le moment décisif approcha, je me rendis alors à la Mairie avec l'agent électoral, et, voyant que le résultat final était en notre faveur, puisqu'il ne restait plus à connaître que les chiffres de quelques petites localités qui ne pouvaient rien changer à l'issue de la lutte, nous allâmes en triomphateurs lui porter la bonne nouvelle.

Ah! monsieur le député était bien ému! Je n'avais pas encore donné le détail des résultats qu'il tomba dans mes bras en me disant :

« Ah! bravo! bravo! quel talent! Jamais je n'oublierai que je vous dois mon siège !..... »

Quand il revint à lui, après cette première explosion de joie, il chercha à me questionner sur les moyens que j'avais employés pour obtenir un tel succès.

« Mais comment vous y êtes-vous pris, me souffla-t-il à l'oreille.

— Chut!..... ch...ut! lui dis-je, c'est mon secret. Vous vouliez être député; vous êtes nommé, ne me demandez rien de plus; je ne peux pas davantage. »

Le nouvel élu se tourna vers son agent et lui remit sous enveloppe une bonne gratification. Quant à moi, en me donnant une de ces vigoureuses poignées de main qui signifient : « Entre nous, c'est à la vie, à la mort ! » il me dit :

« Vous pouvez compter sur moi en toute circonstance. »

Dire qu'à cette heure, je pourrais avoir un bureau de tabac de première classe !

Nous nous rendîmes aussitôt au Cercle, le nouveau député en tête, mais avant d'y entrer, il dut être frappé d'une soudaine appréhension, car très mystérieusement, il me dit d'une voix qui tremblait à la pensée d'une discussion publique de mes procédés électoraux :

« Pas d'invalidation possible au moins, hein?

— Soyez tranquille, lui dis-je en souriant, vous pouvez dormir sur vos deux oreilles. »

Ses amis déjà réunis, l'attendaient avec impatience pour lui adresser les félicitations d'usage.

Il y avait même les camarades douteux, ceux que le succès, ce merveilleux apôtre, convertit toujours !

Ainsi se termina mon rôle électoral dans la campagne de 18.....

J'espère que mon député, s'il l'est encore, — je ne
veux pas le savoir — ne me tiendra pas rigueur de ces
confidences à mes lecteurs. On écrit ses MÉMOIRES ou on
ne les écrit pas! Et puis, mon devoir était de reconnaître
qu'il n'a pas bénéficié d'une combinaison déloyale, que
son nom n'est pas sorti de l'urne grâce aux artifices d'un
Robert Houdin, mais qu'il a véritablement été l'élu du
suffrage universel. Enfin, j'avais à cœur de dire toute la
vérité d'abord pour tranquilliser sa conscience et ensuite
pour le dégager d'une reconnaissance à laquelle je n'ai
jamais eu aucun droit.

Oubliant le programme NE VARIETUR qu'il s'était tracé,
mon ami le Docteur, qui depuis le commencement de
mon récit se tordait de rire, me répéta plusieurs fois :

« Quel est ce député..... Vit-il encore?..... Fait-il partie
de la Chambre actuelle?

— Je ne puis répondre à ces questions lui disais-je; je
suis lié par certaines considérations, que vous comprenez
et aussi par le *secret professionnel*.

— C'est véritablement stupéfiant !

— N'est-ce pas. Eh bien! que dire de mon cas, après
cet exemple! Lorsque des gens qui, en somme, ne sont ni
des ignorants, ni des illettrés, subissent une telle influence,
que feront ceux qui n'ont aucune idée logique, aucune
parcelle de bon sens, enfin aucun moyen intellectuel de
contrôle?

— Je suis décidément vaincu, me dit le docteur, mais
ce que je ne parviens pas à m'expliquer, c'est que vous
laissiez impunément écrire sur vous ce que je viens de

lire dans ces journaux, et qu'enfin vous ne fassiez pas valoir publiquement les arguments auxquels je me rends.

— C'est évidemment à mon récent voyage à Cannes que vous faites allusion ? Je l'avais déjà compris à votre insistance de tout à l'heure.

— Parfaitement. Tenez, lisez ces journaux.

— Attendez, laissez-moi d'abord vous narrer succinctement ce qui s'est exactement passé au Cercle Nautique et je lirai ensuite la version des journaux que vous m'apportez. »

Je lui fis brièvement l'exposé des faits dont ma précédente relation à Cannes fait connaître l'enchaînement et les résultats.

Après quoi, mon ami ne put encore se défendre de me dire :

« Eh bien ! mon cher, malgré cela, on n'en a pas moins travesti la vérité, lisez plutôt. »

Je pris alors ses journaux et j'y lus des versions plus étranges les unes que les autres à propos de mon séjour au Cercle Nautique.

Je n'étais pas un homme ordinaire, celui dont on raconte l'héroïsme du jour ou les passagères défaillances. J'avais été pris par les rédacteurs de ces feuilles comme un sujet à variations, et ils s'en étaient donné à cœur joie. J'avais été considéré comme une occasion de broder en chœur, et personne ne l'avait manquée. Et alors, pour intéresser le lecteur, on avait commencé, à parler d'un de ces repris de justice, d'autant plus rares qu'ils n'ont pas de casier judiciaire. Puis, les épithètes se suivaient, conséquence logique d'une affirmation calomnieuse pour laquelle je n'ai pas pris la peine de poursuivre certaine presse, sachant qu'elle trouve ses moyens d'existence dans le travestissement de la vérité, inspirée par des gens exerçant une profession inavouable Depuis quelques années, le papier n'est pas cher, et je prétends que si elle se contentait de l'appoint des lecteurs, c'est-à-dire si elle négligeait le *casuel*, cette presse ne paierait même pas son papier. En général, c'est ce qu'elle fait, et je vous laisse à penser à quels expédients sont réduits les plumitifs qu'elle emploie. Toutes ces réflexions, je les résume. Si je les développais, il y aurait un de ces réquisitoires qui ferait trembler et pâlir ces *moralisateurs*.

Mais le docteur me parlait surtout de l'appréciation des journaux sur l'incident de Cannes. C'était là l'argument décisif. Eh bien! Entre autres faits érronnés, il y était dit que j'avais gagné 100,000 francs. Or, tous les membres du Cercle et les livres de caisse constataient que je les avais perdus. Que voulez-vous faire après tant de cynisme? On ne lèverait jamais assez haut les épaules: il suffit de dire avec Ponsard que

> Dès qu'on franchit la borne, il n'est plus de limite.

Voilà les réflexions que m'inspirait ce que je venais de lire.

« Hein! Qu'en dites-vous, reprit le docteur, avec une insistance qui faisait honneur à sa loyauté? Ne vaut-il pas mieux poursuivre les calomniateurs? En somme, c'est une faiblesse que de se laisser ainsi vilipender impunément.

— Non, mon cher, lui répondis-je avec une certaine

amertume. Je serais moins faible si la force elle-même n'était pas annihilée d'avance, si la plus virile énergie n'était pas stérile. »

Et je développai ma manière de voir devant le docteur naïf que chacune de mes paroles frappait comme un argument sans réplique.

Je lui fis toucher du doigt la méthode qu'emploie *certaine* presse pour réaliser son rêve éternel, l'augmentation du tirage. Un fait tel qu'il existe est la plupart du temps insignifiant; il faut le grossir et donner une loupe en prime à chaque lecteur. Le roman-feuilleton doit sortir du rez-de-chaussée pour envahir la troisième page, et c'est à qui luttera pour émerveiller le lecteur par l'exagération du récit. Ponson du Terrail devient le régisseur du domaine de la réalité, c'est-à-dire que la fiction, ce nom charmant qu'on donne au mensonge, devient l'élément quotidien, la nourriture habituelle servie à l'appétit féroce du bon public, toujours avide de surnaturel.

Les artistes de l'information entrent bientôt en scène : ils font des variations, comme un organiste bien doué. Ce sont les publicistes de Nicolet qui ont pour seule devise : De plus fort en plus fort.

Au théâtre, n'est-ce pas la même chose? Pourquoi force-t-on une scène? Est-ce pour donner plus d'apparence à la vérité? Non, c'est pour empoigner le spectateur.

C'est parce que j'avais conscience de l'état d'âme de cette presse que je me suis toujours fait un orgueil de rester calme, et d'opposer un serein mépris à ses exagérations professionnelles.

Pour en revenir au fait qui me concerne et qui a motivé

cette digression à propos des journaux que le docteur mettait avec tant d'insistance sous mes yeux, je restais absolument impassible devant des attaques où je ne voyais qu'une regrettable manie ou une fâcheuse nécessité du métier.

Ah! si l'on avait dit qu'Ardisson, invité au Cercle Nautique de Cannes y avait perdu 100.000 francs, on n'aurait annoncé qu'une nouvelle exacte, mais puisque mon nom venait sous la plume, l'occasion devenait séduisante et il fallait autre chose qu'un fait ordinaire. Et, alors, Ardisson était venu, non pas pour perdre, mais pour razzier. Mon déficit s'était changé en bénéfice illicite et la victime en dupe, car, on ne pouvait admettre qu'un homme légendaire fut aussi déveinard qu'un ponte de banlieue.

Lorsque je me heurtais aux ridicules exagérations de la légende et aux racontars qu'on tient d'on ne sait qui et qui grandissent et se dénaturent dans chaque bouche, je me suis tu; mais, je ne pouvais glisser sur les derniers incidents de Cannes et de *l'Épatant* sans avoir l'air de fuir une justification pourtant bien facile.

Apropos de Cannes, on sait maintenant toute la vérité. A propos de *l'Épatant*, je veux la dire tout entière, moins pour obéir au désir d'une justification dont je n'ai pas besoin, que pour déplorer les ennuis que j'ai pu causer aux gens honorables qui m'ont patronné directement, ou indirectement et qui ont pu subir, comme par ricochet, l'effet d'une calomnie auprès de ceux qui ne connaissent pas leur inattaquable loyauté. C'est surtout pour eux que je parle, non pas que je suppose qu'ils aient besoin d'une défense, puisque lorsqu'il n'y a pas de coupables, il ne saurait y avoir de complices, mais pour bien établir que, s'ils ont servi mes projets, ce n'était que par complaisance courante et par cette bienveillance ordinaire que les gens du monde échangent entre eux.

Quand je suis arrivé à Paris, j'avais de nombreuses lettres de recommandation qui, par leur origine, m'ouvraient les portes les plus fermées. Ces lettres, je ne les avais pas reçues sous mon nom, que j'ai tenu secret pour les motifs que l'on sait.

Mais ces recommandations, on les avait données à ma personnalité, et il est incontestable que je ne les aurais pas eues, si je n'en avais pas été reconnu digne.

Grâce à elles, je me suis donc trouvé dans le monde, appuyé par les plus honorables répondants, et dans un milieu où les relations s'étendent comme une traînée de poudre. Or, il est venu un moment où je n'avais plus à demander des parrains, ils s'offraient d'eux-mêmes et je n'avais que l'embarras du choix. Ma fréquentation, je dois le dire, ne passait pas pour être trop désagréable; je recevais régulièrement des invitations de mes collègues du Cercle, et ils venaient à leur tour, avec ce qu'on est convenu d'appeler le « Tout Paris », assister aux soirées musicales que je donnais chez moi. Des chroniqueurs en ont parlé, et vous savez que ce sont eux qui font l'histoire.

Depuis deux ans, très répandu dans le meilleur monde, reçu partout et recevant avec un certain succès d'amphytrion, membre de plusieurs grands cercles où l'on m'avait vu faire de grosses différences, accueilli enfin par une élite avec le plus courtois empressement, il m'a été bien facile quand j'ai eu le désir d'entrer à *l'Épatant* de trouver le patronage de personnes qui ne remplissaient vis-à-vis de moi qu'une obligation mondaine. Mais j'avais une cause majeure pour ne pas leur avouer mon identité, et vis-à-vis d'elles je n'ai pas à me faire d'autres reproches. A *l'Épatant*, comme dans les autres grands cercles fermés dont je faisais partie, j'ai fait les mêmes différences que par le passé avec les mêmes alternatives qui se produisent dans une partie sérieuse.

Entre autres j'ai perdu et gagné des coups de cinquante, cent, et même de deux cent mille francs, n'étant même pas assis à la table de jeu.

Sur ces entrefaites, on connut mon nom véritable, et les pourvoyeurs de la presse vénale vinrent tour à tour me proposer un *traité..... de publicité*, me menaçant, si je ne m'exécutais pas, de divulguer mon nom.

C'est alors que devant cette ligue d'accusateurs intéressés je résolus de donner ma démission, et je la donnai spontanément comme en fait foi une lettre du secrétaire du Cercle, lettre qui est toujours en ma possession.

Mais ma décision fut prise en pure perte, car la meute que ma résistance avait mise en rage, aboya à qui mieux mieux.

Obéissant à un mot d'ordre, quelques journaux crièrent au scandale, et le plus acharné — c'est toujours ainsi ! — fut un journal du *matin* qui ne saurait être impartial dans la question.

Au besoin je pourrais nommer l'inspirateur de l'article et l'officine du tripot où on le rédigea.

D'où venait cette levée de boucliers ? La réponse n'est embarrassante que pour ceux qui ne connaissent pas les procédés des caissiers-croupiers. Quand les cercles dits fermés chôment, les tenanciers, qui entretiennent partout des limiers, n'apprennent pas sans envie qu'on joue gros jeu loin de leur palette et l'écho de coups considérables étant parvenu jusqu'à eux, grâce aux espions et racoleurs de la cagnotte que l'on recrute même parmi les préfets révoqués, ils estimaient sans doute qu'on leur enlevait le pain de la bouche. C'est pour cela qu'ils employaient les plus vils moyens pour désagréger une telle partie et bénéficier de l'accaparement des gros joueurs.

Je reviendrai plus tard, car cette fois le sujet dépasserait mon cadre, **sur les dessous de ces manœuvres**. Il y a certains rôles que je veux tirer au clair et certains personnages, qu'on ne soupçonne pas, que je veux portraicturer.

Conclusion : Tant que j'étais M. d'And..., c'est-à-dire l'ami et le compagnon de la plupart des membres des grands cercles, leur commensal et leur hôte, tant que je vivais de leur vie, ouvertement, sans mystère, on n'a eu qu'à se louer de moi et à me louer. J'étais le type du bon camarade, du viveur sans pose et sans prétentions ; j'étais le plus parfait modèle de ce bon sens raffiné qu'on appelle la correction.

Mais, le jour où je suis redevenu Ardisson, ma personnalité s'est dédoublée. La confiance que j'inspirais à juste titre s'est transformée en défiance, et l'on n'a vu en moi que l'homme de la légende. Et c'est parce qu'elle s'est toujours prêtée à une erreur sans nom, parce qu'elle a suspendu sur moi l'éternelle menace de ses suspicions que je me suis décidé à écrire ce livre. Tant pis si la

calomnie proteste, aujourd'hui j'accuse. Que les accusés
se défendent à leur tour.

J'ai dit l'origine de la légende contre laquelle je me
suis débattu, parce que j'ai compris qu'il y avait presque
lâcheté à laisser triompher le mensonge. Je suis la victime d'une fiche de commande comme toute l'espèce
humaine l'est d'un baiser défendu dans l'atmosphère
enivrante du paradis. J'admets avec les théologiens que
le baiser fut coupable, tandis que la fiche ne fut qu'une
ignominie de ceux qui la créèrent; parce que je leur
avais dit tout haut ce que je pensais de leur vol réglé et
de leur méthodique infamie.

Si j'avais profité de mes découvertes pour encourager
leur misérable industrie, j'étais un commandité naturel.
Je n'ai pas voulu manger de ce pain-là. Et j'ai, dès ce
moment, assumé toutes les conséquences de leur *ven-
detta*. Ils m'ont désigné à un tribunal qui juge sans
preuves et sans appel, j'ai été condamné mais je ne veux
pas de ce stupide arrêt. Je ne veux pas que le croupier
X..... m'invalide par crainte de mon vote, je le toise
sans crainte, je le méprise.... sans amendement. Tant pis
si le tenancier démasqué me poursuit avec sa dénoncia-
tion. Je lui fais une guerre de guerilla, et, de temps en
temps, je l'extermine avec volupté. Qu'il s'appelle
Charles, César, Louis, Léon ou Marius, s'il n'a pas eu
son tour, il l'aura, car ma plume s'exalte au souvenir de
tout ce que j'ai vu (1).

(1) **Je croyais au début que mes *Mémoires* n'auraient
que deux volumes, et je me demande si un troisième
suffira.**

La vengeance est, dit-on, le plaisir des dieux, mais quand elle tombe sur une horde sans remords, qui tond la fortune publique et le travail national, comme un Champenois, ses moutons, elle prend un autre nom : elle s'appelle la Justice !

CHAPITRE XV

Comment on fonde un Cercle à Paris
ou en province.

Puisque, dans mes récits, je me meus autour des cercles, je suis presque forcé, ne serait-ce que pour les profanes, d'expliquer aussi brièvement que possible comment on fonde un cercle à Paris ou en province.

Le journal *le Temps*, dans son numéro du 18 octobre 1893, a publié, à ce sujet, un article auquel je ferai quelques emprunts pour relever certaines inexactitudes. En somme, le rédacteur paraît connaître la question qu'il traite et je n'ajouterai que quelques renseignements à son étude; ils ont leur importance.

Les cercles dits fermés à Paris, ainsi que ceux des villes d'eaux, sont la propriété de tenanciers qui les exploitent pour leur compte. Quels sont ces tenanciers et d'où leur vient leur scandaleuse fortune?

Le tenancier a presque toujours débuté dans les bas-fonds de la domesticité; il est entré dans un cercle soit comme maître d'hôtel, chasseur, valet de pied ou laveur de vaisselle.

Le nouveau milieu dans lequel il a vécu n'a pas tardé à exercer sur lui sa pernicieuse influence.

Il a compris qu'il vivait dans un monde interlope, c'est-à-dire de compromissions perpétuelles. Comme les caméristes des cocottes, il ne s'est pas fait d'illusion sur ses maîtres dont chaque action lui paraissait suspecte et louche. Attaché par ses intérêts à la fortune de la maison, il a connu progressivement toutes les vilenies professionnelles.

Il a été témoin des vols des croupiers; il en a connu l'importance et s'est bien vite rendu compte de l'impunité qui leur est réservée, grâce à la protection qui les couvre. A partir de ce moment, son unique ambition a été de devenir croupier lui-même. Il s'est informé de la marche à suivre pour atteindre ce but tant désiré ; il a appris qu'il devait, avant tout, aller faire un stage dans l'une des écoles de croupiers de Marseille ou de Toulouse. Celle de Marseille, plus renommée à juste titre, d'ailleurs, a obtenu sa préférence, car on lui a dit qu'elle était considérée comme l'école d'application du genre ; le Saumur des croupiers. En sortant, il ne serait plus dans les coulisses, il serait sur la scène.

Lauréat de ce conservatoire.... il était sûr d'avoir de suite un brillant engagement, car, si l'on ne donne que 10 ou 15 % sur le produit de *l'étouffage* aux croupiers de l'école de Toulouse, ceux de Marseille ont toujours de 25 à 30 %. A chacun selon ses mérites.

Notre homme a profité d'une morte saison pour aller faire son stage à Marseille. Dès qu'il est en possession de son *brevet* de croupier, il se met à la besogne et étouffe des plaques à poche que veux-tu. Il aspire bientôt à monter en grade. Il cherche à devenir caissier-tenancier d'un cercle ou d'un casino pour pouvoir voler davantage et monopoliser, en les canalisant, *les étouffages* de ses employés. Il se met alors en quête d'un homme d'apparence honorable, jouissant encore d'une certaine considération, et disposant de relations nombreuses.

Ce complice indispensable que j'appellerai, par exemple, Tartempion, pour la commodité du récit, et pour ne pas révolutionner par une allusion ce clan d'anciens braves gens, est toujours un homme avide dont les besoins grandissent avec l'âge: un vieux beau visé par une jeune pieuvre; un gentilhomme ruiné; un commandeur défaillant ou un publiciste cynique, bref, une conscience toujours à vendre, pourvu qu'on y mette le prix.

En général, la décoration est exigée. Ce n'est pas par amour de l'antithèse que l'on met un ruban rouge sur une palette brune, c'est parce qu'on veut couvrir la marchandise avec le pavillon.

Plus heureux que Diogène, le croupier ne tarde pas à trouver son homme, d'abord parce qu'il *l'éclaire* mieux que sa lanterne, ensuite parce que les temps sont durs. Il y a plusieurs candidats pour une place de balayeur, vous devez penser si celle de président largement rétribuée fait loucher ces rastaquouères de l'honneur *dont les gages fixes s'élèvent jusqu'à* **60,000 francs** *par an. Et cætera......*

L'exposé de l'affaire commence. Aux premiers mots, le futur président cligne des yeux et répond : « C'est entendu. Pour qui me prenez-vous ? »

Voyons maintenant ce qui va se passer dans cette association et prenons les choses à leur début.

Ayant reçu les premières instructions de son ami X...,
le caissier tentateur, Tartempion s'en va trouver M. Durand, riche négociant et lui tient à peu près ce langage.

« Cher ami, plusieurs de nos camarades ont résolu de
se réunir tous les jours dans un local fermé, afin de causer,
de boire et de s'amuser en société. Il y aura, le soir,
quelques whists de famille, peut-être un *petit*, *tout petit*
baccara; on déjeunera et on dînera à bon compte; salle
d'armes, fumoir, journaux, électricité et cordialité à
tous les étages. Ce sera charmant. Vous êtes des nôtres,
hein?

La cotisation sera de 100 francs par an, pas pour vous,
bien entendu. Au contraire, si vous consentez à figurer
sur la liste du conseil de *surveillance*, vous toucherez
l'intérêt de la cagnotte au prorata des actions que vous
aurez prises. J'ai déjà sur la liste nos amis Dubois, Dupont,
Dumont, et le colonel carliste X....., etc., tous gens
connus et honorables comme vous et moi. »

Durand ne serait pas flatté de l'assimilation si Dumont,
Dupont et Dubois n'étaient pas de l'espèce de ces éternelles dupes qui, malgré tout souscrivent aujourd'hui
encore à la reconstitution de la Société de Panama.

Ce n'est que lorsque Tartempion a enlevé Durand
qu'il va trouver Dumont, Dupont et Dubois et qu'il soutire
leur consentement en disant : « Durand en est ».

C'est le chef-d'œuvre de la logique effrontée : c'est la
séquence des prémices.

Une fois le cercle constitué en principe, Tartempion se
met en quête de l'autorisation préfectorale. Elle n'est pas
facile à obtenir, mais il est juste de dire que le privilège,

une fois accordé, se retire bien rarement, il faut pour cela
un assortiment complet de scandales. Et encore !

Le *Betting* a été fermé, parce que son prêteur ne se
contentait pas d'opérer rue Mogador. Il avait des contrats
à Paris et des notaires en province.

Le Cercle de l'Union latine a été bouclé parce que la
préfecture voyait avec une certaine tristesse, un ancien
ministre présider à une partie..... comme les autres.
C'était la reconnaissance officielle de la croupe, ce qui
dépassait les limites permises.

Quant au *Cercle de la Presse*, aujourd'hui devenu le
Cercle des Capucines, je ne saurais mieux faire, à propos
de sa fusion avec le *Washington* que de reproduire fidèlement ci-dessous l'article que M. Henri Rochefort consacrait le 11 juin 1894 à cette question brûlante.

Comme on le verra, le *Washington* n'a été fermé que
pour aider au triomphe d'une combinaison financière. On
a donc fait un cadavre pour en galvaniser un autre.

Sans crainte de plagier Ponson du Terrail on a encore
une fois ressuscité Rocambole.

Je passe la main au Rédacteur en chef de *l'Intransigeant :*

« La police a l'air de surveiller le jeu. En réalité, elle
« l'encourage et elle en vit. Les agents de M. Lépine
« feignent d'arrêter les frères Bertrand, et ce sont les
« frères Bertrand qui tiennent les agents de M. Lépine.
« Le dernier procès qu'on a fait semblant d'intenter au
« directeur du *Betting-Club* l'a surabondamment prouvé.
« L'affaire de la scandaleuse fusion du *Cercle de la*

« *Presse* avec le *Cercle Washington* l'établit encore
« plus clairement.

« Un député que je pourrais nommer, et dont le nom
« commence par un D, a entrepris avec quelques tripo-
« teurs la « refonte » de ce *Cercle de la Presse*, qui
« mourait faute de pontes. Mais, honnêtes comme on ne
« l'est pas, ces refondeurs ont promis que désormais leur
« tripot serait « fermé », c'est-à-dire composé comme le
« Jockey-Club de membres tous actionnaires. Cependant
« monsieur le député et ses coassociés décidèrent qu'ils
« commenceraient par prélever sur la cagnotte, avant
« tous autres, les prétendus millions qu'ils devaient
« apporter.

« Comme le nouveau cercle manquait de clientèle, ce
« fut au complaisant Lépine que le député, opportuniste
« naturellement, s'adressa pour s'en fabriquer une. Les
« Bertrand, principaux actionnaires d'un autre tripot qui
« marchait comme sur des « roulettes » et qui s'intitulait
« le *Washington* — peut-être parce qu'on y pratiquait
« le vol à l'américaine — consentirent à cette fusion ;
« mais, comme il importait de se soustraire au paiement
« de deux ou trois cent mille francs de dettes, ce fut
« Lépine qui se chargea de la liquidation, en faisant
« fermer le *Washington* par ordre, ce qui constituait un
« cas de force majeure.

« Tous les joueurs de ce dernier claquedents durent
« passer à l'autre, celui de la Presse, qui s'intitule aujour-
« d'hui *Cercle des Capucines*. Mais les communards, à
« qui l'intraitable Lépine a fermé récemment le cimetière
« du Père-Lachaise, vont voir ce que vaut l'inflexibilité

« de ce fonctionnaire. Bien que les règlements relatifs
« aux cercles dits « fermés » soient formels et comportent
« une enquête sur chaque membre, une présentation par
« deux parrains et un ballotage, tous les clients du
« *Washington* furent en bloc, le même jour, sans pré-
« sentation, ni vote, ni formalité d'aucune sorte, reçus
« au nouveau *Cercle des Capucines*.

« Or, c'était la Préfecture elle-même qui avait supprimé
« le *Washington*, parce que ceux qui le fréquentaient
« n'offraient pas de garanties suffisantes de moralité !

« La moralité, la voilà : Lépine restreint soi-disant le
« jeu à Paris, mais c'est pour assurer aux frères Bertrand,
« tous frais émoulus de la police correctionnelle, le mono-
« pole et la centralisation de toutes les cagnottes. La
« magistrature et le préfet s'entendent ainsi pour encou-
« rager le vol, qu'ils prétendent réprimer quand il se
« manifeste sous forme de cambriolage, et qu'ils tolèrent
« si gracieusement quand il se produit par l'abatage des
« neufs de poitrine que les escarpes du baccara tirent de
« leurs gilets.

« Maintenant, à qui M. Lépine fera-t-il accroire que sa
« brigade des jeux — sinon lui-même — n'a pas été
« abondamment arrosée pour permettre ces attentats aux
« porte-monnaie, qui devraient faire asseoir tout ce
« monde, député, préfet et actionnaires sur le banc des
« assises ?

« M. Dupuy ignore évidemment ces trucs préfecto-
« raux ; mais puisqu'il fait profession de couvrir ses
« subordonnés, il ferait sagement de les empêcher de le
« découvrir à ce point-là. »

Le Rédacteur en chef de l'*Intransigeant* aurait été certainement plus explicite et plus cruel encore s'il avait connu le propriétaire du local en détresse de l'ex-cercle du *Washington*. Édouard Drumont a écrit la *Fin d'un Monde*, Henri Rochefort aurait pu, on sait avec quel esprit cinglant, écrire la *Fin d'un Bail!*

Il est juste de dire que les cercles qui ont été fermés par ordre, par prudence, ou par intérêt n'avaient rien fait de plus ni de moins que les autres.

Pour continuer notre récit, Tartempion va trouver le Préfet de Police et lui expose son affaire. Le haut fonctionnaire demande quel est le motif de cette association; Tartempion déclare sur ses grands dieux, — toute la mythologie..... grecque y passe! — que rien n'est plus nécessaire; les commerçants du quartier ne savent où se réunir, le café les abrutit, leurs femmes se désolent des maux d'estomacs qu'ils y contractent, etc., etc. Ce n'est plus de l'opportunité, c'est de l'hygiène.

Pendant ce temps, les plus hautes influences sont mises en jeu. L'autorisation est accordée, mais à la condition : 1° qu'un comité sera constitué; 2° qu'une action sera distribuée à chaque membre fondateur du cercle. Rien n'est plus vite fait : le local est loué, meublé, le personnel est engagé, il y a un croupier et quarante auxiliaires, comme chez Ali-Baba, on inaugure, le baccara fonctionne, le cercle est fondé.

A partir de ce jour, Tartempion devient sciemment un véritable pantin, qui a des oreilles pour être sourd, des yeux pour ne point voir et qui défend sa mensualité comme une tigresse, ses petits. Il passe, le sourire aux lèvres, à travers toutes les infamies professionnelles, pousse l'optimisme jusqu'à croire que le vice mérite une récompense, jette à tous les échos l'expression de sa joie de vivre, et ne pâlit même pas devant les glaces qui réflètent son image.

Dans cette combinaison, le caissier X. s'est naturellement réservé la place de gérant-prêteur ; pour le public et pour l'administration il n'a pas d'autre titre. Il prête, en effet, à la médisance, mais pas à la calomnie.

Quant aux membres détenteurs d'actions, ils ont la passion du jeu, ou s'ils ne l'ont pas, on la leur inculque : il y a aussi des apôtres pour la religion de la duperie.

Tartempion toujours directeur, toujours logé, toujours nourri, toujours appointé, émargeant toujours à la cagnotte, n'a d'autre volonté que de laisser, dans les prairies de la séquence, brouter à l'aise celui qui le paie.

Il y a encore les actionnaires purement complices, ceux qui ne comptent que sur les dividendes et qui savent que la cagnotte est une poule aux œufs d'or.

Nous ne parlons pas de ceux-là : ils sont de la combinaison.

Précipités dans l'abîme, Dupont, Dubois et Dumont ne perdent pas seulement leur argent, ce qui est une destinée commune. Ils empruntent sur leurs actions, les perdent une à une, et pontent, c'est-à-dire livrent à jamais leur droit au contrôle. S'ils ne sont pas entièrement décavés, ils sont tout au moins désarmés.

Ils deviennent bientôt des domestiques zélés et on paiera leur bassesse avec quelques jetons.

On comprend bien que la cagnotte ne produirait pas assez pour couvrir les frais connus et inconnus et enrichir les intéressés, si on ne corrigeait un peu le hasard? *Castigat ridendo fortunam*, telle est la devise du caissier.

L'organisation du vol, admirablement constituée, comprend : les grecs, les croupiers, les sous-ordres, l'agent d'affaires, l'allumeur, etc., etc.

De nos jours, les grecs autonomes se font de plus en plus rares. Il y a pour cela deux raisons; d'abord, leurs procédés sont plus ou moins connus : la grande barbe à recel, la tabatière à miroir, le neuf de campagne, la télégraphie, le filage ou escamotage temporaire de la carte, la substitution partielle ou complète d'une taille, la portée préparée ou le *rigolot*, la *glace*, la double glace et la triple glace, et tant d'autres que je décrirai en détail dans le prochain volume de mes mémoires.

Il faut considérer ensuite que la plupart de ces trucs ne peuvent être exécutés qu'avec la complicité du tenancier et le concours du croupier et caissier du cercle ou du casino. De sorte que le grec autonome est devenu le grec officieux attaché à *l'état-major* de ces établissements.

Ce genre d'auxiliaires qui se recrute du haut en bas de l'échelle sociale apporte le tribut de son aplomb et de son cynisme à la combinaison directoriale à laquelle il est adjoint, comme un médecin à une famille : on ne le choisit qu'après avoir eu des preuves concluantes de son habileté, il est enfin l'intermédiaire entre la croupe et le joueur et comme le maître de cérémonie de la danse des écus.

Lorsque le grec effectue sa besogne, le croupier ferme les yeux par ordre et, la partie terminée, il rend ses comptes au caissier qui lui alloue une juste rétribution. Tout est dans l'ordre. Les économistes appeleraient cela la simple rémunération du travail! Mais quelle que soit la supériorité de ces grecs officieux, ils n'entrent qu'en seconde ligne dans les espérances d'un directeur de Casino ; c'est l'escouade de réserve.

Les collaborateurs de toutes les heures sont les croupiers.

Les pontes qui ont un coup par hasard, les croupiers qui *étouffent*, les grecs *séquenciers* qui dévalisent, tous luttent et pillent pour le caissier.

Le commissaire des jeux devrait pour justifier son titre, arrêter en *bloc*, tous ces aigrefins sur leur champ de manœuvre. Mais hélas! le commissaire des jeux est le plus souvent un ancien croupier, appointé par le cercle qu'il doit surveiller.

Il est payé pour être aveugle et il ne devrait fonctionner qu'avec un chien. Quant à l'engraissement de sa sébile, il s'en charge.

Il y a cependant des commissaires des jeux, choisis parmi des personnes d'apparence honorable mais dont le rôle vis-à-vis du caissier est, pour ainsi dire, analogue à celui de Tartempion, le pseudo-directeur du cercle.

Étant donné, la plupart des commissaires des jeux ne sont que des dilettantes fort négligeables. On ne peut décemment leur demander d'être clairvoyants, puisqu'ils sont payés pour fermer les yeux.

Ajoutons à la liste de tous ces complices appointés ou rétribués *l'allumeur*, à qui l'on fait généralement tailler une séquence pour mettre la partie en train, et empêcher les joueurs de savourer trop longtemps leur café après les copieux *rastels* du cercle ; le *raccoleur* qui rabat les naïfs, jusque sous les *mitrailleuses* de la Banque.

L'Agent d'affaires, est aussi du cercle. Supposez un joueur, M. de Carabas, dont la situation de fortune, en Normandie, est florissante. Il perd à *l'Interlope* tout son argent disponible. Il emprunte à la caisse, on lui prête dix mille francs, puis quinze, puis vingt. Passé ce chiffre, le caissier se récuse. Alors M. de Carabas indigné va le trouver, frémissant d'indignation :

« Monsieur, mon nom est connu, je ne viens pas du Brésil ! Ma solvabilité est proverbiale, pourquoi me refuse-t-on de l'argent ?

— Cher monsieur ! la caisse n'est pas inépuisable, malheureusement !..... Mais j'y songe, allez donc voir demain matin mon vieil ami Y..... Voici un mot pour lui.

Chez Y..... M. de Carabas est fort bien reçu.

— Comment donc, c'est mon vieil ami le caissier qui vous envoie ? Vous aurez soixante-dix mille francs ce soir. Je sais quelqu'un qui vous les prêtera sur ma recommandation. »

A trois heures, M. de Carabas revient. C'est chose entendue, mais il a été dur, vous aurez à lui payer *dix mille francs* d'intérêts (restent *soixante mille*) plus une petite commission (restent *cinquante-huit mille*). A propos, mon vieil ami le caissier m'a chargé de vous demander les *vingt mille francs* qu'il vous a prêtés (restent *trente-huit mille*). Ajoutez-vous quelque chose pour son petit intérêt, et sa petite commission...? Oui! Merci pour lui! (restent trente-six mille.)

Entre alors l'homme de paille usurier, toujours muni de papier timbré. M. de Carabas signe, prend l'argent que le soir même il va perdre au tripot (restent..... les yeux pour pleurer). Il ignore toujours qu'Y..... n'est qu'un compère attaché à l'établissement et que c'est le caissier qui a prêté l'argent. Ce dernier n'a multiplié tous ces stratagèmes que pour avoir, sous le couvert d'un tiers porteur, des billets en règle contre lesquels M. de Carabas ne pourra jamais invoquer l'exception de jeu.

Conclusion : le caissier achète des rentes, des terres, de l'honorabilité, de la noblesse, devient M. du Caissier; ses comparses font de même. Il y a bien par-ci, par-là, des catastrophes de famille, des faits divers, ruisselants d'allusions, des histoires désagréables, mais ces bruits disparaissent et s'effacent dans le grand brouhaha du monde comme il va.....

Voilà quelle est la genèse de la fondation d'un cercle à Paris et le rôle, sommairement analysé, des personnages qui en vivent.

Voyons maintenant comment les choses se passent en province.

Lorsqu'un sieur X..... caissier ou croupier (*fonctions qu'il remplit alternativement selon son habileté au vol et les besoins de sa cause*) a l'intention de fonder un casino, il commence par aller trouver le maire de la localité sur laquelle il a jeté son dévolu. Il expose au maire que sa petite ville est charmante et que peu de stations balnéaires ou thermales (suivant le cas) peuvent lui être comparées, mais que malheureusement, il n'y vient pas assez de monde. Il serait pourtant si facile, dit-il, d'attirer les étrangers, en fondant un casino qui leur offrirait les distractions qui leur manquent.

Mais la ville n'est pas assez riche pour en faire construire un, ou bien il ne lui est pas possible de se charger d'une entreprise pareille.

Lui, X......, est tout disposé à faire l'avance des fonds et à créer le Casino, si on veut bien, toutefois, lui en donner la concession pendant un certain nombre d'années. Il expose son programme aux yeux du maire ravi :

Il aura une troupe d'opéra, d'opérette et de comédie.

Il donnera des bals, fera tirer des feux d'artifice.

Un orchestre des plus importants, dirigé par un virtuose de Paris, donnera des concerts deux fois par jour.

Un cabinet de lecture et une salle de billard seront réservés aux messieurs, ainsi qu'un salon aux dames. Il s'entendra avec la Presse. A chaque saison les plus suggestives affiches chromo-lithographiques couvriront les murs de Paris et de Province pour annoncer les nombreuses attractions du Casino. Il traitera à cet effet avec les grandes compagnies qui desservent la station. En somme, Aix, Vichy et Luchon n'auront qu'à se bien tenir.

Comment refuser quelque chose à un monsieur qui va d'abord immobiliser de quatre à cinq cent mille francs pour faire construire un casino, surtout, si, comme dans la plupart des cas, cet établissement devient, après l'expiration du contrat, la propriété de la ville, qui comme à Biarritz ou Boulogne entre autres, tirera un gros revenu de sa location? Comment ne pas accepter l'alléchante proposition de ce Mécène inespéré, qui, en outre, viendra dépenser tous les ans dans la commune *cent cinquante ou deux cent mille francs* de ses beaux deniers.

L'intérêt des habitants qui ne pourront que bénéficier de la création d'un casino, véritable Éden, engage le maire à se montrer charmant envers le futur directeur.

Fort de l'appui promis par le maire, le directeur se rend aussitôt chez les principaux négociants de la localité : boucher, boulanger, épicier, entrepreneur de travaux, architecte, s'il y en a, etc..... Il a soin, bien entendu, de s'adresser de préférence à ceux qui font partie du conseil municipal, ou qui jouissent, à un titre quelconque, d'une influence incontestée. A chacun, il raconte la même histoire : il faut attirer les étrangers dans la ville, et seule, la création d'un casino type peut donner le résultat tant désiré. A côté de l'intérêt général, le nouveau directeur ne manque pas de faire ressortir auprès de chaque commerçant l'intérêt particulier que celui-ci y trouvera en devenant, pour sa spécialité, le fournisseur attitré du nouvel établissement. On lui demandera, selon sa profession, de la viande, du pain, du sel, des murs ou des devis.

Ces arguments *ad hominem* dévidés, le caissier tentateur continue :

En dehors des baigneurs qui vont affluer, il y aura aussi le personnel du Casino, qui, à lui seul, sera une source de revenus pour tous. Et en outre les employés du cercle, car ajoute ingénument le nouveau directeur, il y aura *un petit, un tout petit cercle* dans le Casino, afin que les habitués puissent de temps en temps faire leur *petite partie.* Vous voyez que j'ai tout prévu et que rien ne manque à mon programme !

Arrive alors le coup de l'apostille :

« Et, à ce propos, je vais vous prier de signer la demande d'autorisation du Cercle? De cette façon vous aurez vos entrées gratuites dans tout l'établissement, pour vous, votre famille et vos amis. »

En guise de péroraison, le nouveau directeur ajoute :

« Du reste, j'ai déjà vu monsieur le maire à ce sujet. »

Le commerçant, ébloui par toutes ces belles promesses et aussi guidé par son intérêt n'hésite pas à donner son adhésion.

Dans quelques heures, le nouveau directeur a ainsi recueilli les vingt et une signatures nécessaires, à sa demande d'autorisation.

De plus, les visites qu'il vient de faire ont eu pour lui un résultat décisif; celui d'avoir pour obligés, tous les Conseillers municipaux.

Or, en admettant, cas bien rare, que le maire ne soit pas directement intéressé à la création d'un Casino, il est fatalement forcé de marcher avec le caissier, pour ne pas se mettre à dos les membres du Conseil et les habitants les plus influents de la localité, car on pourrait bien lui faire payer de sa non-réélection le refus d'une telle source de richesse pour le pays.

L'intérêt de la réussite de l'entreprise, engage donc le maire, à recommander le directeur du Casino au préfet, aux députés et sénateurs du département auxquels il est, à son tour, souvent appelé à rendre des petits services électoraux.

Aussi, à la moindre occasion, le tenancier se vante-t-il de ses hautes relations gouvernementales.

Quant au commissaire de Police de la commune, on le sait, c'est le Conseil qui vote son traitement, c'est le maire qui le propose pour l'avancement ou qui peut demander sa disgrâce. Ce fonctionnaire a donc tout intérêt à se montrer, lui aussi, très aimable avec le protégé de la Municipalité.

Voilà quels sont les gens qui sont à la tête des casinos des villes d'eaux, et voilà comment ils sont arrivés à cette situation.

C'est par cet enchaînement de circonstances qu'ils deviennent des petits potentats, dans les localités où ils exercent leur ténébreuse industrie et je suis persuadé qu'il ne tiendrait qu'à eux de s'y faire nommer députés, si le peu de loisirs que leur laisse *l'étouffage* leur en donnait le temps. Mais de si mesquines ambitions ne germent pas dans leur cerveau : 25 francs par jour, c'est bon pour un représentant du peuple.

Si pour une raison ou pour une autre, le caissier-croupier a eu des incidents fâcheux dans le cours de son existence, et qu'il ne soit pas parvenu, comme on dit *à la* **boîte,** à faire blanchir sa *palette* (1), il ne prend pas en son nom la direction d'un casino. Il tourne la difficulté en s'adjoignant un homme de paille, comme nous l'avons vu plus haut, à propos de la fondation d'un cercle à Paris sous la présidence de Tartempion. Mais comme l'affaire n'est pas montée par actions, comme cela se pratique

(1) On dit qu'un croupier a fait blanchir sa *palette* lorsqu'il est parvenu à faire retirer les mauvaises fiches de renseignements qui existaient sur son compte.

dans les cercles de la capitale, un acte en règle est passé entre le caissier et son prête-nom, acte par lequel il est bien établi que le caissier-croupier est seul et unique propriétaire du casino. Le directeur en nom n'est, en réalité, que son employé à gages et tout ce qui se fait au cercle émane du *caissier seulement*.

Le pseudo-directeur ne fait qu'exécuter ses ordres; il n'est que le pavillon qui couvre la marchandise : c'est le *caissier-croupier seul* qui a la haute main sur *tous les services*.

Il arrive quelquefois que le directeur du casino est un ancien grec retiré des affaires, qui, après avoir fait fortune en taillant des séquences, s'est mis du côté du manche. Je pourrais citer plusieurs de ces établissements, et pas des moins importants, qui sont aujourd'hui la propriété de grecs qui furent autrefois très connus. C'est ainsi que l'un d'eux, ancien grec de Marseille, colonie phocéenne, qui physiquement ressemble à un hercule de foire, a sucessivement tenu la caisse des Casinos d'Aulus et de Boulogne-sur-Mer. Il est aujourd'hui, je crois, à la tête d'un nouveau casino dans le Doubs.

Dans ce dernier cas, les joueurs ne sont que plus artistement volés, car, en dehors de **l'étouffage perpétuel** qui se pratique dans ces établissements, les grecs officieux de la maison travaillent là, sous la direction éclairée d'un ancien praticien.

Je pourrais encore citer maints exemples de ce genre, mais la personnalité, même par transparence, ne me tente pas. Du reste, je ne dirais rien de bien original : tous ces gens-là se valent.

En effet de tous les tenanciers, caissiers et croupiers que j'ai vus, et ils sont nombreux, je n'en ai rencontré qu'un d'honnête........ **il en est mort!**

———

En effet de tous les tenanciers, caissiers et croupiers
qu'un d'honnête........ **il en est mort!**

CHAPITRE XVI

Commentaire de la circulaire Levaillant
sur les Cercles et les Casinos.

Maintenant que j'ai établi les *principes* qui dirigent les directeurs des casinos de villes d'eaux, je vais passer en revue les garanties de sécurité que l'administration *tutélaire* offre aux joueurs pour les protéger contre de tels pirates.

Si la saison où l'on joue dans les casinos des villes d'eaux est de courte durée, les tenanciers et les croupiers se rattrapent en *travaillant* des deux mains. Le télégraphe supprime les distances.

Les croupiers rattrapent le temps perdu.....

La seule garantie — si le mot peut être employé — offerte aux joueurs qui fréquentent les casinos des villes d'eaux, c'est la surveillance que l'administration fait exercer sur ces établissements par le commissaire de police de l'endroit et par quelques **argousins masqués,** et des agents révoqués de la Préfecture de police qui sont les parasites les plus éhontés de la cagnotte.

Voyons comment le commissaire le plus soucieux des obligations de sa charge peut s'acquitter de la mission qui lui est confiée.

En principe, il est absolument incompétent dans les

questions de jeu, qui n'exigent pas seulement des prévôts, mais des maîtres d'armes. Or, la plupart de ces fonctionnaires n'ont jamais mis les pieds dans une salle..... d'escrime, c'est-à-dire, de baccara.

Ils ignorent donc la première donnée du problème à résoudre. Comment le contraire pourrait-il être possible ? Y a-t-il dans l'ensemble des connaissances que l'on exige d'un candidat au poste de commissaire de police une partie quelconque du programme qui ait trait à la question des jeux ? Est-ce que la vie antérieure du candidat a pu, ne fusse que superficiellement, le mettre à même de donner un jour un avis motivé ? Non.

En général, le commissaire de police est un ancien sous-officier, très bon serviteur, mais dont l'existence depuis qu'il est homme, s'est entièrement passée au régiment.

Ce n'est pas là qu'il a pu faire une étude sur la question si complexe des jeux. Aussi, le meilleur des commissaires de police de province est ignorant comme une carpe de tout ce qui touche aux cercles.

Pour suppléer à l'insuffisance notoire de ses agents, l'administration leur fait adresser de temps en temps des circulaires confidentielles où les trucs de détail et les filouteries trop souvent commises, sont considérées comme de règle générale, et, par conséquent, comme des articles qu'il faut faire payer à la *douane*.... de la répression.

Et d'abord, chaque année, quand approche la saison balnéaire ou thermale, le directeur de la Sûreté générale envoie aux préfets, avec prière de la transmettre aux commissaires de police, une circulaire qui paraît ensuite dans le *Bulletin* du Ministère de l'Intérieur, et dans laquelle il rappelle à ses agents, en termes généraux, les circulaires ministérielles de 1886 et 1887 qui, en apparence, règlementent la police des jeux.

Cette circulaire de 1887, plus connue sous le nom de « Circulaire Levaillant », est la seule arme que l'administration ait su placer entre les mains de ses commissaires de police.

Je vais la reproduire *in extenso*, et on verra qu'elle n'est qu'un trompe-l'œil, et que le commissaire n'en demeure pas moins impuissant à réprimer les fraudes qu'elle lui signale, ou à prendre les mesures préventives qu'elle lui conseille.

DIRECTION
de la
SURETÉ GÉNÉRALE
4ᵉ Bureau

—

SERVICE DES JEUX

Paris, le 30 avril 1887

Monsieur le Commissaire,

Avant l'ouverture de la saison des eaux, je crois utile de vous rappeler, en les précisant, les instructions spéciales qui vous ont été données l'année dernière au sujet de la surveillance sur les *Casinos* ou *Cercles*, où l'on joue.

LISTE DES BAIGNEURS

Comme par le passé, vous devrez me transmettre régulièrement la liste des baigneurs, parmi lesquels figurent souvent des joueurs suspects déjà connus, ou des individus dont les allures ont attiré l'attention de l'administration.

Cette liste devra me parvenir au fur et à mesure de sa publication ; vous y joindrez, s'il y a lieu, vos observations.

JOUEURS SUSPECTS

Lorsque vous aurez à me signaler un joueur suspect, vous aurez soin de m'adresser tous les renseignements recueillis sur ses antécédents et son degré de moralité, et surtout de me faire connaître aussi exactement que possible son état-civil et son signalement, afin que son identité puisse être bien établie ; il est très important que chaque individu fasse l'objet d'une notice distincte, établie sur une feuille séparée, pour ne pas compliquer sans nécessité, le travail de mes bureaux.

CERCLES

Votre attention devra se porter spécialement sur les Cercles qui bénéficient de *tolérances exceptionnelles* et où l'on joue au « baccara », comme ceux qui sont *annexés à des Casinos*. Je vous rappelle ci-après les conditions que l'administration leur impose et qu'ils sont tenus d'observer strictement :

I. — L'entrée du Cercle doit être rigoureusement interdite :

1° A tout habitant du département qui n'en fait pas partie à titre permanent ;

2° Aux femmes non accompagnées ;

3° Aux mineurs ;

4° Aux faillis.

Il est bien entendu que la tolérance de recevoir des femmes dans la salle de jeu des Casinos pourvu qu'elles soient accompagnées, ne s'applique qu'aux Cercles où elles étaient admises antérieurement et qu'il n'y aura pas lieu de les laisser pénétrer là où elles n'ont jamais été introduites. J'ajoute que, sous aucun prétexte, elles ne doivent tenir les cartes.

II. — L'heure de la fermeture du Cercle sera fixée par l'autorité préfectorale ; *en aucun cas, le Cercle ne pourra rester ouvert au delà de deux heures du matin.*

III. — On ne peut jouer *qu'argent comptant. L'emploi des jetons ou plaques représentant une somme d'argent quelconque est interdit.*

IV. — *Aucun prêt ne peut être fait, soit par la caisse du Cercle, soit par des employés attachés aux salles de jeu.*

Les parties sur parole sont formellement interdites.

V. — Tous les jeux de hasard, à l'exception du « baccara », toléré à titre provisoire, sont prohibés, notamment le « lansquenet », le « poker », le « trente et quarante », le « quinze » et le « vingt et un », etc.

VI. — La règle du jeu de baccara sera affichée dans un endroit très apparent.

1° On ne peut se servir pour ce jeu que de cartes à tarots bien unis ;

2° Les cartes mêlées non à la main, mais sur la table, en les « saladant » ;

3° Le banquier taillera toujours au marbre.

VII. — Dans aucun cas, le gérant du Cercle ne peut prendre une banque et tailler.

CAGNOTTE

VIII. — *Quant à la cagnotte, elle doit être construite solidement de façon à ce que l'on puisse l'enlever et que son orifice fasse saillie de quelques centimètres au-dessus de la table de jeu ; ce récipient ne doit être ni capitonné, ni garni de son ou de toute autre matière susceptible d'étouffer le bruit des pièces qui y tombent.*

Certains croupiers portent des vêtements dont les poches sont disposées de telle façon qu'ils peuvent y glisser les pièces de monnaie qu'ils dérobent en ramassant les mises; vous voudrez bien prendre des mesures afin d'empêcher **ces fraudes** et mettre l'administrateur du Cercle en demeure de **congédier ces croupiers.**

FORMALITÉS D'ADMISSION

Les formalités d'admission stipulées par les statuts doivent être rigoureusement observées et le registre d'admission tenu à jour.

Je vous recommande d'exercer la plus grande surveillance à l'égard des individus, repris de justice, la plupart, qui vous sont signalés par mon ministère comme dangereux et suspects.

PETITS CHEVAUX

Je vous rappelle ma circulaire du 27 août 1886, ainsi que pour les jeux interdits.

PERSONNEL DES CERCLES ET CASINOS

L'expérience a démontré que les agissements des joueurs dangereux que l'on rencontre dans les Cercles et dans les Casinos sont le plus souvent favorisés par des complaisances intéressées du personnel des salles de jeu. Cet état de choses résulte évidemment du *recrutement vicieux des employés* que l'on admet dans ces établissements sans un contrôle préalable, destiné à faire connaître leurs antécédents.

En conséquence, vous rappellerez aux directeurs de Cercles et de Casinos que la surveillance exercée par l'administration ne saurait les dispenser de l'obligation de déployer eux-mêmes la plus grande vigilance en vue d'assurer l'*épuration d'un personnel* **qui soulève des plaintes trop justifiées;** qu'ils sont tenus de procéder à une enquête préalable sur leur personnel et *qu'aucun employé ne devra être engagé qu'autant qu'ils se seront assurés par l'examen de ses papiers, de son casier judiciaire, et références, que son passé est honorable.*

Vous ne leur laisserez pas ignorer que leurs établissements

seront *impitoyablement* fermés si, par suite de leur négligence à remplir ces prescriptions, un individu de *moralité douteuse* m'était signalé comme faisant partie de leur personnel.

Vous aurez, comme l'année dernière, à m'adresser à la fin de la saison un rapport, etc.

Pour le Président du Conseil,
Ministre de l'Intérieur et des Cultes,

Le Directeur de la Sûreté générale,
J. LEVAILLANT.

Mais voilà ! Tout d'abord, cette circulaire de 1887 que la Sûreté générale appelle le « régime de rigueur » est, pour le plus grand nombre des casinos, modifiée par *d'autres instructions confidentielles*, qui permettent aux fonctionnaires, chargés de la surveillance des jeux, de ne pas la suivre *à la lettre*, et de laisser aux établissements où fleurissent *le baccara, les petits chevaux et les roulettes déguisées*, **une entière liberté**. C'est ce que, par opposition aux prescriptions générales, la Sûreté appelle **« le régime de faveur »**.

Pour les cercles, **le régime de rigueur** *prohibe l'emploi des jetons, ordonne la fermeture des salles de jeu à deux heures du matin, interdit le capitonnage de la cagnotte*, oblige les tenanciers à n'employer que des croupiers dont le passé est à peu près propre (mais où iraient-ils les chercher ?), enfin **le régime de rigueur** demande un contrôle sérieux pour les entrées temporaires.

Le régime de faveur, *lui tolère les jetons, laisse les cercles ouverts jusqu'au lendemain matin, autorise les cagnottes douillettement revêtues de peluche, ferme les*

yeux sur les antécédents des employés et laisse pénétrer dans les salles de jeu n'importe qui, étant donné que ce n'importe qui ne gêne pas la combinaison directoriale.

Mais, dans les casinos, il n'y a pas que le « baccara » que la circulaire de 1887 entende règlementer.

Aux termes des prescriptions ministérielles d'août 1886, visées dans celles d'avril 1887, on ne doit tolérer dans les casinos et autres établissements publics ouverts seulement pendant la saison balnéaire ou thermale que les *petits chevaux à tickets. Il est expressément défendu de les laisser fonctionner avec des combinaisons sur les numéros pairs ou impairs et sur la couleur; on interdit même les séries à prix variés.*

Heureusement, encore là, il y a les petites instructions confidentielles concernant **le régime de faveur** qui laissent aux Commissaires de police la liberté à peu près absolue, non seulement de permettre les petits chevaux à tableaux, mais encore le « *tour du monde* », le « *chemin de fer* », le « *national* », le « *jockey* », *et autres jeux à concavité*, formellement interdits comme étant des roulettes aggravées, c'est-à-dire, de véritables jeux de hasard tombant sous l'application de **l'article 410 du Code pénal**.

Eh bien! quelle est la situation du Commissaire de police vis-à-vis du directeur du casino de sa circonscription?

Nous l'avons dit plus haut, le commissaire ne peut pas entrer en lutte avec le protégé de la municipalité.

Quel régime lui appliquera-t-il alors, puisqu'il en a le choix? Certainement **le régime de faveur**. Quant au

régime de rigueur, il lui est tout à fait impossible de le lui appliquer malgré toute l'envie qu'il pourrait en avoir. *Et lorsque l'intégrité du fonctionnaire hésite, les instructions confidentielles affirment.*

Je vais en expliquer la raison à mes lecteurs, en analysant chaque paragraphe principal de la circulaire de 1887.

En effet, pour rédiger les rapports que le Ministre demande, c'est auprès du directeur du casino que le Commissaire doit aller puiser ses renseignements.

C'est comme un alguazil qui porterait à un malfaiteur la nouvelle de sa prochaine arrestation.

Certainement, le directeur se fait un véritable plaisir de donner à son *cher Commissaire* tous les renseignements dont il a besoin. Du reste, pour mieux capter sa confiance et celle de son comité (quand il en a un), et pour mieux détourner l'attention qui pourrait se porter sur les grecs qu'il fait opérer pour son compte, il ne cesse de répéter qu'il tient essentiellement à ce que, chez lui, tout se passe *très correctement.* Il voudrait bien voir qu'un joueur douteux pénétrât dans le cercle ! Il se chargerait bien de l'expulser, et vivement. Ah ! il n'aurait pas besoin du commissaire, sa conscience lui suffirait.

Montrez-moi la conscience d'un directeur de casino, et je vous montrerai la reliure du livre du Destin.

Est-il besoin de dire que ce **scrupuleux** tenancier ne signale que les joueurs grincheux et clairvoyants, dont la présence pourrait entraver le fonctionnement de la combinaison directoriale ?

Formalités d'admission.

Quel est le contrôle, je vous le demande, que peut exercer le Commissaire de police sur les affirmations du tenancier du casino ?

Le directeur peut toujours présenter au Commissaire un superbe livre d'admission, tenu à jour avec le plus grand soin, mais cela prouvera-t-il qu'il n'y a pas de *grecs officieux travaillant dans l'établissement ?* Non, puisque le directeur les inscrit sous le nom qui lui plaît. Puis, qui démontrera qu'on n'entre pas dans le cercle comme dans une grange ? Le registre d'admission, avec les réceptions des candidats et les signatures des deux parrains ? Chinoiseries que tout cela ! C'est Tartempion cadet, administrateur délégué, qui signe toutes les admissions ; à côté de son nom, il fait ajouter le nom d'un autre membre du comité que l'on va faire signer à domicile, et encore si monsieur le directeur veut bien s'en donner la peine (1).

Cette garantie est donc tout à fait illusoire, comme toutes les autres, du reste.

Dans le chapitre précédent, nous avons vu que le directeur fait signer sa demande d'autorisation de cercle par tous les commerçants de la localité où est situé son casino. C'est parmi eux qu'il a choisi les membres de son comité : il est sûr ainsi d'avoir des gens dévoués à sa cause, puisqu'il les tient par l'intérêt, en qualité de fournisseurs.

---

(1) Ces cartes sont généralement signées d'avance, on n'a plus qu'à y ajouter le nom du titulaire.

Ce sont des instruments dociles, par la nature de leur recrutement.

Quoiqu'il en soit, au début de la saison, le directeur expose à son comité qu'il est important que la police du Cercle soit faite avec la dernière rigueur afin d'en éloigner les joueurs douteux — lisez clairvoyants — qui tenteraient de s'y introduire ; mais qu'ils n'ont qu'à s'en rapporter *à lui* pour les admissions au Cercle : que, du reste, il sera secondé dans sa tâche par le nouveau collègue qu'il leur présente et qui veut bien mettre sa grande expérience des cercles de Paris au service des intérêts du Casino.

Ce membre du comité que le directeur vient d'adjoindre à ceux de la localité n'est qu'un collaborateur de l'espèce Tartempion qu'il a fait venir *tout exprès de Paris,* et auquel il donne le titre de membre délégué du comité. C'est l'homme prêt à toutes les besognes, c'est l'employé des basses œuvres du directeur.

A ses fonctions apparentes de membre du comité, Tartempion cadet joindra celles d'allumeur de la partie ; quand les pontes seront en nombre, il taillera les plus productives séquences, et quand des cas douteux se présenteront, **Salomon bizeauté,** il les tranchera au nom de l'honneur.

Le directeur ne manque pas de faire ressortir tous les avantages de ce qu'il appelle une occasion et le comité n'aura plus qu'à dormir sur ses nombreuses oreilles, convaincu que sa responsabilité est en bonnes mains. Il ne se réunira plus, Tartempion cadet vaut à lui seul une assemblée. Tout ce qu'il décidera sera bien ; on ne viendra plus qu'en séances solennelles pour lui continuer ses pouvoirs et lui voter des remerciements.

Mais en général le directeur ne se donne même pas la peine de constituer un comité. C'est son ami Tartempion qui, à lui seul, en représente tous les membres. Et quand on salue ce valet, ce n'est jamais assez bas, car on ne salue pas seulement un homme mais tout un comité.

Voilà comment sont constitués presque tous les comités des cercles des casinos de villes d'eaux. Il est facile de juger quelle en est la valeur morale.

Poser la question, c'est la résoudre.

D'autre part, afin d'attirer au Casino le plus grand nombre de clients possible, une circulaire sous forme de lettre est adressée à tous les Cercles de France, voire même de l'Étranger. Cette lettre est généralement conçue en ces termes :

Grand Cercle privé de X...-les-Bains

BUREAU DU SECRÉTARIAT   *X...-les-Bains, le*   189 .

MONSIEUR LE PRÉSIDENT,

J'ai l'honneur de vous prier de vouloir bien faire savoir à Messieurs les membres du Cercle que la présentation de leur carte de membre leur suffira pour être admis, sans aucune autre formalité, au Cercle du Casino.

J'espère que ces Messieurs voudront bien honorer nos salons de leur présence, *où le meilleur accueil leur sera réservé.*

POUR LE PRÉSIDENT DU COMITÉ,

L'administrateur délégué,

TARTEMPION.

Voyons maintenant comment on s'y prend pour se débarrasser d'un joueur qui pourrait gêner la combinaison directoriale.

Tartempion, administrateur délégué, lui adresse une lettre généralement conçue en ces termes :

Grand Cercle privé de X...-les-Bains

BUREAU DU SECRÉTARIAT   X...-les-Bains, le   189 .

MONSIEUR,

Monsieur le Président du Comité me charge de vous informer que, les formalités nécessaires à votre admission n'ayant pas été observées, vous êtes invité à vous faire représenter au Cercle, si vous désirez continuer à fréquenter les salons de jeu.

Veuillez agréer, etc.

POUR LE PRÉSIDENT DU COMITÉ :

L'Administrateur délégué,

TARTEMPION.

Dans tous les casinos, les directeurs ont de ces formules toutes prêtes : *ce sont leurs appâts et leurs armes défensives.*

En même temps que cette dernière lettre est adressée à la personne que l'on a décidé d'expulser, Tartempion avise les membres du comité (quand il y en a un) qu'un joueur douteux est parvenu à s'introduire dans le Casino, malgré toutes les précautions prises pour l'en écarter, mais qu'il vient de le mettre en demeure par lettre d'avoir à se faire représenter et qu'ils doivent, en conséquence, refuser de lui servir de parrains, pour en délivrer le Cercle. Alors, si par exception le comité décidait de se réunir pour examiner la question, il ne le ferait qu'avec une idée préconçue, déjà circonvenu par le directeur et Tartempion.

En effet, il n'y a jamais dans les villes d'eaux, comme membres permanents, que les membres du comité du Cercle, entièrement dévoués au directeur. Le tenancier est donc toujours sûr de faire recevoir dans son établissement ou d'en exclure qui bon lui semble.

Voilà de quelle nature sont les renseignements que les directeurs des cercles, des casinos fournissent à leur comité et au commissaire de police.

Celui-ci, de bonne foi, je me plais à le croire, s'imagine qu'il a démasqué des grecs redoutables, et adresse à la Sûreté générale, sur ces malheureux joueurs, qui n'ont eu souvent que le tort d'être trop clairvoyants, des rapports fulgurants qui les font immédiatement inscrire sur la liste de proscription des cercles. Les directeurs n'ont plus ainsi à redouter leur présence dans les salles de jeu et, la saison suivante, ils *travaillent* sans crainte d'être paralysés.

Tartempion n'est pas le seul que le directeur ait amené de Paris à X.....-les-Bains; il y est venu avec toute son équipe toujours supérieurement stylée. Elle se compose : d'abord, d'un ou de plusieurs commissaires des jeux qu'il a connus ou employés déjà à ce titre dans les cercles de Paris, ou bien de débutants qu'il a dressés à ce service spécial. Ce sont de véritables *protecteurs du vol* qui, par leurs fonctions, couvrent les croupiers et les stimulent au travail, si, par hasard, ils montraient des velléités de faiblesse.

Outre les 1,500 ou 2,000 francs que le directeur leur

alloue par mois, la plupart des commissaires des jeux ont un tant pour cent sur le produit de la cagnotte, un intérêt sur les séquences que l'on taille et une part dans l'étouffage des croupiers. Aussi, ces personnages, plus ou moins décorés, et dont les fonctions apparentes sont de veiller à la correction de la partie, ne s'occupent que de signaler à la direction les joueurs trop avisés qui pourraient entraver le bourrage de la cagnotte, les étouffages de toute nature, et s'évertuent enfin à favoriser Tartempion lorsqu'il taille des séquences : en un mot, comme le pseudo-directeur, ce sont aussi des pavillons qui couvrent la marchandise.

Ces commissaires des jeux sont généralement doublés d'un aide de camp, n'ayant aucune fonction apparente ; c'est le **physionomiste** chargé d'espionner au dehors et au dedans pour le compte du directeur. Celui-là est un limier compétent qui se glisse furtivement dans les groupes pour découvrir les gêneurs. *C'est toujours un ancien grec, nourri dans les détours du sérail.*

Et maintenant : *In caudâ venenum!*

L'équipe volante — avec ou sans jeu de mot — du directeur du Casino se complète enfin d'une brigade de croupiers qu'il a, bien entendu, recrutée parmi les brevetés de l'école de Marseille. Ce sont les plus fines lames qu'il ait pu rencontrer, en un mot, les princes de la palette !

Nous avons vu dans la circulaire Levaillant que d'autres *instructions confidentielles* laissent aux commissaires de police une certaine latitude pour agir selon le cas.....

Il est donc bien naturel que le commissaire qui tient à

être agréable au maire et à la municipalité ne se montre pas exigeant vis-à-vis de ce bon monsieur le directeur du Casino qui, du reste, est un homme si aimable..... et que tout le monde choie dans la localité ! Car enfin, le directeur est un bon vivant et un philanthrope : il fait largement les choses pour toutes les fêtes qu'il donne dans son établissement ; il subventionne toutes les bonnes œuvres ; toutes les réjouissances locales et sa bourse est toujours ouverte pour toutes les souscriptions. S'il y a des régates, des courses de chevaux ou d'autres réunions, il y a toujours au programme le prix du Casino. Le curé lui-même reçoit une somme tous les ans pour l'entretien de l'église. Un peu plus, l'évêque absent, le directeur confirmerait.

Comment ne voit-on pas qu'avec ses frais de construction, d'installation, voire même **des loyers de 3 à 400,000 francs** par saison, son orchestre, son théâtre, les fêtes qu'il donne et l'argent qu'il distribue dans sa localité, le directeur du Casino, ne pourrait joindre les deux bouts, s'il ne saignait pas à blanc tous les joueurs qui fréquentent son cercle !

En effet, les revenus d'un casino, même avec une cagnotte aussi rémunératrice qu'on voudra, ne peuvent suffire aux frais généraux.

La plus simple étude de quelques budgets ne laissent aucun doute à cet égard.

Et encore, je n'ai énuméré là que les charges apparentes d'un casino, mais en dehors des frais de toutes sortes, il y a, en outre, la rémunération de l'appui des uns, de la complicité et du silence des autres, etc., etc, et c'est certainement ce qui coûte le plus cher, car la complicité, quand elle vient de haut, se paie au poids de l'or et, sans elle, il n'y a jamais rien de fait.

Inutile d'examiner toutes les prescriptions de la circulaire, comprises dans le chapitre *Cercles* puisque neuf fois sur dix, elles sont à peu près partout lettre morte, même pour le commissaire de police.

Nous retiendrons cependant au passage un alinéa du paragraphe VIII. Il y est dit textuellement : « *Certains croupiers portent des vêtements dont les poches sont disposées de telle façon qu'ils peuvent y glisser les pièces de monnaie qu'ils dérobent en ramassant les mises.* »

C'est un comble ! Comment ! la circulaire reconnaît que les croupiers étouffent (volent), à la table de jeu (on ne peut le dire plus crûment) et, au lieu de les supprimer, l'administration se contente de les faire *surveiller* par les commissaires de police ?

Mais pourquoi ne pas faire disparaître l'effet en supprimant la cause ?

Dans une maison de banque, par exemple, si on s'aperçoit qu'un employé vole, est-ce que l'on se contente de le faire surveiller ? Non. On le fait arrêter en vertu de l'article 406.

Et encore, nous avons ici l'hypothèse de la main basse mise sur la monnaie courante, c'est-à-dire la suppression des jetons, d'ivoire ou de nacre, d'un si facile maniement, et qui, grâce au **régime de faveur,** sont quand même restés la seule monnaie du tapis vert.

Rappelons que les pièces de monnaie auxquelles la circulaire fait mention, sont **des jetons qui représentent**

mille francs et plus. C'est ce qui explique les sommes fantastiques qu'on parvient à subtiliser au banquier pendant une séance d'étouffage.

Le commissaire de police peut-il efficacement surveiller les croupiers quand ils sont à la table de jeu ?

Non. C'est un spécialiste de l'ordre dans la rue, et non pas de l'ordre dans les Cercles. Grâce à l'habileté toujours en éveil des croupiers, à leur dextérité qui défie l'œil le plus exercé, le commissaire ne peut les voir commettre leurs larcins, et les verrait-il qu'aussitôt toutes les influences..... seraient mises en jeu pour lui imposer silence.

D'autre part, comment un commissaire de police pourrait-il inspecter trois ou quatre tables de baccara qui fonctionnent en même temps dans un cercle, comme à Vichy par exemple. Et dans les localités où il y a deux casinos, il faudrait au commissaire le don d'ubiquité pour pouvoir surveiller à la fois ce qui se passe à la Villa des Fleurs et au Casino municipal d'Aix-les-Bains.

Il faudrait enfin, que ce fonctionnaire fût présent jour et nuit dans les salons du Cercle, puisque dans certains casinos, la partie ne s'arrête juste que pendant trois ou quatre heures de la matinée. Comment pourrait-il alors faire son service ordinaire, ou prendre un peu de repos ? C'est donc une nouvelle impossibilité ajoutée à toutes les autres.

Arrivons enfin au dernier paragraphe de la circulaire, nous allons encore constater la même impuissance de l'autorité jointe au même manque de décision.

Ce paragraphe intitulé : *Du personnel des Cercles et*

Casinos, débute par un simple aveu, dépouillé de tout artifice.

Je laisse la parole à M. Levaillant :

« *L'expérience a démontré que les agissements des joueurs dangereux que l'on rencontre dans les Cercles et dans les Casinos, sont le plus souvent, favorisés par des complaisances intéressées du personnel des salles de jeu.* »

C'est donc un fait bien établi puisque l'administration elle-même en avertit ses commissaires de police :

Non seulement on sait à la Sûreté générale que les croupiers portent des vêtements *ad hoc* pour voler à la table de jeu (§ VIII), mais que de plus, c'est grâce à la complicité du tenancier et au concours du croupier que les joueurs dangereux peuvent opérer dans les cercles.

Passons au contrôle que le Ministre veut faire exercer par le commissaire de police, sur la moralité des employés (croupiers et caissiers) des casinos.

Nous avons vu d'où sortent les croupiers, et il est avéré qu'on ne les emploie qu'à bon escient, c'est-à-dire après un examen d'étouffage au second degré.

Dans l'exercice de ses *fonctions*, le croupier n'est jamais désigné par son nom patronimique, il est toujours Édouard, Charles, André, Léon, Marius, Alphonse, souvent Alphonse.....

Le commissaire de police ne peut connaître son nom de famille que par le directeur du Casino, alors qu'arrive-t-il ? Le casier judiciaire d'un croupier est-il agrémenté d'une ou de plusieurs condamnations, celui-ci, que le directeur a prévenu qu'il pourrait avoir à produire cette pièce, l'emprunte à un parent, à un ami, ou se la procure par le stratagème suivant :

Il écrit au greffe du Tribunal où est née la personne dont il veut exploiter l'état civil, en signant du nom de cette dernière, il envoie 1 fr. 25 et reçoit cette pièce par retour du courrier, même poste restante, s'il le désire. Il modifie son prénom et le tour est joué.

Aussi, quand le commissaire de police demande au directeur du casino de lui montrer les casiers judiciaires de ses employés, on lui en fournit qui sont blancs comme neige.

Du reste, c'est à remarquer, les voleurs s'arrangent toujours pour avoir des papiers en règle.

Mais, dans la pratique, le commissaire de police ne pousse jamais aussi loin ses investigations, le directeur lui ayant affirmé que ses employés ont été triés sur le volet et purs de toute tare.

A quoi sert du reste la production du casier judiciaire du croupier? A mon avis, on attache une trop grande importance à cette pièce qui ne prouve qu'une seule chose; c'est que le croupier n'a pas été condamné. *Et comment le serait-il, avec l'appui qui le couvre et l'impunité qui lui est acquise?*

Le résultat de tout ceci, c'est que le contrôle est illusoire et que la répression est impossible.

En résumé, cette circulaire Levaillant, dans ses termes si calculés ne comprend en tout que deux bonnes idées : *l'interdiction des prêts faits aux joueurs par les employés des cercles et la suppression des jetons, uniquement créés pour faciliter les vols des croupiers.*

Ces deux prescriptions auraient certainement atténué *l'étouffage* si elles avaient été observées. **Pourquoi ne l'ont-elles jamais été? Pourquoi ne le sont-elles pas maintenant?...**

Et pourtant ces vols déciment la fortune de la France, puisqu'on lui dérobe plus de TRENTE-CINQ MILLIONS PAR AN, sans compter LES VINGT MILLIONS ANNUELS *régulièrement* absorbés par les voraces cagnottes des cercles et des casinos. Cela fait un total prodigieux de CINQUANTE-CINQ MILLIONS PAR AN qui, dans les vingt dernières années, donne le chiffre fantastique de UN MILLIARD CENT MILLIONS!!!!!

Il n'y a pas de guerre qui sème plus de ruines sur son passage.

Comme on le voit, faute d'être ingénieurs, ces messieurs sont assez ingénieux pour faire produire à leurs usines plus que ne rapportent les forges du Creusot et les Chantiers de la Méditerranée réunis.

Et à quels chiffres n'arriveront-ils pas si l'administration ne se décide à mettre un frein à ces vols éhontés qui enrichissent d'indignes aventuriers, au détriment des honnêtes gens que la passion du jeu attire dans de tels lupanars.

J'espère que mes lecteurs ne m'en voudront pas de cette digression au cours de laquelle je leur ai montré toute la profondeur d'une plaie publique. Puissent-ils bientôt en être délivrés!

L'abondance des matières m'oblige à remettre à un prochain volume la suite de mes aventures et aussi celle de mes observations.

Je me bornerai, comme je viens de le faire ici, à présenter les faits dans leur entière vérité sans me préoccuper de combattre les exagérations intéressées de certaines personnes et sans me soucier, le moins du monde, de présenter au public un plaidoyer quelconque.

Bien faire et laisser dire, telle sera toujours ma devise.

Entre autres choses, je décrirai :

1° Le jeu et l'immoralité qui en est la conséquence fatale; les conscients et les inconscients;

2° Le jeu à Monaco. Les dessous de la roulette, du Trente et Quarante, et La vérité sur le scandale de 1887;

3° L'histoire d'une mine miraculeuse dans la Haute-Loire;

4° Voyage dans la Haute et Basse Égypte. Description d'ensemble. Ma rencontre avec Olivier Pain;

5° Mon deuxième voyage en Allemagne;

6° Une mine dans le Lot-et-Garonne et l'Alliance Russe;

7° Voyage en Italie; une audience de S. S. Léon XIII; réception à la Cour; aventures piquantes en Sicile; études sur les mœurs du pays;

8° Voyage en Autriche et à Buda-Pesth;

9° Une anecdote en France, ou la confusion des noms;

10° Révélations piquantes sur le rôle d'un ancien Ministre de l'Intérieur; mes rapports avec lui;

11° Le général X..... et son comité;

12° Nouvelles découvertes mathématiques sur le jeu; le calcul des probabilités;

13° Voyage en Espagne; je passe une revue des troupes;

14° Mon séjour au pays de Tartarin;

15° La part active que j'ai prise à la période électorale de 1889 ;

16° Un voyage en Amérique ; ma mission officielle auprès du gouvernement français ;

17° Mon voyage aux Indes ;

18° Les dossiers d'un syndicat de directeurs de cercles ; le rôle et l'appui des personnages influents mêlés à ces tripotages ;

19° Comment on a accordé, puis retiré la concession des jeux dans la République d'Andorre ; véritable cause de l'intervention du gouvernement français ;

20° Intrigue avec la princesse de X..... Mariage manqué ;

21° Les préliminaires de mes réceptions dans les grands Cercles de Paris ; le séjour que j'y fis, les faits que j'y ai constatés, et les manœuvres employées à mon égard ;

22° Monographies des villes d'eaux : Luchon, Aix-les-bains, Biarritz, Trouville, Vichy, Dieppe, Boulogne-sur-mer, etc... Leurs grecs et leurs environs.

Ceux qui s'intéressent au monde du jeu ont donc du pain sur la planche et je me propose de les guider dans des chemins où ils ne rencontreront pas beaucoup de prix Monthyon.

Mais avant de prendre congé de mes lecteurs, je crois, au risque de me répéter, devoir insister sur quelques points à propos desquels je voudrais bien que leur souvenir fût fixé et leur religion absolument éclairée.

Et d'abord, il faudrait ne rien comprendre à ces *Mémoires* pour supposer que j'ai voulu un seul instant faire de la morale à qui que ce soit. J'ai été tout simplement l'historien très franc d'une vie qui aurait certainement pu être mieux employée si, dès les débuts, je n'avais pas été abandonné à moi même.

J'ai été pris, à la première heure, par l'engrenage du jeu et j'ai dû me défendre dans un milieu où l'on est si facilement dévoré. Je me confesse d'avoir cédé à un tel entraînement et à toutes ses suites.

Mais s'il me reste de mon voyage à travers les cercles et les casinos des villes d'eaux un sentiment dont l'expression puisse être utile à quelqu'un, c'est l'indignation que j'en emporte pour cette plaie sociale qu'on appelle le croupier et qui est entretenue **par un régime de faveur**.

J'ai dit que **ce régime de faveur** n'est pas autre chose que la plus vile concession et, sans être accusé d'exagération, je puis ajouter que c'est l'optimisme de la conscience annihilant les rares prescriptions sanitaires de la circulaire Levaillant. C'est plus que l'indulgence plénière, c'est la tolérance officielle et, par conséquent, l'encouragement au mal.

Et pourtant, on n'avait pas besoin de donner, pour ainsi dire, un caractère légal à la misérable vie du croupier.

D'où vient cet être malfaisant? Il ne peut se recruter que dans la fange sociale, parmi les faillis, les employés chassés et les gens de la carrière, c'est-à-dire des chasseurs ou des grooms qui, depuis leur tendre enfance ont vu tant d'infamies s'étaler sous leurs yeux qu'ils ont cru que c'était le tissu dont la vie était faite. Par conséquent, la circulaire se moque de ses contemporains quand elle demande des croupiers intègres, et La Palisse qui a plus de logique que M. Levaillant répondrait que, s'ils étaient intègres, ils ne seraient pas croupiers.

Le bourreau de New York électrise, celui de Londres étrangle, celui de Paris guillotine, et le croupier, bourreau des cercles, engagé pour exécuter les joueurs, *étouffe,* et celui-là ne rate jamais son coup.

Aussi, quand un fonctionnaire semble vouloir l'assimiler à un honnête salarié, il nous fait l'effet d'un Ministre qui ouvrirait une bourse de travail nocturne pour les souteneurs.

L'essence du croupier, c'est donc de voler ; il vole pour le cercle, pour le casino, pour le directeur et *tutti quanti :* on ne le choisit que lorsqu'il a fait ses preuves et obtenu, de Boulogne à Biarritz, de Nice à Saint-Malo, **des chevrons d'étouffement.** S'il arrivait dans la salle de jeu avec la candeur naïve de *Mignon,* on ne le laisserait pas finir de crouper une banque, et le commissaire des jeux lui-même prendrait sa place.

Pauvres commissaires! Pourquoi venez-vous encore sous ma plume? Vous êtes la chiourme chargée de veiller sur la moralité des forçats.

Or, les pires forçats, c'est ici la chiourme elle-même. Les grecs sont des ruisseaux et vous tous, caissiers, croupiers, commissaires et directeurs, vous êtes des fleuves.

La circulaire pourrait arrêter leurs débordements. Mais voilà : il faudrait qu'elle fût appliquée. Je lis, en effet :

§ IV. — *On ne peut jouer qu'argent comptant. L'emploi des jetons ou plaques représentant une somme d'argent est interdit.*

§ V. — *Aucun prêt ne peut être fait soit par la caisse du cercle, soit par les employés attachés aux salles de jeu.*

Et d'abord, parlons des jetons. Grâce à cette monnaie fiduciaire, tout l'argent de la partie passe par les mains du croupier et du caissier, c'est-à-dire qu'il diminue à toutes les étapes de ce voyage jusqu'à ce qu'il soit réduit à l'état de souvenir. En outre, entre les mains d'un joueur, le jeton perd toujours de la valeur qu'il représente et il se laisse aller à le jeter sur le tapis comme s'il ne représentait rien. Puis, je l'ai dit, il facilite l'étouffage par la commodité de son maniement, il oblige enfin un change continu, et chacun de ces changes est une opération usuraire.

D'un autre côté, les caissiers ne prêteraient pas 100 francs en espèces à la personne à laquelle ils donnent 10.000 francs et plus de jetons. Les espèces pourraient sortir du cercle ou du casino; tandis que les jetons passent à la douane, à la seule douane où la contrebande soit impossible. Mais avant d'affronter ce suprème obstacle, ils luttent désespérément sur le tapis, comme un brin de paille dans un tourbillon, jusqu'à ce qu'ils soient engloutis à jamais dans **ce gouffre toujours béant qui s'appelle la poche du croupier.**

Pour en finir avec ces deux questions, je dois dire, pour être juste, qu'on a fait courir le bruit de la suppression des jetons; c'était une fausse nouvelle. Quant à l'interdiction des prêts, elle a été décidée administrativement pendant que ce livre était chez l'imprimeur, et, c'est pour rendre justice à l'administration de M. Lépine qui a pris cette mesure sanitaire autant que pour ne raisonner que sur des choses acquises et avec d'irréfutables arguments que j'ai complété les notes de mon dernier chapitre.

Malheureusement cette mesure ne s'étend pas aux casinos des villes d'eaux. Cependant, à moins que tous soient atteints de cécité à la Sûreté générale, on ne peut ignorer que la suppression des prêts, et des jetons s'impose encore plus là, que dans les Cercles de Paris.

Voilà pourquoi M. Gragnon aurait dû devancer M. Lépine.

Dans les Cercles de Paris il y a en effet des membres permanents, les joueurs se connaissent; ils peuvent s'insurger contre l'iniquité d'un règlement, une exaction, faire partager leurs avis à des collègues, et, dans certains cas obtenir quelques satisfactions. Dans les villes d'eaux, au contraire, la clientèle se compose exclusivement de touristes et de baigneurs. Cette population flottante passe comme des oiseaux migrateurs, et on s'occupe sans retard de leur rogner les ailes. Quand on braque sur eux tout l'arsenal d'un règlement qui les met dans l'impossibilté de se défendre, ils ne prennent même pas la peine de protester. La fin de la saison approche : ils vont partir ou continuer leur voyage. S'ils protestent, cas bien rare, ils trouvent devant eux, Tartempion qui répond :

« *C'est l'usage.* »

L'usage de Tartempion, c'est la forme de M. Bridoison, on le respecte toujours.

En somme, pour un lecteur intelligent, pour un honnête homme qui cherche dans un document officiel une pensée administrative, que résulte-t-il du document auquel le nom de M. Levaillant se trouve rivé? Je vais essayer de le dire en quelques mots.

Dès ses débuts, la circulaire demande la liste des grecs et, semblant ignorer que les directeurs de casinos sont les recruteurs des soldats de la séquence, elle leur laisse toute liberté pour s'enrégimenter. Tartempion est le chirurgien-major qui s'écrie : Bon pour le service ! Et après lui, comme le gendarme de Nadaud, le commissaire ajoute :

« Séquencier, vous avez raison ! »

L'entrée des cercles, si l'on suit la circulaire, est interdite aux faillis, aux mineurs et aux femmes. Eh bien ! je défie qu'on puisse relever une liste d'assidus de casinos sans y trouver plusieurs habitués des *Petites Affiches*. Quant aux femmes et aux mineurs, on les conduit sur des petits chevaux dans de grands chemins d'où le porte-monnaie ne revient pas.

L'arrêté ministériel donne une heure de fermeture, comme si le cercle n'arrêtait pas l'heure de ses pendules jusqu'à la ruine finale de ceux qui le fréquentent.

La cagnotte qui d'après la circulaire ne doit pas être garnie de son est aussi sourde qu'elle est insondable.

Le personnel doit être choisi ; il l'est en effet. Mais parmi l'écume sociale, et quand un journaliste à l'esprit caustique, a voulu déshonorer un de ses collègues, il l'a appelé croupier.

Enfin, M. Levaillant demande l'épuration d'un personnel recruté dans cette fange ; et il insiste sur la profondeur des poches et l'implacable action de la *palette* qui fonctionne mieux que l'impôt parce qu'au lieu de s'adresser à des contribuables, elle attire autour d'elle des naïfs ou des imbéciles qui ne pèsent pas une once dans la balance de ces escrocs.

Que reste-t-il de cette réglementation de la croupe ? Sa

reconnaissance officielle, son passe-port, ses lettres de créance.

Je ne dirai pas : Ce qu'en pense M. Lépine?

Il a répondu et s'il n'a pas brisé l'arsenal de la séquence et de la palette, ce n'est pas qu'il ne l'ait pas voulu : c'est qu'il a trouvé devant lui tout un monde de Pharisiens et de vendeurs du temple pour paralyser sa bonne volonté et reculer — oh! de quelques mois seulement! — c'est-à-dire dès que sa religion sera complétement éclairée, le règne de la justice immanente sur le monde abject qui vit et qui tue par le jeu.

Je ne suis du reste pas seul de cet avis. A preuve l'article de M. Henri Rochefort, que j'ai cité dans le chapitre précédent et l'entrefilet ci-dessous que j'extrais d'un article suggestif que M. Edouard Drumont, consacrait récemment à cette question.

« Les fonctionnaires supérieurs font chanter les Cercles;
« les agents de second ordre garantissent de tout risque,
« moyennant finance, les maisons de rendez-vous et les
« cafés où l'on joue. Quant au pauvre sergot, qui a été
« longtemps le plus honnête de tous, il finit par être
« grisé par l'odeur de tous ces pots de vin; en ce temps
« de chaleur il se laisse aller à la tentation de boire un
« litre frais et il accepte la pièce de cent sous que la fille
« ou le teneur de mauvais lieu lui *refile* pour une com-
« plaisance quelconque.

« Lépine semble avoir eu quelques velléités de ré-
« primer un peu tous ces abus, mais en définitive, que
« voulez-vous qu'il fasse? Dès qu'il essaie de frapper un

« agent subalterne l'autre lui répond : « Je publierai un
« livre et je raconterai tout ce qui se passe..... ce sera
« du propre ! »

Puisque l'heure ne semble pas encore venue du licenciement de la troupe avilissante des tenanciers, caissiers,
croupiers ; puisque, au nom de je ne sais quelles influences
et quels intérêts supérieurs qui n'ont rien de commun
avec l'intérêt public, on laisse impunément cette lèpre
ronger l'humanité ; puisque, comme il faut le croire, on
reconnaît en haut lieu que le vol dans les Casinos est impossible à exterminer, du moins qu'on le limite ; en supprimant, sinon le croupier, au moins les jetons (uniquement créés pour faciliter *l'étouffage*), et le caissier-prêteur
qui abuse encore de l'affolement des joueurs pour les
gorger de ses jetons, que les croupiers à son service
substilisent si facilement aux *banquiers*.

J'insiste donc vivement, sur l'application de la circulaire mais, **sans régime de faveur**, c'est-à-dire avec
l'interprétation loyale que seuls les honnêtes gens peuvent
lui donner.

Et que personne ne s'y trompe : ma conviction ne changera pas et la lutte me séduira toujours tant qu'on pourra
être assassiné avec des armes poinçonnées par l'État, mourir de mort violente avec l'estampille officielle, et n'avoir
au nom, de la Sûreté générale, aucune sûreté particulière.

J'ai fini. Ce n'est pas trop tôt, diront les croupiers. Je
comprends ça.

En somme, si j'ai cru devoir publier mes *Mémoires*, c'est parce que toute vie aventureuse peut offrir quelque intérêt. Alexandre Dumas père, disait, en se calomniant, que le plus beau des romans, c'était encore l'histoire.

Il s'est trouvé que j'avais assez d'incidents curieux dans mon existence pour les raconter avec l'espoir d'intéresser le lecteur, et comme on m'a si souvent attaqué, avec une imagination peu commune, j'ai répondu par des faits. A la légende édifiée sur mon nom, j'ai opposé la réalité. Je me suis donné, tel que j'étais; entraîné par une indépendante jeunesse dans un flot où je me suis débattu avec le simple instinct de la conservation.

J'aurais certainement mieux fait d'entrer dans l'enregistrement ou dans la diplomatie : je n'ai pas pris le chemin du Timbre ni celui du quai d'Orsay : je m'en confesse. Jeune, et sentant chaque jour naître en moi de nombreux besoins, j'ai demandé au jeu mes ressources, comme ces abbés galants ou ces gentilhommes du dix-huitième siècle qui n'avaient pas un amour immodéré du travail.

J'ai essayé de lire sur le livre du tapis vert des pages ouvertes à tout le monde; et que diable si l'on a des yeux, ce n'est pas pour ne point voir.

J'ai passé par toutes les phases de la calomnie, depuis le soupçon chuchoté dont on ne peut réprimer la lâcheté prudente, parce qu'il y a des gredineries insaisissables, jusqu'à l'accusation d'avoir eu maille à partir avec la justice. Celle-ci ne m'inspirait que le dégoût, parce que la réfutation de cette suprême infamie ne me coûtait que 1 fr. 25, et que mon casier judiciaire répond éloquemment.

Si je l'offre aux futures réquisitions, c'est qu'il est, ce qu'il doit être, « *blanc* comme la blanche hermine. »

Je sais bien que je vais faire du tort à la légende, mais il y a des moments où l'on ne se contente pas de faire élire des députés, on veut pouvoir voter contre eux. Car, quand il le faut, je deviens sans peine le citoyen, fort de son droit et conscient de son devoir.

Mon droit, je l'exerce en toute justice en démasquant le vice triomphant, en montrant une plaie honteuse qui gangrène le corps social, en livrant à la vindicte et au mépris publics les frelons de la ruche nationale. Et ce droit, je l'exerce avec d'autant plus de sévérité que le mal dont je constate les ravages ne connaît pas de limites et que tout mon être frémit à la pensée **qu'on le favorise au lieu de l'exterminer.**

Mon devoir enfin, je le remplis sans faiblesse en prenant la parole pour rendre à César ce qui appartient à César, et flageller sans merci la bande organisée que j'ai trouvée sur mon chemin; la croupe insatiable et perfide qui m'aurait acheté si j'avais été à vendre.

FIN DU PREMIER VOLUME

TABLE DES MATIÈRES

Pages

CHAPITRE   I. — Débuts dans la vie.   4

CHAPITRE   II. — Comment je fus amené à jouer.   31

CHAPITRE   III. — Les manœuvres des directeurs du Casino d'Aix-les-Bains et l'embarras d'un commissaire   47

CHAPITRE   IV. — Comment on établit un dossier. — Recherches mathématiques sur les probabilités au jeu   61

CHAPITRE   V. — Un malade imaginaire déjouant les plans de trois directeurs de Casinos.   79

CHAPITRE   VI. — Où se place une idylle.   111

CHAPITRE   VII. — Mon séjour aux Sables d'Oloane. Une défaite.   131

CHAPITRE   VIII. — Au Casino de Biarritz : une orgie de séquences.   145

CHAPITRE   IX. — Une saison à Pau   153

CHAPITRE   X. — Mon premier séjour à Paris   175

CHAPITRE   XI. — Voyage en Allemagne   199

CHAPITRE   XII. — Histoire de ma brochure le *Guide du Joueur*.   237

CHAPITRE   XIII. — Relation de mon voyage à Cannes   245

CHAPITRE   XIV. — Où peut mener la foi dans une légende.   257

CHAPITRE   XV. — Comment on fonde un Cercle à Paris ou en province.   283

CHAPITRE   XVI. — Commentaire de la circulaire Levaillant sur les Cercles et les Casinos   303

XVII. — « Le guide du Joueur » (douze gravures hors-texte) ci-annexé.

Imp. Draeger & Lesieur, Paris

LE
Guide du Joueur

PAR

ARGUS

L'Étouffage pratiqué

PAR

Caissiers et Croupiers

DE CERTAINS CERCLES

Le

Guide du Joueur

I

Le jeu est une passion inhérente à l'espèce humaine, il est de tous les temps et de tous les pays. Voilà pourquoi les questions qui s'y rattachent présentent un caractère permanent d'actualité.

Puisque le jeu ne peut être supprimé, l'Administration aurait dû rechercher et trouver une réglementation de nature à donner aux joueurs toutes les garanties de sécurité désirables.

Dans les grands cercles désignés sous le nom de *cercles fermés*, on est à peu près arrivé à la perfection sous ce rapport. En effet, il n'y existe pas de croupier et le personnel du Cercle n'y comprend que des domestiques dont les fonctions sont limitées au service des consommations.

Mais il est loin d'en être de même dans les tripots que les intéressés s'attachent à décorer pompeusement du titre de *cercles fermés*, avec cet espoir qu'une dénomination honnête dissimulera une entreprise honteuse. —

La plupart de ces cercles sont des cavernes de brigands où les joueurs peuvent être certains qu'ils sont dépouillés d'un bout de l'année à l'autre, à toute heure du jour et de la nuit, posément, froidement, à coup sûr.

Nous connaissons les victimes, démasquons les coupables.

Ce sont certains croupiers et caissiers plus ou moins habiles, ceux-là mêmes que les joueurs pensent être là pour tenir la main à la régularité de la partie.

Quel est le joueur qui ne s'est pas demandé pourquoi l'Administration de ces cercles l'oblige à se servir d'un croupier, alors qu'il n'en réclame pas le concours?

La réponse est bien simple : c'est que dans ces cercles et surtout dans les casinos, le seul produit de la cagnotte est une quantité négligeable, par rapport aux sommes énormes dérobées par leur croupier. Sans le concours de ce voleur de profession, l'entreprise péricliterait et les tenanciers de ces maisons de jeu ne réaliseraient pas en quelques années des fortunes qui étonnent ceux qui ne sont pas initiés à la façon dont elles ont été escroquées.

Un exemple entre mille :

Au mois de juillet 1886, le sieur X... concessionnaire du casino d'une ville d'eaux, ne connaissant pas alors les vols que pratiquent ces croupiers, sous-loua aux industriels Y... et Z... tous les produits de sa cagnotte, moyennant une somme de 2,500 francs par jour.

La partie dura un mois environ et produisit 80,000 fr. de cagnotte qui furent partagés entre Y... et Z..., locataires de la dite partie.

Mais, indépendamment de ce partage qui ne laissait aux associés qu'un bien modeste bénéfice de 5,000 fr., il y en eut un autre provenant de l'étouffage des croupiers; le voici :

Y et Z, tenanciers, 55 0/0. . . . . . . 412,500 fr.
W. (1), premier croupier, 20 0/0. . . 150,000
W. (2), second croupier, 15 0/0 . . . 112,500
W. (3), croupier auxiliaire, 10 0/0. .   75,000
                    Total. . . . . 750,000 fr.

La cagnotte avait donc produit 2,666 francs par jour, alors que l'étouffage — le vol — n'avait pas rapporté moins de 25,000 francs par vingt-quatre heures.

Lorsque l'on considère l'importance de ces détournements, on a l'explication naturelle d'un phénomène qui se produit constamment dans les casinos. A la fin d'une partie qui a duré quelques heures, tous les joueurs ont perdu et il est impossible de trouver un seul gagnant.

Dans les *vrais grands cercles fermés* de Paris et de province, au contraire, où la présence d'un croupier n'a pas encore été jugée indispensable, la différence en perte ou en gain se retrouve toujours.

Le mobile auquel obéit l'administration d'un cercle en imposant un croupier aux joueurs, qui ne le demandent pas, est donc dès à présent démontré; nous allons voir dans la suite de cet opuscule de quels bas fonds sort ce hardi voleur, quelle est sa moralité, et quels sont ses procédés de vol.

II

Le vrai danger, le plus grand, presque le seul que les joueurs aient à redouter, vient du fait du croupier, qui a acquis une habileté extraordinaire dans l'art de voler. Cette habileté est tellement grande, elle atteint une si haute perfection, elle défie si bien tout contrôle qu'à Monaco même, où les tables de jeu sont surveillées par des hommes du métier rompus à toutes les supercheries, il est de règle absolue de fouiller les croupiers après leur tour de service à la table de la Roulette et du Trente et Quarante pour s'assurer qu'ils n'ont rien dérobé (1).

Que ne peuvent faire ces habiles opérateurs dans les cercles où, loin d'être surveillés, ils sont au contraire encouragés et aidés par une direction complice?

Il ne faut pas croire, d'ailleurs, que l'on s'improvise croupier et que le premier venu puisse aller s'asseoir à une table de jeu et faire passer du tapis dans sa poche les jetons qui forment l'objet de sa convoitise.

De même qu'il existe à Londres une école de pick-

(1) Il existe dans certains tripots des employés de confiance qui ont pour mission de fouiller les croupiers après leur tour de service à la table de baccara pour s'assurer qu'ils ont bien remis à l'association l'intégralité des jetons dérobés. Voilà une profession fin de siècle, qui est bien faite pour étonner nos lecteurs; il en est pourtant une autre non moins originale, c'est celle de physionomiste : En effet d'anciens professionnels sont chargés de signaler à l'administration du Casino telle ou telle personne plus ou moins clairvoyante pouvant porter ombrage aux agissements du croupier.

pockets, où des voleurs émérites forment les jeunes débutants à enlever de la poche d'un mannequin le portefeuille qui y est déposé, sans faire tinter la sonnette révélatrice, il y a en France, des parages de la Cannebière aux rives de la Garonne, toute une association de croupiers dont le point de ralliement est à Marseille; cette association qui a ses généraux et ses simples soldats, ses instructeurs et ses apprentis, possède aussi ses écoles où l'on dresse les futurs opérateurs au maniement de la palette.

Ce n'est que lorsque le jeune clerc a acquis une habileté assez complète pour qu'il soit à peu près impossible de le prendre en flagrant délit de vol, qu'il est admis à opérer à une table de jeu.

Il débute d'abord modestement, puis sa situation s'améliore suivant son *estomac* et la notoriété qu'il sait acquérir. Sa position dans la maison de jeu où il opère se présente alors sous un des divers aspects que nous allons passer en revue.

Si le croupier possède des ressources financières assez considérables pour prendre à lui seul l'entreprise d'un cercle ou d'un casino, il a pour premier objectif de rester dans la coulisse.

Il se met dans ce but en rapport avec un homme d'apparences honorables, besoigneux le plus souvent, toujours avide, qui lui prête l'appui de son nom et prend le titre et les fonctions plus apparentes que réelles de directeur. Par conséquent, après avoir payé cet employé d'un nouveau genre, et subvenu aux frais de son exploitation, le croupier garde pour lui seul les sommes considérables dont il bourre cette insatiable poche qui rappelle le Tonneau des Danaïdes.

Si le concessionnaire d'un cercle ou d'un casino ne possède pas encore un capital suffisant, il s'associe avec un croupier qui fait l'apport d'une somme à déterminer ; dans ce cas, la part des bénéfices de ce dernier est proportionnée à l'importance du capital qu'il a fourni et aux résultats que produira son adresse au vol.

Lorsque contrairement aux deux cas précédents, le croupier est un simple employé qui n'a fait l'apport d'aucun capital, sa part dans les bénéfices varie de 10 à 20 0/0 suivant son habileté et sa notoriété. C'est une prime donnée au vol !

Il n'est jamais alloué d'appointements fixes aux croupiers, et ceux qui sont demeurés honnêtes — s'il en existe — doivent se contenter, pour seule rémunération, des cadeaux que leur octroient quelques joueurs heureux.

Ce n'est pas avec ces modestes ressources qu'ils parviendraient à réaliser des fortunes, à entretenir des maîtresses, à faire construire des châteaux ! mais c'est avec le dividende produit par le vol, qu'ils ont un intérêt direct à rendre aussi considérable que possible.

Nous venons de voir quelle est la situation du croupier dans la maison de jeu où il a pénétré ; nous allons faire connaître maintenant dans la partie technique de cet opuscule les divers procédés qu'il emploie pour dépouiller le joueur.

ÉCOLE DE MARSEILLE

Premier mouvement de l'étouffage du croupier
CROUPIER OPÉRANT EN VESTON

Après avoir réglé le coup et pendant que le banquier distribue les cartes à nouveau, le croupier dissimule dans le creux de la main droite quelques jetons en ayant l'air de mettre en ordre l'argent de la banque.

ÉCOLE DE MARSEILLE

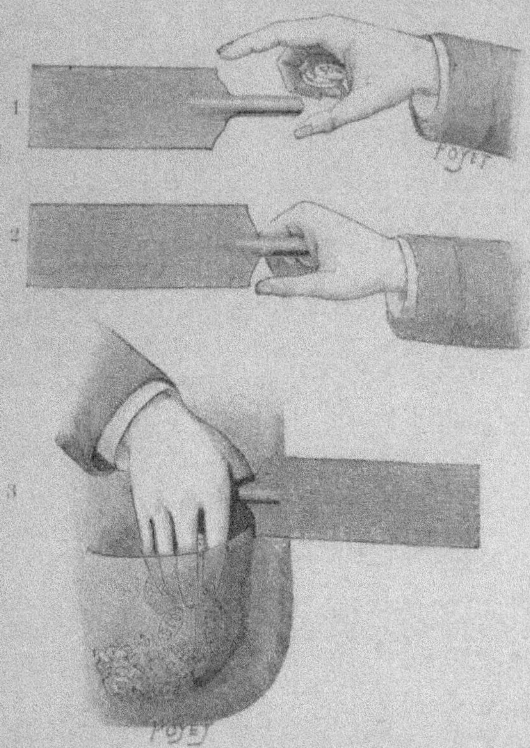

*Figures représentant les trois derniers temps de l'étouffage
du croupier*

Le nº 1 indique le *deuxième temps*, moment où l'opérateur détient déjà dans la main droite les plaques qu'il a habilement subtilisées à la banque.

Nº 2. *Troisième temps*. Le croupier saisit rapidement le manche de la palette qui lui sert à masquer et à maintenir plus sûrement les jetons dans le creux de sa main.

Nº 3. *Quatrième temps*. Sous un prétexte quelconque le croupier imprime un mouvement de recul a sa palette, la porte à la hauteur de la poche de son veston et y laisse glisser les plaques.

III

La présence d'un de ces habiles croupier à une table
de jeu a pour mobile et pour but le vol qui est exécuté
au moyen des procédés que voici :

1° Lorsqu'un banquier a gagné un tableau et perdu
l'autre, le croupier règle toujours le tableau gagnant
avant de ramasser le tableau perdant.

En voici la raison :

Comme ce praticien a jugé d'un coup d'œil l'importance des sommes à payer, il a eu soin de prendre dans
sa main droite beaucoup plus de jetons qu'il n'en faut
pour effectuer le paiement.

Une fois le tableau réglé, il laisse ostensiblement
tomber deux ou trois jetons de la main, comme pour
montrer qu'elle est vide (figures nos 1 et 2); mais c'est un
trompe-l'œil car il en a conservé quelques-uns. Puis, en
ramassant le tableau perdant, il donne un mouvement
d'élan à sa palette qu'il vient de saisir et qu'il ramène
à proximité de sa poche droite; il n'a plus alors qu'à
entr'ouvrir deux doigts pour y laisser tomber le fruit de
son larcin.

Cette opération est facilitée par un mouchoir qui
élargit l'entrée de la poche du veston et qui sert encore
à amortir le bruit que pourraient faire les jetons en y
tombant.

2° Lorsque le croupier n'a pas trouvé l'instant favorable pour empocher les jetons en ramassant le tableau,

il les détient dans la main entre l'auriculaire, l'annulaire et le manche de la palette jusqu'à ce qu'il passe les cartes pour le coup suivant et profite du moment où banquier et pontes regardent leur point pour rapprocher la poignée de la palette de la poche de son veston.

3° Si le croupier se trouve gêné pour une cause quelconque, il attend que le coup soit consommé pour faire disparaître les jetons volés et voici comment il procède : dans le cas où le banquier a perdu l'un ou l'autre des deux tableaux, il ramène en arrière la poignée de la palette de façon à pouvoir faire glisser dans sa poche les jetons conservés dans la main droite. Pour expliquer ce mouvement, il compte avec la main gauche les jetons d'une masse à payer et les dépose sur l'extrémité plate de la palette avec laquelle il fait ce premier paiement (figure n° 3); puis le tour étant joué, il paie le reste du tableau avec la main droite, ce qui lui procure une nouvelle occasion d'y dissimuler encore quelques jetons qui ne tarderont pas à aller rejoindre les autres.

En un mot, soit qu'il paie les tableaux, soit qu'il passe les cartes, le croupier place toujours la poignée de son dangereux outil à la hauteur de la poche droite de son veston, pour y laisser choir les plaques qu'il a préalablement dissimulées dans la main droite.

4° Le croupier opère encore de cette façon. Il prend les jetons dans la main gauche, et toutes les fois qu'il paie ou ramasse le tableau n° 1 avec la main droite, il porte le corps en avant et ramène le bras gauche replié contre la poitrine pour introduire, soit dans la poche térieure de son veston, soit dans la poche du gilet, s'il

ÉCOLE DE MARSEILLE

CROUPIER OPÉRANT EN VESTON

Il compte de la main gauche sur l'extrémité de la palette une masse à payer. Cette opération occupe les joueurs et permet à la main droite d'accomplir son œuvre...

Nota. — Les nᵒˢ 1 et 2 de la table en indiquent les tableaux respectifs.

ÉCOLE DE TOULOUSE

Croupier faisant disparaître dans la poche de son gilet une plaque de 500 francs au moment où il encaisse le montant des enjeux du premier tableau.

Nota. — Dans la pratique, le corps et le bras droit sont penchés à gauche et masquent ainsi complétement l'opération.

ECOLE DE MARSEILLE

CROUPIER OPÉRANT EN VESTON

Le croupier retourne de la main gauche les cartes qu'il a intentionnellement jetées à l'envers dans le panier. Cette opération, qui
attire l'attention des joueurs, lui permet de porter la main droite à
hauteur et à proximité de sa poche et d'y laisser choir les jetons
qu'il détient dans le creux de la main.

ÉCOLE DE MARSEILLE

CROUPIER OPÉRANT EN SMOLKING AVEC POCHES

Le croupier feint de croire qu'on lui demande de la monnaie sur le second tableau, en la donnant de la main gauche, il laisse glisser dans la poche droite de son smolking les jetons qu'il a préalablement dissimulés dans la main droite.

ÉCOLE DE TOULOUSE

CROUPIER OPÉRANT EN VESTON

Le croupier feint de croire qu'on lui demande de la monnaie sur le premier tableau, en la donnant de la main droite, il introduit dans la poche de son gilet les plaques qu'il a préalablement dissimulées dans la main gauche.

Nota. — Dans la pratique, le corps est penché en avant et la main gauche se trouve ainsi complétement masquée par le veston et le bras droit.

est en habit, les jetons contenus dans la main gauche (figure n° 4).

5° Lorsque le croupier jette les cartes au panier, il a soin d'en retourner une partie; puis, pendant que le banquier donne le coup, il affecte de les remettre en bon ordre. Pour procéder à cette opération, il avance la main gauche qui entraîne le corps à sa suite, tandis que la main droite est reportée en arrière à la hauteur de la poche droite du veston, où comme toujours les plaques vont s'engloutir (figure n° 5).

6° Pour se débarrasser des jetons détenus dans la main droite, le croupier recourt également au procédé que voici : il feint de croire qu'un ponte placé à côté de lui, au tableau n° 2, est en quête de monnaie; il prend alors de la main gauche, à la banque, les jetons nécessaires à effectuer ce change et il les dépose devant le joueur. La position même du bras gauche masque la main droite qui ramène à ce moment le manche de la palette au niveau de la poche où vont encore tomber les jetons (figure n° 6).

7° Si l'opérateur détient les jetons dans la main gauche, il dépose d'abord la palette sur le tapis, puis, feignant de croire encore qu'un de ses voisins, placé cette fois-ci au tableau n° 1, a besoin de monnaie, il la prend comme tout à l'heure à la banque, mais de la main droite bien entendu et il va la déposer devant le joueur pendant que, masquée par le bras droit, la main gauche dépose dans la poche droite intérieure du veston ou dans celle du gilet les jetons qu'elle renferme (figure n° 7).

Lorsque le croupier fait lui-même le change d'une plaque avec les jetons qu'il a dans ses poches, il prend ostensiblement entre le pouce et l'index de la main droite la plaque qu'il se prépare à changer; mais il a déjà empaumé, c'est-à-dire dissimulé dans le creux de la main, un ou plusieurs jetons qu'il dépose dans sa poche au moment où il prend la monnaie qui lui est nécessaire. Cette opération est très fréquente et d'un rapport considérable par conséquent.

Nous sommes loin d'avoir épuisé l'énumération des procédés employés par les croupiers; en voici encore quelques-uns qui prouvent que leur génie inventif n'est pas inférieur à leur dextérité de main :

Les joueurs ne sont pas sans avoir remarqué que les croupiers ont une tendance à s'éponger le visage alors qu'ils ne transpirent pas, et à se moucher alors qu'ils ne sont pas enrhumés. Chaque fois qu'ils agissent ainsi, ils glissent dans leur poche, au moment où ils en retirent leur mouchoir, les jetons préalablement dissimulés dans la main droite.

Ce mouvement est souvent répété et la poche est bientôt pleine. C'est alors que le mouchoir va élire domicile dans une seconde poche en attendant que le moment soit venu de le passer dans une troisième.

Il n'est pas rare de voir un croupier se croiser les bras en affectant un air fatigué et comme pour se délasser d'une position qui le gêne. Il ne prend cette attitude que pour avoir l'occasion de déposer dans l'une des poches de côté de son veston ou de son gilet les jetons qu'il a conservés dans la main, cette façon de voler est

ÉCOLE DE TOULOUSE

Le croupier se croise les bras d'un air fatigué et subtilise une plaque de mille francs au banquier pendant que celui-ci est occupé à distribuer les cartes aux pontes.

Nota. — Dans la pratique, le bras droit et le veston masquent la main gauche dans son opération.

ÉCOLE DE TOULOUSE

Croupier profitant du moment où il n'y a personne derrière lui pour introduire une plaque de 500 francs entre son cou et sa chemise.

ÉCOLE DE MARSEILLE

Elle représente un croupier demandant au caissier la monnaie d'un billet de mille francs.

Le croupier tend de la main gauche le billet au changeur qui, pour le prendre, écarte les joueurs debout à la droite du croupier, et le masque ainsi au moment où il fait disparaître les jetons préalablement subtilisés à la banque.

Note. — Il va sans dire que, dans la pratique de toutes ces opérations, la poche du veston du croupier se trouve dissimulée par la table dont le niveau a été abaissé sur ces gravures pour la facilité de notre démonstration.

Dans la pratique aussi, le croupier introduit la première phalange de la main droite dans sa poche pour y conduire les jetons et masque ainsi complètement son opération.

d'ailleurs d'une facilité primitive, car le bras droit masque l'opération que fait le bras gauche, et *vice versa* (figure n° 8).

Parfois aussi, un croupier feint de s'éponger la tête en jetant sur le double bec de gaz qui éclaire la table un regard de reproche ; on le plaint, et pendant ce temps il introduit entre son cou et sa chemise (figure n° 9) la plaque qu'il a dissimulée sous son mouchoir (1).

IV

Voyons maintenant de quelle façon un croupier s'y prend pour voler avec l'aide d'un caissier complice (2).

Chaque fois qu'il a besoin d'effectuer le change d'une plaque ou d'un billet, il a soin de dissimuler des jetons dans la main droite, puis il saisit la palette et remet de la main gauche au changeur, debout à sa droite, la plaque ou le billet à changer, tandis que de la main droite, et toujours en tenant sa palette, il fait glisser les jetons dans la poche droite de son veston. Pendant cette opération il est complètement masqué par le changeur (3) dressé à cette manœuvre (figure n° 10).

(1) L'emploi du mouchoir n'est pas indispensable au succès de l'opération qui peut être exécutée sans le concours de cet accessoire.

(2) Le *Caissier* a sous ses ordres le *Changeur* qui fait la navette entre la table de jeu et la caisse et qui sert par conséquent de trait d'union entre les deux complices dont il est le compère. Dans les cercles où la partie n'est pas très importante, les fonctions de *Caissier* et de *Changeur* sont remplies par la même personne.

(3) Les joueurs remarqueront que le caissier ou le changeur se tient

Voici comment le caissier facilite à son tour les vols de son complice :

Lorsqu'un joueur s'adresse à lui pour convertir une somme d'argent en jetons, il a intentionnellement soin de ne lui remettre que quelques grosses plaques dans le but de fournir ainsi au croupier l'occasion plus souvent répétée de faire lui-même le change, ou d'avoir recours à l'intermédiaire du changeur. Toutes les fois, en effet, que le croupier demande de la monnaie à ce dernier, il superpose adroitement deux plaques, et son complice ne lui remet, bien entendu, que le change de l'une d'elles.

Quand le croupier se sert pour effectuer le change d'une petite boîte mobile à compartiments que la Direction a placée à côté de lui, dans un but facile à comprendre, il saisit, entre le pouce et l'index de la main droite, la plaque qu'il se prépare à changer ; mais il a déjà empaumé des jetons qu'il dépose dans cette boîte, en y cherchant la monnaie dont il a besoin.

Cette boîte portative qui paraît inoffensive, qui semble avoir été placée là pour que tout le monde puisse suivre des yeux le change de la monnaie est aussi dangereuse que la poche du croupier. Elle se remplit rapidement de grosses plaques et bientôt le caissier vient la remplacer par une autre afin que les joueurs ne s'aperçoivent pas du miracle de multiplication qui s'accomplit sous leurs yeux (figure n° 11).

ordinairement à la droite du croupier et un peu en arrière pour le masquer dans ses opérations. Ce rôle est quelquefois rempli par un joueur à la solde de l'Administration debout à la droite de l'opérateur ou assis à la table au n° 12, lorsque le croupier n'est pas gêné par la présence de joueurs placés derrière lui.

ÉCOLE DE MARSEILLE

GROUPIER OPÉRANT EN HABIT

Pour feindre la correction, certains directeurs de cercles font mettre leurs croupiers en habit, mais ils ont soin de placer à côté d'eux une petite boîte mobile contenant des jetons pour faire le change à la table de jeu. Cela permet aux croupiers, en y prenant la monnaie nécessaire, de déposer nonchalamment dans cette boîte tous les jetons dissimulés dans le creux de leur main.

Dans ces dernières façons de procéder apparaît encore plus clairement la main du caissier. Ce vieux cheval de retour sait bien ce qu'il fait lorsqu'il remet des jetons au croupier pour lui permettre de faire le change à la table de jeu ; c'est afin de faciliter les vols de son acolyte et pour qu'il ne puisse jamais être pris en flagrant délit.

Si un joueur, en effet, venait à s'apercevoir de ce qui se passe, il resterait au croupier la ressource de dire que les jetons trouvés sur lui sont ceux dont la caisse lui a fait la remise au commencement de la partie pour effectuer le change, et, bien entendu, ses affirmations seraient toujours confirmées.

Comme on le voit, la circulaire administrative qui interdit les prêts et l'usage des jetons a bien sa raison d'être. Il est donc regrettable que cette double mesure n'ait jamais été observée que pendant les quelques mois qui ont suivi l'envoi de la circulaire qui l'ordonnait ; les jetons n'ont pas tardé à reparaître et les caissiers ont continué de plus belle à fournir des jetons aux joueurs pour leur faire *reprendre d'une main* ce qu'ils *leur prêtent de l'autre.*

Ordonner la suppression des jetons, c'était reconnaître implicitement qu'ils constituent un prétexte de vol ; mais ne valait-il pas mieux supprimer en même temps les employés qui les manient.

Il arrive souvent qu'un croupier, dont la présence dans un cercle est rendue impossible à la suite d'un scandale ou d'une condamnation, reparaît dans un autre sous un nom d'emprunt :

C'est ainsi qu'un croupier belge qui s'affuble d'un nom espagnol travaille grâce à ce subterfuge, dans un casino des bords de la Manche.

Il est bien entendu que la direction qui utilise ses talents a une connaissance parfaite de la moralité de son employé.

V

Nous ne savons pas si définitivement éclairées par nos révélations, la Préfecture de Police et la Sûreté Générale se décideront enfin à balayer à grande eau ces nouvelles écuries d'Augias en ordonnant la suppression des croupiers et des caissiers. A vrai dire, ce serait la seule mesure qui pût sauvegarder sûrement les intérêts des joueurs. En attendant qu'elle soit adoptée, nous conseillons aux banquiers et aux pontes de surveiller attentivement tous les mouvements du croupier et surtout lorsqu'il met dans la cagnotte le droit perçu sur la banque (1).

Lorsqu'il cherche son mouchoir ;

Lorsqu'il se croise les bras ;

Lorsqu'il compte les jetons de la banque ;

Lorsqu'il passe les cartes aux deux tableaux ;

Lorsqu'il paie ou ramasse les tableaux ;

Lorsqu'il compte une masse sur l'extrémité plate de la palette ;

(1) Grâce aux mesures de précaution ordonnées par M. Levaillant, la cagnotte offre un danger moins grand qu'autrefois ; son ouverture est fermée et saillante, et il est devenu plus difficile d'y faire disparaître des jetons. Cependant les croupiers réussissent encore à le faire, et il convient de les surveiller.

Lorsqu'il classe les jetons de la banque par piles en feignant de les compter ;

Lorsqu'il remet dans leur sens les cartes qu'il a intentionnellement jetées à l'envers dans le panier ;

Lorsqu'il effectue un change de monnaie soit avec des jetons pris à la banque, soit avec ceux qu'il a dans sa propre poche, soit avec l'aide du changeur, soit enfin en se servant de la petite boîte mobile dont nous avons noté l'existence dans le chapitre précédent.

Nous avons encore deux recommandations importantes à faire à nos lecteurs :

1° Surveiller attentivement le caissier lorsqu'il reçoit la sébile contenant les jetons de la banque qui vient d'être levée, car il profite de la marque de confiance dont il est l'objet pour subtiliser autant de jetons qu'il peut le faire, soit pendant le trajet qui sépare la table de jeu de la caisse, soit en comptant le produit ou le reste de la banque pour le convertir en or ou en billets (1).

2° *Exiger que le croupier procède à une salade complète des jeux de cartes, avant le commencement de chaque banque pour détruire l'effet des séquences que l'on chercherait à faire passer.* Très souvent, en effet, l'administration de certains cercles fait tailler pour son propre compte avec des jeux de cartes préparés d'avance, en se servant de banquiers à sa dévo-

(1) Il convient de remarquer que le caissier d'un cercle est généralement un ancien croupier, doué par conséquent d'une dangereuse dextérité de main

tion et à sa solde, qui ont une part dans le produit du
vol (1).

VI

Que le lecteur ne s'imagine pas encore qu'en se servant des moyens de surveillance que nous lui recomman-
dons, il pourra facilement démasquer les agissements de
ces habiles croupiers. Même s'il se tient sur ses gardes,
le joueur n'arrivera pas à saisir d'une façon positive
le moment précis du vol et il reculera devant une dé-
nonciation qui n'aurait pas pour base un fait matériel.

Il convient aussi de noter que l'attention du joueur
est continuellement absorbée par la direction de son
jeu lorsqu'il ponte et par le maniement des cartes lorsqu'il est banquier.

Disons à ce propos que si le banquier taille les cartes
au marbre comme cela se pratique dans *les tripots de
bas étage*, il facilite singulièrement le vol des croupiers ; en effet, par la position même des jeux placés
devant lui, il se trouve forcé de baisser la tête lorsqu'il
distribue les cartes aux deux tableaux, — et c'est ce
moment surtout que le croupier choisit pour exécuter
son tour de prestidigitation, et emmagasiner autant de

______

(1) Cette façon de voler est en usage depuis de longues années
dans un grand cercle d'une des principales stations hivernales du
midi de la France. Il y existe une association d'escrocs composée de
trois italiens, un suédois et d'un hollandais repris de justice précédemment expulsé de France, où il est rentré, nous ne savons par quel
subterfuge.

jetons qu'il peut le faire dans ses vastes poches. Lorsque l'on taille les cartes à la main, la position du corps est plus droite, et les yeux peuvent embrasser plus facilement toute la table de jeu et mieux surveiller les mains du dangereux ennemi que l'on a en face de soi.

Et que se produit-il en somme quand un croupier est pris en flagrant délit de vol ?

C'est bien simple :

Le tenancier joue la comédie de l'honnête homme trompé, il chasse ignominieusement son associé et lui donne la main dans la coulisse. Un plus habile opérateur est alors mandé en toute hâte si même il n'est pas déjà prêt à parer à toute éventualité — et le joueur n'a gagné à sa clairvoyance que d'être volé plus artistement et surtout plus sûrement.

Il y a quelques années, la Préfecture de Police et la Sûreté Générale s'émurent lorsqu'elles apprirent les détournements opérés par ces croupiers et elles recherchèrent les moyens de mettre un terme aux manœuvres qui leur avaient été signalées. C'est ainsi, qu'entr'autres mesures, il fut décidé qu'à l'avenir les croupiers porteraient l'habit au lieu du veston aux poches profondes. Mais cet ordre ne pouvait pas avoir un grand résultat. Au lieu de faire passer les plaques volées dans les poches du veston disparu, les croupiers les dissimulèrent dans celles de l'habit, du gilet ou du pantalon, et surtout — là où elle existe — dans la perfide petite boîte dont nous avons noté l'existence.

Ils firent mieux : Comme le port de l'habit les gênait, ils imaginèrent de lui substituer un smolking auquel ils ajoutèrent des poches de côté. En somme, rien ne fut changé.

Ce que nous venons de dire du veston nous rappelle un fait qui s'est passé dans une des principales plages normandes et qui prouve bien que toutes les mesures de précaution prises par l'autorité resteront stériles jusqu'au jour où l'on se décidera à reconnaître que le croupier doit être supprimé.

Le commissaire de cette station balnéaire constata, un certain soir, qu'en dépit des instructions de la Sûreté Générale, les croupiers siégeaient en veston à la table de jeu, et il ordonna qu'ils eussent à revêtir immédiatement l'habit réglementaire. Sa joie d'avoir accompli un devoir fut de courte durée, car, dès le lendemain, il s'aperçut que, quoique en habit, les croupiers continuaient à voler avec la même désinvolture.

Que faire?

Notre homme eut alors une idée géniale : Il demanda au tenancier de mettre à sa disposition un petit cabinet et de lui procurer du fil et des aiguilles ; puis, il fit appeler les croupiers, et après une sévère admonestation, il leur ordonna d'enlever habits, gilets et pantalons et de coudre devant lui les poches de ces divers vêtements.

Les vols devenus moins importants toutefois, après cette fermeture de poches, continuèrent quand même grâce à la complicité du caissier et des changeurs du cercle.

VII

Nous comptons donc que les joueurs édifiés maintenant sur les vols des croupiers et des caissiers n'hésiteront pas un seul instant à faire appeler le Directeur de la maison de jeu qu'ils fréquentent, et en présence de tout le monde, lui tiendront le langage suivant :

« Monsieur, je vous prie d'ordonner à votre croupier « de quitter la table; je refuse de confier à une per- « sonne que je ne connais pas le maniement de mon « argent. » (1)

Le joueur est évidemment dans son droit absolu, car il n'existe pas dans les règlements des cercles un article qui impose à un banquier la collaboration d'un croupier, et l'on sera bien forcé de s'incliner devant ses justes exigences. Mais ce qui arrivera presque fatalement, nous allons le dire en deux mots.

Il y a dans un cercle toute une population de besoigneux à qui l'on ne présente pas la note de leur diner et à la disposition desquels la caisse tient toujours quelques louis; à côté de ceux-ci, il y a tous ceux qui sont intéressés au maintien du croupier; les uns, parce qu'ils possèdent des actions du tripot; les autres, parce qu'ils touchent une prime comme racoleurs; ceux-ci, parce qu'ils servent de compères à l'opérateur; ceux-là, parce qu'ils sont les allumeurs payés de la partie quand elle

____

(1) Les grands cercles de Paris n'ont point de croupier, comme nous l'avons déjà noté. C'est cependant dans deux de ces clubs, « l'Épatant » et le cercle de la rue Royale, que la partie est la plus importante.

faiblit. Eh bien! tout ce monde sera dirigé comme un seul homme contre le malheureux joueur qui aura eu l'audace de demander la suppression du croupier. On ne manquera pas de faire remarquer que la partie traîne en longueur et qu'il se produit des erreurs dans les paiements, erreurs que l'on fera naître au besoin, est-il nécessaire de l'ajouter? Bref, le croupier évincé, peut-être pendant quelques séances, ne tardera pas à reparaître en triomphateur sur le terrain de ses exploits.

Le Directeur du cercle et le Commissaire des jeux feront alors une brillante entrée en scène (1).

Ils viendront affirmer que leur croupier a été trié sur le volet et qu'ils en répondent sous tous les rapports; ils ajouteront qu'il existe peut-être des cercles où les choses se passent incorrectement, mais que ce n'est pas chez eux que l'on a à redouter quoique ce soit de semblable.

Et devant les protestations de ces compères qui s'entendent comme larrons en foire, le joueur qui aura eu le courage de réclamer l'exercice d'un droit passera pour un esprit enclin à la méfiance. Qui sait même si on ne l'accusera pas d'être enclin à la folie de la persécution?

C'est dans ces conditions que le rôle de la Préfecture de police et de la Sûreté générale apparaît clairement. Puisqu'elles ont reconnu que des croupiers volaient, puisque nous démontrons qu'ils continuent à le faire,

---

(1) Dans les cercles honorables, les fonctions de Commissaire des jeux sont toujours gratuites et par conséquent honorifiques; dans les autres, au contraire — dans les tripots — les personnes qui remplissent ces mêmes fonctions reçoivent un traitement fixe assez élevé et ont droit à la table.

elles ont le devoir impérieux de prendre en mains les intérêts des joueurs et de compléter, une fois pour toutes, les mesures qu'elles ont adoptées il y a quelques années.

VIII

Si nos lecteurs ont bien suivi nos démonstrations, ils savent maintenant qu'ils ont toujours été volés, mais qu'ils n'ont cependant presque jamais pu voir l'opérateur exécuter son vol.

Lorsque nous assistons à une séance de prestidigitation, nous savons bien que des tours de passe-passe vont être exécutés devant nous, mais les moyens employés pour amener l'illusion nous échappent.

Il en est de même pour un croupier.

Il y a cependant des exemples de croupiers pris en flagrant délit d'étouffage. Nous n'en citerons qu'un parmi tant d'autres.

Il y a quelques années, le croupier d'une maison importante de jeu fut dénoncé par un personnage marquant qui s'était aperçu des vols qu'il commettait. Séance tenante, et malgré les protestations du tenancier qui cherchait à le couvrir de sa protection, il fut déshabillé et trouvé nanti d'une énorme quantité de pièces d'or (les jetons n'existant pas encore à cette époque-là).

On le chassa ignominieusement, mais il ne fut pas livré à la police correctionnelle, car le personnage qui l'avait dénoncé était, comme de juste, peu désireux d'aller témoigner à la barre et de faire savoir *urbi et orbi* dans quel antre il s'était fourvoyé.

Croit-on qu'après un pareil scandale le croupier auquel nous faisons allusion soit resté dans l'ombre pour n'en plus sortir? Pas du tout! et, après avoir successivement travaillé à Paris, à Trouville, à Ostende à Evian, etc., il dirige un des plus importants casinos de France où il opère en association avec un aigrefin condamné autrefois par les tribunaux de la Garonne, puis récemment expulsé de Belgique, et un ancien garçon de jeu de Marseille, notoirement connu pour avoir été le protecteur payé des hétaïres du vieux port.

Quelles garanties peut bien offrir le jeu lorsqu'il est dirigé par un trio de cet acabit, et à quoi songent les villes d'eaux en concédant leurs casinos à des escrocs aussi dangereux?

Nous ne parlerons que pour mémoire du scandale qui, pendant les courses, a tant impressionné les baigneurs d'une des principales stations mondaines de Normandie; car, en effet, tous les Parisiens en villégiature dans cette station balnéaire ont encore présent à la mémoire, qu'un croupier, élève de l'école de Toulouse, fut pris, nanti d'une quantité considérable de jetons. Oh! le maladroit, qui a compromis et la dignité et les intérêts du tenancier du casino; mais, nous croyons savoir que celui-ci se propose de prendre sa revanche cette année, en le remplaçant par une des premières épées de l'école de Marseille.

Il faut bien d'ailleurs que le vol existe dans ces

maisons de jeu, à l'état de règle générale pour que l'on puisse trouver l'explication rationnelle des grosses fortunes réalisées en quelques années par la bande noire de ces croupiers et de ces caissiers qui *vole plus de vingt millions de francs* par an aux joueurs.

Est-ce en effet dans l'héritage paternel que des gens sortis des bas fonds de la société, et fatalement condamnés à ses gémonies, ont trouvé les millions qui leur permettent toutes les audaces?

Non! et le vol seul peut donner le mot de l'énigme.

Faut-il encore citer quelques exemples parmi tous ceux qui abondent sous notre plume?

Deux petits campagnards de la Vienne, venus sans souliers à Paris, possèdent aujourd'hui de plantureuses propriétés dans le Poitou, au grand étonnement des châtelains des environs, qui se demandent dans quelle Californie ignorée ces fils des anciens domestiques de leurs pères ont trouvé le filon qui les a enrichis.

Un caissier mort fou, il y a quelques années, avait réalisé en peu de temps une scandaleuse fortune qui lui avait permis d'acheter un hôtel dont le fastueux mobilier est allé se disperser à la Salle des Ventes.

X..., directeur du casino d'une des plus importantes villes d'eaux, vient de faire élever sur les bords de la Méditerranée un palais splendide qui étonne le peuple, et il va perdre chaque année à Monte-Carlo trois ou quatre cent mille francs représentant sa part dans les bénéfices réalisés dans cette station thermale.

Un ancien ruffian de Marseille suit son exemple et

fait construire à son tour, sur les bords de la Corniche, une confortable villa. Deux ou trois saisons dans une de nos principales stations balnéaires de la Manche ont suffi pour l'enrichir.

Une famille d'anciens valets a réalisé dans les cercles de Paris et dans les casinos de province une fortune de plusieurs millions. Nous les avons vu débuter, il y a quinze ans, dans les bas fonds de la domesticité des maisons de jeu, et nous les apercevons aujourd'hui, insolents et cyniques, éclabousser au bois, du haut de leur tilbury, les joueurs qu'ils ont dépouillés. Non rassasiés de la proie déjà dévorée, ils cherchent encore à monopoliser, entre leurs mains de campagnards rapaces, l'exploitation du jeu à Paris et dans les villes d'eaux. Combien ils doivent bénir le jour où ils ont eu l'idée de remplacer le fouet et le plumeau par la palette !

Mais, à quoi bon multiplier les exemples et encombrer notre travail de faits qui sont connus de tous ? Une seule chose nous étonne, c'est que les joueurs n'aient pas tiré une conséquence logique de ce que nous venons de leur rappeler.

Faut-il donc croire avec le philosophe romain que l'amour et le jeu paralysent complètement notre raison et nous laissent sans force en présence de notre passion.

IX

Un dernier mot :

Quoique nous ayons dit et démontré, nous avons la conviction absolue que la surveillance des joueurs n'empêchera pas ces croupiers et ces caissiers de voler sous l'œil bienveillant du tenancier qui utilise leurs talents. Cette surveillance pourra les gêner et rendre leurs opérations moins faciles, mais le résultat final sera presque le même et pontes et banquiers continueront à être dépouillés.

Tout mouvement du croupier est destiné à masquer un vol. Est-il possible à des gens qui viennent chercher dans une salle de cercle ou de casino les émotions du jeu de se transformer en Argus ? Non ; et il vaudrait mieux renoncer aux cartes plutôt que d'en être réduit à cette besogne.

Peut-on d'ailleurs empêcher un croupier de chercher son mouchoir, de se croiser les bras, de compter les jetons de la banque, de passer les cartes aux tableaux, de payer ou de ramasser l'argent perdu, de demander de la monnaie au changeur ou d'en donner lui-même ? C'est impossible, et cependant toutes ces actions si naturelles masquent un vol.

Que faut-il donc faire ? Quel est le remède à employer ? Car il ne suffit pas en somme de démasquer le mal il faut encore indiquer le moyen de le guérir.

Le remède — et c'est le seul — est la suppression

du croupier et du caissier, leur suppression radicale, définitive, leur disparition complète.

C'est à la Préfecture de Police, c'est à la Sûreté Générale, c'est aux joueurs, désormais mieux instruits, que nous nous adressons en résumant notre travail par ce cri, où éclate notre conviction :

« *Il faut réduire les tenanciers de cercles et de casinos à l'impuissance en supprimant les croupiers et les caissiers.* » *Delenda est Carthago!*

TABLE DES CHAPITRES

Chapitres   Pages

I   Introduction. — Différence existant entre les grands cercles et les tripots. — Importance des vols dans les casinos.   3

II Un croupier. — Son dressage. — Ses transformations.   6

III Comment s'y prend un croupier pour voler seul .   13

IV Comment un croupier vole avec l'aide du caissier, son complice   33

V A quels moments il convient de surveiller encore plus attentivement un croupier   38

VI Protection accordée par le tenancier au croupier .   40

VII Quel moyen doit employer le joueur pour se préserver des vols de certains croupiers. — Complicité du gérant et rôle du commissaire des jeux.   43

VIII Quelques exemples de flagrants délits. — Fortunes scandaleuses   45

IX Conclusion.   49

Pour paraître prochainement :

MES MÉMOIRES

Les 2e et 3e Volumes

CHAPITRE I. Le jeu et l'immoralité qui en est la conséquence fatale; les
conscients et les inconscients.

II. Le jeu à Monaco; les dessous de la ROULETTE, du TRENTE
et QUARANTE, et la vérité sur le scandale de 1887.

III. L'histoire d'une mine miraculeuse dans la Haute-Loire.

IV. Voyage dans la Haute et Basse Égypte. Description d'ensemble.
Ma rencontre avec Olivier Pain.

V. Mon deuxième voyage en Allemagne.

VI. Une mine dans le Lot-et-Garonne et l'Alliance Basse.

VII. Voyage en Italie; une audience de S.S. Léon XIII; réception
à la Cour; aventures piquantes en Sicile; études sur les mœurs
du pays.

VIII. Voyage en Autriche et à Buda-Pesth.

IX. Une anecdote en France, ou la confusion des noms.

X. Révélations piquantes sur le rôle d'un ancien Ministre de l'Intérieur; mes rapports avec lui.

XI. Le général X..... et son comité.

XII. Nouvelles découvertes mathématiques sur le jeu; le calcul des probabilités

XIII. Voyage en Espagne; je passe une revue des troupes.

XIV. Mon séjour au pays de Tartarie.

XV. La part active que j'ai prise à la période électorale de 1889.

XVI. Un voyage en Amérique; ma mission officielle auprès du gouvernement français.

XVII. Mon voyage aux Indes.

XVIII. Les dossiers d'un syndicat de directeurs de cercles; le rôle et
l'appui des personnages influents mêlés à ces tripotages.

XIX. Comment on a accordé, puis retiré, la concession des jeux dans la
République d'Andorre; véritable cause de l'intervention du gouvernement français.

XX. Intrigue avec la princesse de X..... Mariage manqué.

XXI. Les préliminaires de mes réceptions dans les grands Cercles de
Paris; le séjour que j'y fis, les faits que j'y ai constatés, et les
manœuvres employées à mon égard.

XXII. Monographie des villes d'eaux : Luchon, Aix-les-Bains, Biarritz,
Trouville, Vichy, Dieppe, Boulogne-sur-Mer, etc. Leurs grecs et
leurs environs.

Imp. Draeger & Lesieur, Paris

9 782329 264967